BRASIL E CORRUPÇÃO
Análise de Casos
(Inclusive da Operação Lava Jato)

LUCAS ROCHA FURTADO

BRASIL E CORRUPÇÃO
Análise de Casos
(Inclusive da Operação Lava Jato)

Belo Horizonte

2018

© 2018 Editora Fórum Ltda.

É proibida a reprodução total ou parcial desta obra, por qualquer meio eletrônico, inclusive por processos xerográficos, sem autorização expressa do Editor.

Conselho Editorial

Adilson Abreu Dallari
Alécia Paolucci Nogueira Bicalho
Alexandre Coutinho Pagliarini
André Ramos Tavares
Carlos Ayres Britto
Carlos Mário da Silva Velloso
Cármen Lúcia Antunes Rocha
Cesar Augusto Guimarães Pereira
Clovis Beznos
Cristiana Fortini
Dinorá Adelaide Musetti Grotti
Diogo de Figueiredo Moreira Neto
Egon Bockmann Moreira
Emerson Gabardo
Fabrício Motta
Fernando Rossi
Flávio Henrique Unes Pereira

Floriano de Azevedo Marques Neto
Gustavo Justino de Oliveira
Inês Virgínia Prado Soares
Jorge Ulisses Jacoby Fernandes
Juarez Freitas
Luciano Ferraz
Lúcio Delfino
Marcia Carla Pereira Ribeiro
Márcio Cammarosano
Marcos Ehrhardt Jr.
Maria Sylvia Zanella Di Pietro
Ney José de Freitas
Oswaldo Othon de Pontes Saraiva Filho
Paulo Modesto
Romeu Felipe Bacellar Filho
Sérgio Guerra
Walber de Moura Agra

Luís Cláudio Rodrigues Ferreira
Presidente e Editor

Coordenação editorial: Leonardo Eustáquio Siqueira Araújo

Av. Afonso Pena, 2770 – 15º andar – Savassi – CEP 30130-012
Belo Horizonte – Minas Gerais – Tel.: (31) 2121.4900 / 2121.4949
www.editoraforum.com.br – editoraforum@editoraforum.com.br

F992b	Furtado, Lucas Rocha
	Brasil e corrupção: análise de casos (inclusive a lava jato)/ Lucas Rocha Furtado.– Belo Horizonte : Fórum, 2018.
	238 p.
	ISBN: 978-85-450-0481-3
	1. Direito Administrativo. 2. Sociologia. 3. Economia. I. Título.
	CDD 341.3
	CDU 342

Informação bibliográfica deste livro, conforme a NBR 6023:2002 da Associação Brasileira de Normas Técnicas (ABNT):

FURTADO, Lucas Rocha. *Brasil e corrupção*: análise de casos (inclusive a lava jato). Belo Horizonte: Fórum, 2018. 238 p. ISBN 978-85-450-0481-3.

Ao meu irmão André.

Agradeço aos meus pais,
Márcia e Jorge.

SUMÁRIO

PREFÁCIO 15

CAPÍTULO 1
A LUTA CONTRA A CORRUPÇÃO: ASPECTOS CONCEITUAIS
RELACIONADOS AO ESTUDO DO TEMA 21

1.1   A história da corrupção no Brasil 21
1.2   A importância do estudo da corrupção 28
1.3   O que é a corrupção e as razões para combatê-la 32
1.3.1   A impossibilidade de conceituar a corrupção 33
1.3.2   A corrupção privada 36
1.3.3   O Direito Penal, o Direito Administrativo e o Direito
            Privado como instrumentos de combate à corrupção 41
1.3.4   Características da corrupção 46
1.3.5   Propostas para combater a corrupção 49
1.4   Efeitos da corrupção 50
1.4.1   Efeitos benéficos da corrupção? 51
1.4.2   Efeitos políticos... 52
1.4.3   Efeitos econômicos e sociais 55
1.4.4   Efeitos administrativos... 59
1.5   Administração Pública e corrupção 61
1.5.1   Administração Pública e Estado de Direito 62
1.5.2   Tipos de corrupção no âmbito da Administração Pública.. 64
1.5.3   Causas da corrupção na atividade administrativa............... 65

CAPÍTULO 2
EXAME DE CASOS 67

2.1   A importância do estudo de casos... 67
2.2   Fraude na Previdência Social 70
2.2.1   Apresentação do caso 70
2.2.1.1   Área em que se verificou a fraude 70
2.2.1.2   Como o escândalo se tornou conhecido................................. 72

2.2.2	Indicação das razões que propiciaram a ocorrência da fraude	73
2.2.2.1	Falhas na legislação	73
2.2.2.2	Falhas estruturais	73
2.2.2.3	Carência de pessoal qualificado	75
2.2.2.4	Instabilidade macroeconômica, com sucessão de planos econômicos	75
2.2.3	Medidas adotadas pelo Poder Público após a divulgação das fraudes	76
2.2.3.1	Ações propostas	76
2.2.3.2	Recursos recuperados	76
2.2.3.3	Sanções aplicadas	78
2.2.3.4	Melhoria na legislação	81
2.2.3.5	Melhoria nas estruturas	82
2.3	O escândalo dos "Anões do Orçamento"	84
2.3.1	Apresentação do caso	84
2.3.1.1	Área em que se verificou a fraude	84
2.3.1.2	Como o escândalo se tornou conhecido	86
2.3.2	Indicação das razões que propiciaram a ocorrência da fraude	86
2.3.2.1	Falhas na legislação	86
2.3.2.2	Falhas estruturais	87
2.3.2.3	Carência de pessoal qualificado	88
2.3.3	Medidas adotadas pelo Poder Público após a divulgação das fraudes	88
2.3.3.1	Ações propostas	88
2.3.3.2	Recursos recuperados	90
2.3.3.3	Prisões decretadas	90
2.3.3.4	Consequências para os principais envolvidos	91
2.3.3.5	Melhoria na legislação	92
2.3.3.6	Melhoria nas estruturas	93
2.4	Escândalo das ambulâncias (ou máfia das sanguessugas)	93
2.4.1	Apresentação do caso	93
2.4.1.1	Área em que se verificou a fraude	93
2.4.1.2	Os grupos envolvidos e o modo de atuação	94
2.4.1.3	Como o escândalo se tornou conhecido	98
2.4.2	Indicação das razões que propiciaram a ocorrência da fraude	98
2.4.2.1	Falhas na legislação	98

2.4.2.2	Falhas nos diversos procedimentos referentes a transferências voluntárias	99
2.4.2.3	Ausência de estrutura de controle adequada	101
2.4.3	Medidas adotadas pelo Poder Público após a divulgação das fraudes	101
2.4.3.1	Ações propostas no âmbito da CPMI	101
2.4.3.2	Prisões decretadas e denúncias apresentadas pelo Ministério Público	102
2.4.3.3	Recursos recuperados	104
2.4.3.4	Melhoria na legislação	105
2.4.3.5	Melhoria nas estruturas administrativas	105
2.5	Corrupção na Superintendência para o Desenvolvimento da Amazônia	106
2.5.1	Apresentação do caso	106
2.5.1.1	A criação e os objetivos da Sudam	106
2.5.1.2	Os esquemas de corrupção na Sudam	107
2.5.1.3	Os casos mais rumorosos de corrupção na Sudam	109
2.5.2	Fatores que propiciaram a ocorrência de esquemas de corrupção na Sudam	112
2.5.2.1	Falhas e deficiências na estrutura da Sudam e na legislação que regia a atuação da autarquia	112
2.5.2.2	Falhas e deficiências de controle	113
2.5.3	Medidas adotadas pelo Poder Público ante os esquemas de corrupção na Sudam	113
2.6	Corrupção e *impeachment*: o caso Collor	115
2.6.1	Apresentação do caso	115
2.6.1.1	Área em que se verificou a fraude	115
2.6.1.2	Como o escândalo se tornou conhecido	116
2.6.2	Indicação das razões que propiciaram a ocorrência da fraude	116
2.6.2.1	Falhas na legislação	116
2.6.2.2	Falhas estruturais	118
2.6.2.3	Carência de pessoal qualificado	119
2.6.3	Medidas adotadas pelo Poder Público após a divulgação do escândalo	119
2.6.3.1	Ações propostas	119
2.6.3.2	Recursos recuperados	123
2.6.3.3	Prisões decretadas	123
2.6.3.4	Melhoria na legislação	123
2.6.4	Outros comentários	124
2.7	Operação Curupira	128

2.7.1	Apresentação do escândalo	128
2.7.2	Área em que se verificou a fraude	129
2.7.3	Como o escândalo se tornou conhecido	130
2.7.4	Indicação das razões que propiciaram a ocorrência da fraude	132
2.7.4.1	Falhas no sistema de controle do transporte de madeira	132
2.7.4.2	Carência de pessoal qualificado	133
2.7.5	Ineficácia da administração na fiscalização e na punição dos responsáveis	135
2.7.6	Medidas adotadas pelo Poder Público após a divulgação do escândalo	137
2.7.6.1	Ações propostas	137
2.7.6.2	Prisões decretadas	140
2.7.6.3	Melhoria na legislação e na estrutura	142
2.7.7	Conclusão	143
2.8	O escândalo dos bancos Marka e FonteCindam	144
2.8.1	Apresentação do caso	144
2.8.1.1	Área em que se verificou a fraude	144
2.8.1.2	Ambiente em que se deu a fraude	145
2.8.1.3	Elementos da fraude	147
2.8.1.4	Como o escândalo se tornou conhecido	148
2.8.2	Indicação das razões que propiciaram a ocorrência da fraude	148
2.8.2.1	Falhas na legislação	148
2.8.2.2	Falhas estruturais	149
2.8.2.3	Carência de pessoal qualificado	149
2.8.3	Medidas adotadas pelo Poder Público após a divulgação das fraudes	149
2.8.3.1	Recomendações da CPI	149
2.8.3.2	Recursos recuperados	151
2.8.3.3	Prisões decretadas	151
2.8.3.4	Melhoria na legislação	152
2.8.3.5	Melhoria nas estruturas	154
2.9	O escândalo dos precatórios	154
2.9.1	Apresentação do caso	154
2.9.1.1	Definição de precatório judicial	154
2.9.1.2	Área em que ocorreu a fraude	155
2.9.1.3	Principais envolvidos	159
2.9.1.4	Como o escândalo se tornou conhecido	162

2.9.2	Indicação das razões que propiciaram a ocorrência da fraude	162
2.9.3	Medidas adotadas pelo Poder Público após a divulgação das fraudes	163
2.9.3.1	Ações propostas	163
2.9.3.2	Prisões decretadas	163
2.9.3.3	Recursos recuperados	164
2.9.3.4	Melhoria na legislação	164
2.9.3.5	Melhoria nas estruturas	165
2.10	Escândalo da construção do fórum trabalhista de São Paulo	165
2.10.1	Apresentação do caso	165
2.10.1.1	Área em que se verificou	165
2.10.1.2	Como o escândalo se tornou conhecido	167
2.10.2	Razões que propiciaram a ocorrência da fraude – Esquema de desvio de recursos	167
2.10.2.1	Edital de licitação impreciso e vago	168
2.10.2.2	Falta de qualificação técnica e econômica da empresa contratada	169
2.10.2.3	Pagamentos sem a contrapartida em serviços	169
2.10.2.4	Lavagem do dinheiro	170
2.10.2.5	Pagamentos a agentes públicos	172
2.10.2.6	Fraude na fiscalização da obra (superfaturamento de serviços)	173
2.10.2.7	Aditivos contratuais indevidos	174
2.10.2.8	Falhas graves nos projetos de construção e dificuldades para a mensuração do real valor da obra	174
2.10.2.9	Resumo das falhas que propiciaram a fraude	174
2.10.2.10	Agentes envolvidos	175
2.10.3	Medidas adotadas pelo Poder Público após a divulgação das fraudes	177
2.10.4	Sanções aplicadas e recuperação dos valores desviados	186
2.10.5	Modificações na legislação e nas estruturas da Administração Pública	189
2.10.6	O impacto do escândalo na mídia	189
2.11	Escândalo do Mensalão	190
2.11.1	Apresentação do caso	190
2.11.1.1	Área em que se verificou a corrupção	190
2.11.1.2	Os grupos envolvidos e o modo de atuação	191
2.11.1.2.1	Origem dos recursos do Mensalão	195
2.11.1.2.2	Repasse dos recursos do Mensalão	197

2.11.1.3	Como o escândalo se tornou conhecido	198
2.11.2	Razões que propiciaram a ocorrência da fraude	200
2.11.2.1	Falhas na legislação	200
2.11.2.2	Falhas no modelo político	201
2.11.3	Medidas adotadas pelo poder público após a divulgação das fraudes	202
2.11.3.1	Ações propostas no âmbito da CPMI dos Correios	202
2.11.3.2	Prisões decretadas e denúncias apresentadas pelo Ministério Público	203
2.11.3.3	Recursos recuperados	206
2.11.3.4	Melhoria na legislação	207
2.11.3.5	Melhoria nas estruturas	210
2.12	Quadro geral	215
2.13	Impressões resultantes da divulgação dos diversos escândalos e análise das medidas adotadas	216

CAPÍTULO 3
OPERAÇÃO LAVA JATO 221

3.1	Aspectos gerais	221
3.2	Apresentação do caso	225
3.3	Área em que se verificou a fraude	226
3.4	Como o escândalo se tornou conhecido	227
3.5	Indicação das razões que propiciaram a ocorrência da fraude	227
3.6	Medidas adotadas pelo Poder Público após a divulgação das fraudes	228

CONCLUSÕES 231

REFERÊNCIAS 233

PREFÁCIO

Portugal deportava todo tipo de gente para o Brasil Colônia: "degredados, incorrigíveis, falidos de qualquer sorte".[1]

O novo país foi construído sem qualquer compromisso moral ou ideológico de formar uma nação. Ao contrário, vinham aportar no Brasil somente aventureiros cujo único interesse era tirar proveito das riquezas locais e retornar a Portugal, fugindo, o mais rapidamente possível, das doenças, intempéries, ataques de índios canibais – que na época da descoberta ultrapassavam a casa dos milhões e que, nos dias atuais, não chegam aos milhares em todo o território brasileiro – e de toda sorte de dificuldades que assolavam a jovem colônia.

A literatura brasileira igualmente reflete essa concepção na formação da identidade do brasileiro.

Sérgio Buarque de Holanda, certamente um dos maiores historiadores brasileiros, em seu clássico *Raízes do Brasil*, analisa a formação cultural do povo brasileiro a partir dos seguintes tipos contrapostos: o ibérico e o saxônico, o europeu e o indígena, o rural e o urbano, o senhor e o escravo. Na busca pela definição do traço comum, do que seria a principal característica do brasileiro, o autor constrói o perfil do "homem cordial". Essa cordialidade brasileira se manifestaria pela tendência a estabelecer todas as suas relações com base na afetividade e, principalmente, na dificuldade de objetivar ou racionalizar suas relações, criando a figura do "jeitinho brasileiro" como meio de transgredir as regras, para não ferir susceptibilidades, violações ou transgressões que não apenas não seriam repudiadas pela sociedade, como, ao contrário, constituiriam motivo de orgulho. O homem cordial, segundo o ilustre autor, é aquele que age com o coração, com paixão e sentimento.

Defenderemos, neste trabalho, que essa visão acerca do brasileiro – que em nosso sentir é equivocada – não é determinante para a ocorrência de elevados níveis de corrupção no Brasil.

As raízes da corrupção brasileira não mais se encontram em nosso passado colonial, ou em características da personalidade do brasileiro. Não se pode atribuir à herança de Portugal culpa por não ter o Brasil

---

[1] SANTOS. *A política geral do Brasil*, p. 132.

conseguido, até os dias atuais, superar as dificuldades relacionadas ao combate à corrupção. Discordaremos, portanto, da visão dominante de que os elevados índices de corrupção praticados no Brasil – que, de acordo com a Transparência Internacional, ocupa a septuagésima nona colocação dentre 176 (cento e setenta e seis) no *ranking* dos países mais corruptos, juntamente com Índia e China, em matéria de percepção de corrupção – estão vinculados ao passado ou à identidade do brasileiro e que não podem, portanto, ser superados.

A formação cultural brasileira pode ser apontada como a causa dominante e efetiva de diversas mazelas sociais – entre elas a corrupção – verificadas no Brasil ao longo dos séculos XVIII e XIX.

Ademais, tendo o Brasil se tornado independente de Portugal em 1822, portanto há quase dois séculos, insistir em atribuir à formação cultural decorrente do período colonial a causa para os elevados índices de corrupção ainda hoje verificados constitui fuga da realidade e tentativa de esconder os verdadeiros motivos e reais beneficiários dos tão comuns desvios e fraudes praticados ao longo do século XX e que se perpetuam neste século XXI.

Outra questão igualmente importante diz respeito à possibilidade de participação popular, à democracia.

A falta de participação popular, além de contribuir para o aumento da corrupção, afeta o desenvolvimento econômico, conforme será demonstrado ao longo deste trabalho.

Defenderemos a tese, certamente a mais importante deste trabalho, de que a principal causa para os elevados níveis de corrupção identificados no Brasil – aliada à democracia (ou à falta dela) – constitui, ao mesmo tempo, causa e efeito das inúmeras fragilidades econômicas, sociais e políticas nacionais que residem, em primeiro lugar, em nosso sistema jurídico administrativo. Portanto, a superação dessas deficiências dependeria tão somente de vontade política para identificar essas vulnerabilidades vigentes na legislação brasileira, especialmente no campo do Direito Administrativo, e de corrigir as falhas nas estruturas dos diversos órgãos e entidades da organização administrativa brasileira.

O segundo aspecto que contribui para a manutenção dos elevados níveis de corrupção no Brasil reside, certamente, conforme igualmente será demonstrado ao longo deste trabalho, na certeza da impunidade, uma vez que são raros os casos de punição daqueles que se locupletaram com fundos públicos – com exceção do caso da Operação Lava Jato.

Excesso de oportunidades para desviar recursos públicos e certeza da impunidade, e não a formação moral ou cultural do povo

PREFÁCIO | 17

brasileiro, constituem as reais causas para a manutenção da corrupção em elevados patamares.

O foco deste trabalho será o exame dos grandes escândalos de corrupção ocorridos no Brasil nos últimos quinze anos e compará-los com a Operação Lava Jato, que cuida, neste caso, de fraudes em contratos da estatal brasileira Petrobras. O propósito específico deste trabalho consiste na identificação:

1. das causas ou dos pontos vulneráveis existentes na legislação, nas estruturas administrativas e nos órgãos de controle que propiciaram a ocorrência das fraudes e dos desvios;
2. das medidas administrativas e judiciais eventualmente adotadas pelas autoridades públicas para corrigir as falhas no sistema, punir os responsáveis e recuperar os fundos públicos desviados;
3. da efetividade da adoção das medidas indicadas no item anterior; e
4. das medidas jurídicas adotadas no âmbito da Operação Lava Jato e de vários outros processos – que estão em curso no momento, e em relação aos quais não há ainda conclusão – e que tornaram mais efetiva a luta contra a corrupção no Brasil atual.

Buscar-se-á, por meio do exame de escândalos noticiados nos mais importantes meios de comunicação do Brasil, fazer o acompanhamento – passo a passo – da divulgação de cada uma das medidas adotadas e compará-las com as da Operação Lava Jato, para se concluir, ao final, que a punição dos culpados e o adequado funcionamento das estruturas administrativas e legais constituem a única forma de se combater efetivamente a corrupção pública.

O combate à corrupção verificado na Operação Lava Jato, em grande medida alimentado por contratos superfaturados da estatal brasileira Petrobras, envolve quantias que não foram definidas, até o momento, mas que alcançam a cifra de bilhões de dólares americanos, e permitem confirmar a tese de que não é a formação cultural do brasileiro, mas falhas (no caso, legais) que propiciam a corrupção.

A luta contra a corrupção, que sempre fez parte da história do Brasil, ganhou maior ênfase nos últimos anos em razão, sobretudo, dos efeitos produzidos na economia do País e provocou a deterioração na qualidade de vida da população, especialmente da mais pobre, aquela que mais necessita da prestação de serviços públicos.

O maior apoio da população revela-se essencial ao tema, e seus efeitos podem ser constados com a maior eficácia no caso denominado Mensalão, sendo ainda mais visíveis na Operação Lava Jato. O avanço da democracia é fundamental no combate à corrupção, inclusive com o acompanhamento da imprensa. Essa afirmação pode ser confirmada pelo exame de inúmeros casos:

1. Concessão de benefícios previdenciários (Jorgina de Freitas);
2. Fraudes na elaboração e na execução do orçamento (o escândalo dos anões do orçamento);
3. Escândalo das ambulâncias (ou máfia das sanguessugas);
4. Fraudes na utilização de mecanismos de fomento ao desenvolvimento da Região Amazônica brasileira, concedidos pela Superintendência para o Desenvolvimento da Amazônia (conhecido como fraude na SUDAM);
5. Processo de *impeachment* do ex-presidente brasileiro, Fernando Collor de Mello (denominado caso Collor);
6. Corrupção na atividade de polícia administrativa do Estado brasileiro, em área especialmente sensível, que é a preservação do meio ambiente, na operação denominada Curupira;
7. Irregularidades no escândalo dos Bancos Marka e FonteCindan;
8. Escândalo da construção do fórum trabalhista de São Paulo, certamente um dos casos de corrupção que mais divulgação mereceu por parte da imprensa; e
9. Divulgação e acompanhamento da Operação Lava Jato.

Igualmente, deve-se ter em conta que investigações conduzidas pela Polícia Federal brasileira constituem novidade na luta contra a corrupção no Brasil. Os métodos utilizados pelo Tribunal de Contas da União e pela Controladoria-Geral da União se somam aos novos métodos investigativos (como escutas) da Polícia Federal e permitem a relação de esquemas de corrupção, relação esta que, de outro modo, não seria possível.

Além da questão democrática e da grande ênfase dada pela imprensa, a maior eficácia da Operação Lava Jato está diretamente relacionada aos novos instrumentos processuais, como a delação ou colaboração premiada, criada pela Lei nº 12.850, de 2013; não obstante, quando escrevemos essas conclusões, ela não tinha sido concluída.

A corrupção é crime sem rastro, ou, em linguagem processual, sem provas. É necessário que alguém que integre o grupo denuncie o esquema de corrupção para que ela possa ser investigada e punida.

Democracia, imprensa e novos instrumentos processuais, como a delação premiada, mostram-se essenciais à luta contra a corrupção, conforme pode ser comprovado nos capítulos que seguem.

Do Autor

CAPÍTULO 1

A LUTA CONTRA A CORRUPÇÃO: ASPECTOS CONCEITUAIS RELACIONADOS AO ESTUDO DO TEMA

1.1 A história da corrupção no Brasil

A história do Brasil, nos manuscritos europeus, iniciou-se em abril de 1500 quando a esquadra composta de treze navios, sob o comando do português Pedro Álvares Cabral, aportou na costa brasileira. O destino eram as Índias orientais. Por engano ou acaso do destino, não se sabe, a esquadra de Portugal veio ter à praia de Porto Seguro, na Bahia de Todos os Santos.

Coube a Pero Vaz de Caminha, escrivão da esquadra, informar ao Rei de Portugal a descoberta das novas terras. Em sua carta, descreve a beleza e a riqueza da nova possessão e, ao final, pede ao Rei D. Manuel favores para o genro – Jorge de Osório.[1]

Com a descoberta do Brasil por Portugal, estabelecia-se a relação de dependência entre a colônia e o conquistador, relação que iria durar mais de trezentos anos, em que a função do Brasil seria fornecer fundos para a monarquia, para a aristocracia e para os projetos portugueses.

Nos primeiros anos que se seguiram ao descobrimento, a fraude mais comum na jovem colônia estava relacionada ao contrabando de mercadorias. O contrabando do ouro, que era praticado inclusive pelos clérigos,[2] ocorria em grande escala.

---

[1] HABIB. *Brasil*: Quinhentos anos de corrupção – Enfoque sócio-histórico-jurídico-penal. Porto Alegre: Sérgio Antônio Fabris, 1994.

[2] O contrabando do ouro por parte da Igreja criou no Brasil a expressão "santo do pau oco". A expressão, ainda em uso nos dias atuais, é utilizada para fazer referência a pessoas que

Ao longo dos três séculos em que se manteve a relação de dependência do Brasil, multiplicaram-se os casos de corrupção, que não mais se resumiam ao contrabando, "tal era a avidez com que as pessoas aqui chegavam para enriquecer, atraídas pela fama de abundância da nova colônia".[3]

Bom exemplo de desmando ocorrido nesse período foi descrito por Wilson Martins e está relacionado à criação da Companhia do Comércio do Maranhão:[4]

> A companhia andou longe de funcionar corretamente: os pesos e medidas de que usavam eram falsificados; as fazendas e comestíveis expostos à venda, da pior qualidade, e até corruptos; e tudo em quantidade insuficiente para abastecimento do mercado, e por preços superiores aos taxados. O próprio governador estava metido na ladroeira: o cravo que produzia, bem como o de Pascoal Jansen era depositado em palácio e embarcado com prioridade, para não falar nas negociatas laterais que ambos faziam. Quando a situação se tornou economicamente intolerável, irrompeu o ato de desespero, que foi a revolta.

O certo é que, para a povoação da nova colônia, que era imensa, Portugal – que contava com população inferior a um milhão e meio de habitantes – deportava todo tipo de gente, conforme relata José Maria dos Santos: "degredados, incorrigíveis, falidos de qualquer sorte".[5] Ainda segundo o autor, "não havia dignidades preestabelecidas nem valores de princípio. Na bagagem de perdidos e desgarrados dos primeiros que chegaram da Europa, não podiam ter lugar, tais objetos de convenção. Cada um valia por si mesmo, segundo a sua maior ou menor capacidade em vencer a terra bruta e dela utilmente apropriar-se".

O novo país foi construído, vê-se, sem qualquer compromisso moral ou ideológico de formar uma nação. Ao contrário, vinham aportar no Brasil somente aventureiros cujo único interesse era tirar proveito das riquezas[6] locais e retornar a Portugal, fugindo, o mais rapidamente

---

se apresentam como mais distintas do que realmente são. Ela surgiu em razão de ter sido comum, durante o período colonial, a fabricação de estátuas de santos ocos, vazios. O propósito desses santos seria o de esconder o ouro a ser contrabandeado, cujo comércio era severamente taxado pela Coroa de Portugal.

[3] HABIB. *Brasil*: Quinhentos anos de corrupção – Enforque sócio-histórico-jurídico-penal. Porto Alegre: Sérgio Antônio Fabris, 1994. p. 3.

[4] MARTINS, Wilson. *A história da inteligência brasileira*, 2. ed. Rio de Janeiro: Cultrix, 1985.

[5] SANTOS. *A política geral do Brasil*. São Paulo: Editora da Universidade de São Paulo, 1989. p. 132.

[6] Nesse sentido, vale mencionar a expressão de D. João VI, rei de Portugal – citada por Vicente Barreto e Antônio Paim (*Evolução do pensamento político brasileiro*) –, para quem o Brasil "era vaca leiteira de Portugal".

A LUTA CONTRA A CORRUPÇÃO: ASPECTOS CONCEITUAIS RELACIONADOS AO ESTUDO DO TEMA | 23

possível, das doenças, intempéries, ataques de índios canibais – que na época da descoberta ultrapassavam a casa dos milhões e que, nos dias atuais, não chegam aos milhares em todo o território brasileiro[7] – e de toda sorte de dificuldades que assolavam a jovem colônia.

Acerca da forma como se deu a colonização brasileira e a formação cultural do povo brasileiro, são frequentes comparações com a colonização dos Estados Unidos da América "em que os puritanos do Mayflower, acossados pela perseguição religiosa, vieram, em grupos familiares, estabelecer-se com *animus* de ficar nas plagas do Novo-Mundo, para ler a bíblia, ajudarem-se uns aos outros, trabalhar e construir uma nação que lhes faltava".[8]

A maneira como se deu a colonização brasileira – sucintamente descrita nas linhas anteriores – é normalmente apontada como a causa determinante de todas as dificuldades enfrentadas para o desenvolvimento econômico e social, e a denominada "herança portuguesa" é mencionada como a razão para os elevados índices de corrupção vigentes no Brasil.[9]

A literatura brasileira igualmente reflete essa concepção na formação da identidade do brasileiro.

Sérgio Buarque de Holanda,[10] certamente um dos maiores historiadores brasileiros, em seu clássico *Raízes do Brasil*, analisa a formação cultural do povo brasileiro a partir dos seguintes tipos contrapostos: o ibérico e o saxônico, o europeu e o indígena, o rural e o urbano, o senhor e o escravo. Na busca pela definição do traço comum, do que seria a principal característica do brasileiro, o autor constrói o perfil do "homem cordial". Essa cordialidade brasileira se manifestaria pela tendência a estabelecer todas as suas relações com base na afetividade e, principalmente, na dificuldade de objetivizar ou racionalizar suas relações, criando a figura do "jeitinho brasileiro" como meio de transgredir as regras, para não ferir susceptibilidades, violações ou transgressões que não apenas não seriam repudiadas pela sociedade, como, ao contrário,

---

[7] Disponível em: <htts://www.funai.gov.br/>.

[8] Conforme relato de MOOG, Vianna. *Bandeirantes e pioneiros*. 17. ed. Rio de Janeiro: Civilização Brasileira, 1989. p. 88.

[9] Na mesma linha, vide ROMEIRO, Adriana. *Corrupção e Poder no Brasil*: uma história, séculos XVI a XVIII. Belo Horizonte: Autêntica, 2017: "Ambíguas eram as fronteiras entre o comércio legal e o ilegal; ambígua também era a posição da Coroa, que, a despeito das reiteradas proibições, autorizava-o e até mesmo favorecia-o, desde que atendesse aos seus interesses econômicos e políticos".

[10] HOLANDA, Sérgio Buarque de. *Raízes do Brasil*. Rio de Janeiro: Jose Olympio, 1982.

constituiriam motivo de orgulho. O homem cordial, segundo o ilustre autor, é aquele que age com o coração, com paixão e sentimento.

O sociólogo brasileiro Gilberto Freire, autor de outra importante peça da literatura brasileira, *Casa Grande e Senzala*,[11] defendeu a teoria da democracia racial no Brasil. O autor romantizou o passado colonial brasileiro e registrou a convivência, segundo ele, harmoniosa entre senhores e escravos que se dava por meio da ampla miscigenação. Segundo Freire, o caldeirão racial brasileiro seria o responsável pela eliminação de tensões e preconceitos.

No campo literário, a obra que poderia ser apresentada como a que melhor refletiria a imagem do brasileiro pode ser atribuída a Mario de Andrade, autor de *Macunaíma: herói sem nenhum caráter*. Em sua famosa obra, o autor concluiu que "o brasileiro não tem caráter" porque não tem uma civilização própria. Macunaíma era índio, negro e também branco. Macunaíma simplesmente não tinha identidade, por isso mudava de caráter, conforme a situação.[12]

Defenderemos, neste trabalho, que essa visão acerca do brasileiro – que em nosso sentir é equivocada – não é determinante para a ocorrência de elevados níveis de corrupção no Brasil.

As raízes da corrupção brasileira não mais se encontram em nosso passado colonial, ou em características da personalidade do brasileiro. Não se pode atribuir à herança de Portugal culpa por não ter o Brasil conseguido, até os dias atuais, superar as dificuldades relacionadas ao combate à corrupção. Discordaremos, portanto, da visão dominante

---

[11] FREYRE. *Casa grande e senzala*. Rio de Janeiro: Schimidt, 1936.

[12] Transcrevemos, a seguir, passagem da obra de Mário de Andrade (ANDRADE, Mário. *Macunaíma*. 1988. p. 95-96) que bem reflete a personalidade do (anti) herói brasileiro:
"Pra quê essa gentama no meu quarto, agora!... Faz mal pra saúde, gente!
Todos perguntaram pra ele:
– O que foi mesmo que você caçou, herói?
– Dois viados mateiros.
Então os criados as cunhãs estudantes empregados-públicos, todos esses vizinhos principiaram rindo dele. Macunaíma sempre aparando o bocal da flautinha. A patroa cruzando os braços ralhou assim:
– Mas, meus cuidados, pra que você fala que foram dois viados e em vez foram dois ratos chamuscados!
Macunaíma parou assim os olhos nela e secundou:
– Eu menti.
Todos os vizinhos ficaram com cara de André e cada um foi saindo na maciota. E André era um vizinho que andava sempre encalistrado. Maanape e Jiguê se olharam, com inveja da inteligência do mano. Maanape inda falou pra ele:
– Mas pra que você mentiu, herói!
– Não foi por querer não... quis contar o que tinha sucedido pra gente e quando reparei estava mentindo...".

de que os elevados índices de corrupção praticados no Brasil – que de acordo com a Transparência Internacional ocupa a septuagésima nona colocação dentre 176 (cento e setenta e seis) no *ranking* dos países mais corruptos, juntamente com Índia e China, em matéria de percepção de corrupção[13] – estão vinculados ao passado ou à identidade do brasileiro e que não podem, portanto, ser superados.

A formação cultural brasileira pode ser apontada como a causa dominante e efetiva de diversas mazelas sociais – entre elas a corrupção – verificadas no Brasil ao longo dos séculos XVIII e XIX.

Apesar de todas essas intempéries, verificou-se imenso desenvolvimento econômico nesse período.[14]

> A aplicação ao Brasil apenas dos LIVROS IV E V das Ordenações permitiu o surgimento de traços institucionais peculiares na colônia, alguns até mesmo inusitados no Ocidente como um todo. (...) Desde sempre, no âmbito português da América, a terra podia ser vendida e empenhada. Havia poucas exceções na hora de executar as hipotecas rurais, entre as quais a existência de um negócio global (engenhos, por exemplo) e umas poucas proteções para organizações eclesiásticas – mas nenhum impedimento para que senhores de engenho ou ordens regulares comprassem e vendessem as suas propriedades fundiárias. Com isso, desde muito cedo foi possível dividir lotes, alienar instalações, obter empréstimos.

Ademais, tendo o Brasil se tornado independente de Portugal em 1822, portanto há quase dois séculos, insistir em atribuir à formação cultural decorrente do período colonial a causa para os elevados índices de corrupção ainda hoje verificados constitui fuga da realidade e tentativa de esconder os verdadeiros motivos e reais beneficiários dos tão comuns desvios e fraudes praticados ao longo do século XX e que se perpetuam neste século XXI.

Atribuir, ainda nos dias atuais, à herança portuguesa a culpa pelas deficiências em nossa formação cultural e considerá-la a principal causa da corrupção brasileira interessa apenas àqueles que se beneficiam das fraudes e dos desvios dos fundos públicos – entre os quais certamente não mais se incluem a monarquia ou a aristocracia portuguesas.

---

[13] Disponível em: <http://www.transparency.org/policy_research/surveys_indices/cpi/2017>. Acesso em: 24 fev. 2018.

[14] CALDEIRA, Jorge. *História da riqueza no Brasil*: cinco séculos de pessoas, costumes e governos. Rio de Janeiro: Estação Brasil. p. 173.

O mesmo autor e historiador brasileiro Jorge Caldeira,[15] acerca da economia do Brasil colônia, diz o seguinte:

> No fim das contas, o governo-geral não atrapalhava demais o crescimento da economia pelas vias informais. Restava apenas o acentuado ranço do Antigo Regime – muito abrandado pelos governantes eleitos nas vilas e pelo clero secular, que eram também governo. Leis civis como as relativas ao estatuto da terra, a forma de herança ou os direitos da mulher, substancialmente alteradas pelo costume, também favoreciam os empreendedores e o mercado, na comparação com o ambiente metropolitano ou mesmo europeu. Costumes da população como alianças matrimoniais ou o fiado garantiam efetivamente o desenvolvimento diferencial da colônia.

Outra questão igualmente importante diz respeito à possibilidade de participação popular, à democracia.[16]

> Assim se formou a corrente da felicidade. O governo ditatorial fazia planos envolvendo empresas estatais e o setor privado. As estatais pegavam dinheiro no exterior. O governo fazia o câmbio, entregando moeda nacional às estatais e usando os dólares emprestados a elas para pagar a conta do petróleo. Continuava comprando as principais produções agrícolas em moeda nacional, mantendo o controle sobre as divisas restantes. O resultado financeiro da operação aparecia como dívida externa. Ela era de 5,2 bilhões de dólares em 1970, o equivalente a dois anos de exportação. Cresceu para 17,1 bilhões em 1974, após o aumento do petróleo, o que representava 2,1 anos, dado o aumento das exportações no intervalo. Depois subiu sem parar, até atingir 49,9 bilhões de dólares em 1979, último ano do governo Geisel, quando equivalia a 3,3 anos de exportações. Na óptica de Ernesto Geisel, a obra era um sucesso. O objetivo do Plano Nacional de Desenvolvimento era o de empregar capital externo emprestado pelo governo federal para aplicar nas empresas estatais nacionais, isolando o Brasil dos fluxos internacionais de mercadorias.

A falta de participação popular, além de contribuir para o aumento da corrupção, afeta o desenvolvimento econômico, conforme será demonstrado ao longo deste trabalho.

Defenderemos a tese, certamente a mais importante desse trabalho, de que a principal causa para os elevados níveis de corrupção identificados no Brasil – aliada à democracia (ou à falta dela) – constitui,

---

[15] CALDEIRA, Jorge. *Op. cit.*, p. 181.
[16] CALDEIRA, Jorge. *Op. cit.*, p. 569.

ao mesmo tempo, causa e efeito das inúmeras fragilidades econômicas, sociais e políticas nacionais reside, em primeiro lugar, em nosso sistema jurídico administrativo. Portanto, a superação dessas deficiências dependeria tão somente de vontade política para identificar essas vulnerabilidades vigentes na legislação brasileira, especialmente no campo do Direito Administrativo, e de corrigir as falhas nas estruturas dos diversos órgãos e entidades da organização administrativa brasileira.

O segundo aspecto que contribui para a manutenção dos elevados níveis de corrupção no Brasil reside, certamente, conforme igualmente será demonstrado ao longo deste trabalho, na certeza da impunidade, uma vez que são raros os casos de punição daqueles que se locupletaram com fundos públicos – com exceção do caso da Operação Lava Jato.

Excesso de oportunidades para desviar recursos públicos e certeza da impunidade, e não a formação moral ou cultural do povo brasileiro, constituem as reais causas para a manutenção da corrupção em elevados patamares.

O foco deste trabalho será o exame dos grandes escândalos de corrupção ocorridos no Brasil nos últimos quinze anos e compará-los com Operação Lava Jato, que cuida, neste caso, de fraudes em contratos da estatal brasileira Petrobras. O propósito específico deste trabalho consiste na identificação:

1. das causas ou dos pontos vulneráveis existentes na legislação, nas estruturas administrativas e nos órgãos de controle que propiciaram a ocorrência das fraudes e desvios;
2. das medidas administrativas e judiciais eventualmente adotadas pelas autoridades públicas para corrigir as falhas no sistema, punir os responsáveis e recuperar os fundos públicos desviados;
3. da efetividade da adoção das medidas indicadas no item anterior; e
4. das medidas jurídicas adotadas no âmbito da Operação Lava Jato, e de vários outros processos – que estão em curso no momento, e em relação aos quais não há ainda conclusão –, e que tornaram mais efetiva a luta contra a corrupção no Brasil atual.

Buscar-se-á, por meio do exame de escândalos noticiados nos mais importantes meios de comunicação do Brasil, fazer o acompanhamento – passo a passo – da divulgação de cada uma das medidas adotadas e compará-las com as da Operação Lava Jato, para se concluir, ao final, que a punição dos culpados e o adequado funcionamento das estruturas administrativas e legais constituem a única forma de se combater efetivamente a corrupção pública.

O combate à corrupção verificado na Operação Lava Jato, em grande medida alimentada por contratos superfaturados da estatal brasileira Petrobras, envolve quantias que não foram definidas, até o momento, mas que alcançam a cifra de bilhões de dólares americanos,[17] e permitem confirmar a tese de que não é a formação cultural do brasileiro, mas falhas (no caso, legais) que propiciam a corrupção.[18]

O foco deste trabalho se restringe, portanto, à corrupção no âmbito da Administração Pública federal brasileira. Importantes aspectos do estudo da corrupção, de que seriam exemplos a corrupção judicial e a política, em que se examinam, por exemplo, ilegalidades ocorridas no financiamento de campanhas políticas, não são objetos de estudo. Também não serão objetos de exame medidas locais, adotadas no âmbito dos Estados-federados ou dos Municípios.

1.2 A importância do estudo da corrupção

No Brasil, a corrupção constitui a principal fonte de preocupação da população.[19] Até o início da década de 1980, as pesquisas científicas acerca da corrupção eram desenvolvidas basicamente nas áreas da sociologia, e o fundamento básico para combatê-la era o fato de que seria criticável do ponto de vista da ética: devia-se lutar contra a corrupção tão somente porque ela era errada e não se adequava a padrões éticos de comportamento.

---

[17] Disponível em: <https://g1.globo.com/politica/operacao-lava-jato/noticia/juiz-dos-eua-aprova-multa-de-us-26-bi-para-odebrecht-em-caso-de-corrupcao.ghtml>. Acesso em: 22 fev. 2018.

[18] A simples leitura de *Too Big to Jail* (GARRETT, Brandon L. Cambridge, Massachusetts; London: The Belknap Press of Harvard University Press, 2014) deve levar à conclusão de que a Lava Jato, no Brasil, é escândalo muito maior, em termos de valores envolvidos, que qualquer dos casos examinados pelo autor. Em relação ao caso que envolve a empresa alemã Siemens, maior de todos e ocorrido em diferentes países, o autor diz: "The case of Siemens (and of its subsidiaries in Argentina, Venezuela and Bangladesh) became a truly global prosecution, Siemens had paid more than *$1.4 billion* in betwen 2002 and 2007 to government officials in sixty-five countries in Asia, Africa, Europe, the Middle East, and South America" (grifo nosso).

[19] Disponível em: <https://oglobo.globo.com/brasil/latinobarometro-corrupçãorupcao-aparece-pela-1-vez-como-principal-preocupacao-para-brasil-diz-pesquisa-21999964#ixzz4x6ObMd51>. Acesso em: 24 fev. 2018. Relativamente ao ano de 2017.

A constatação até então prevalente, no âmbito econômico, considerava a corrupção problema exclusivo do setor público, cujos efeitos seriam indiferentes para a economia e, em algumas situações, até benéficos, na medida em que empresas poderiam obter tratamento favorecido em determinados processos administrativos, fato que poderia resultar em ganhos ou benefícios econômicos individuais. No plano internacional, a corrupção sempre foi utilizada como instrumento para a obtenção de negócios. Por meio do pagamento de subornos, as empresas obtêm informações privilegiadas e tratamento favorecido em relação à concorrência para a celebração de contratos com a Administração Pública, por exemplo. Esse aspecto da corrupção, que poderia ser considerado benéfico para a empresa que obtém o contrato público, passou a ser questionado no momento em que as legislações dos diversos países passaram a considerar ilegal e passível de punição o pagamento de subornos a servidores públicos de países estrangeiros.

A partir da década de 1980, novas pesquisas científicas acerca do tema revelaram os reais efeitos econômicos[20] da corrupção para o desempenho das economias dos países e das próprias empresas, que são fortemente influenciadas pelos impactos negativos gerados.

Em resumo, o exame dos efeitos econômicos e sociais da corrupção deixa evidente que o seu combate não deve ser considerado de interesse apenas de cada país. Demonstra-se, ademais, que o combate à corrupção não deve ser promovido apenas porque ela é eticamente reprovável, ou porque a sua tolerância favorece a violação dos direitos humanos – na medida em que serviços sociais básicos são negados à população mais carente –, mas porque ela afeta o desenvolvimento dos países e, principalmente, em razão de comprometer o comércio e as finanças internacionais.

Pela primeira vez, em seus 22 anos, a pesquisa de opinião pública Latinobarômetro, realizada uma vez por ano e de grande prestígio em toda a região, colocou a corrupção como principal preocupação de um país do continente. No Brasil, de acordo com a Latinobarômetro,[21]

---

[20] "La reseción económica y la corrupción asociada a la misma han hecho que haya habido un considerablemente retroceso del maltrecho Estado Social de Derecho, de tal forma que hemos visto como se quedaban en nada conquistas históricas en materia de derechos". PIMENTEL FILHO, André. *(Uma) Teoria da Corrupção*: Corrupção, Estado de Direito e Direitos Humanos. Rio de Janeiro: Editora Lumen Juris,2015. (Prefácio)

[21] Disponível em: <https://oglobo.globo.com/brasil/latinobarometro-corrupçãorupcao-aparece-pela-1-vez-como-principal-preocupacao-para-brasil-diz-pesquisa-21999964#ixzz4x6ObMd51>. Acesso em: 24 fev. 2018. Relativamente ao ano de 2017.

cerca de 31% dos habitantes consideram que a corrupção é o principal problema nacional.

A constatação de que a fraude e o desvio de recursos públicos devem ser combatidos não apenas porque são reprováveis do ponto de vista ético, mas também em razão dos maléficos efeitos econômicos que produzem, conferiu ao tema importância que jamais lhe havia sido dado e criou, no cenário internacional, o ambiente propício para que se procurasse combater a corrupção tendo em vista interesses reais e efetivos, relacionados à obtenção de vantagens econômicas para os países e para o setor empresarial. Enfim, o combate à corrupção sofreu impulso fundamental quando a discussão acerca da necessidade de combatê-la abandona o campo da ética, da sociologia e do Direito e ganha o terreno da economia e das finanças internacionais.

Especialmente a partir da década de 1990, verificou-se verdadeira explosão de trabalhos científicos sobre a corrupção, realizados sob o enfoque das ciências econômicas. Nesse sentido, merecem destaque as pesquisas realizadas no âmbito do Banco Mundial (BIRD) e do Fundo Monetário Internacional (FMI).

Um dos principais fatores para o aumento do interesse dos economistas sobre o tema está diretamente relacionado aos processos de globalização e de integração internacional e regional, e podem ser citados como exemplo os esforços levados a efeito em razão da integração da Europa e a celebração, na cidade de Mérida, no México, do acordo sobre o combate à corrupção.

Não obstante as inúmeras e pertinentes críticas apresentadas ao processo de globalização, a liberalização econômica dela decorrente, especialmente no plano do comércio internacional, gerou forte pressão para que os países dessem maior transparência a suas economias. Este quadro criou incentivos para a implantação de reformas em suas estruturas econômicas e administrativas de modo a torná-los mais aptos a participarem dos processos de integração que se desenvolviam no plano internacional. Ou seja, fortemente influenciados pelos processos de integração ocorridos especialmente na Europa, importantes economias de países emergentes como Brasil, Argentina, México e Chile, para mencionar somente alguns exemplos de países latino-americanos, tiveram de passar por reformas em suas legislações e em suas formas de organização judiciária e administrativa de modo a torná-los mais aptos a participar dos novos movimentos de circulação de capitais, tecnologias e informação. Nesse contexto, o desenvolvimento de mecanismos de combate à corrupção passou a ser um dos principais aspectos considerados para a implementação dessas reformas.

Em grande parte dos países latino-americanos, a necessidade de reformas estruturais, verificadas no final da década de 1980 e início da década de 1990, não pode ser atribuída apenas à necessidade de adaptação de suas economias aos novos movimentos internacionais, mas igualmente aos processos de democratização. Durante a década de 1990, a América Latina foi varrida por verdadeira onda democratizante – ainda que em alguns casos as debilidades das jovens democracias ainda sejam evidentes e os fantasmas do autoritarismo e do populismo sejam motivos de fortes e constantes inquietações.

No plano internacional, o aumento da preocupação de organizações internacionais – especialmente dos organismos financeiros internacionais como as Internacional Financial Institutions (IFI) – foi fortemente influenciado pelas crises financeiras ocorridas no México, na Rússia e na Ásia durante a década de 1990. A constatação de que os efeitos dessas crises não afetavam apenas as economias de cada um dos países, mas de que as finanças globais eram fortemente influenciadas levou as referidas IFI a estimularem políticas de transparência e de *accountability* em seus países-membros. As políticas de prevenção e de combate à fraude e à corrupção em projetos financiados pelo BIRD podem ser mencionadas como exemplo desse novo fenômeno.

A proliferação de iniciativas internacionais sobre a corrupção pode ser igualmente apontada como resultado do processo de conscientização da importância que o tema assume na agenda internacional. Eis alguns exemplos:

- 1988 – É aprovada a Convenção de Viena das Nações Unidas (ONU) sobre tráfico de drogas;
- 1989 – Em matéria de corrupção, é aprovada a implantação do Grupo de Ação Financeira (GAFI);
- 1990 – É aprovado o Convênio de Estrasburgo (Conselho da Europa) sobre confisco e lavagem de capital;
- 1991 – No âmbito da União Europeia é editada a Diretiva 91/308/CEE, que estabelece que os sujeitos sejam obrigados a indicar a origem dos recursos financeiros;
- 1995 – É implantado o Grupo Egmont – unidade de inteligência financeira;
- 1996 – É aprovada, no âmbito da Organização dos Estados Americanos (OEA), a Convenção Interamericana contra a Corrupção;
- 1997 – É aprovada a Convenção sobre Suborno de Funcionários Públicos Estrangeiros em Transações Comerciais Internacionais

no âmbito da Organização para Desenvolvimento e Cooperação Econômica (OCDE);

- 1997 – É aprovado, pelo Conselho da União Europeia, o Convênio relativo à luta contra os atos de corrupção no qual estão envolvidos funcionários das Comunidades Europeias e dos Estados Participantes da União Europeia;
- 1998 – É criado, por uma resolução do Comitê de Ministros do Conselho da Europa, o Grupo de Estados contra a Corrupção (GRECO);
- 1999 – É aprovado o Convênio sobre a luta contra o suborno dos funcionários públicos estrangeiros nas transações comerciais internacionais, aprovado pelo Comitê de Ministros do Conselho Europeu;
- 1999 – É aprovado o Convênio de Direito civil sobre a corrupção, aprovado pelo Comitê de Ministros do Conselho Europeu;
- 2000 – É aprovada a Convenção de Palermo (ONU) sobre Delinquência Organizada Transnacional;
- 2003 – É aprovada a Convenção da União Africana para prevenir e combater a corrupção, aprovada pelos Chefes de Estado e Governo da União Africana;
- 2003 – É aprovada a Convenção de Mérida (ONU) sobre corrupção.

No âmbito não governamental, o trabalho desenvolvido pela Transparência Internacional desde 1993 é digno de destaque. Os seus esforços para construir mecanismos anticorrupção e para desenvolver práticas para a solução de conflitos têm tido forte influência em inúmeros países, sendo objeto de especial interesse para os mercados financeiros internacionais, e, portanto, de grande ansiedade para os governantes dos diversos países avaliados a divulgação anual do Índice de Percepção de Corrupção.

O contexto até o momento apresentado busca apresentar a importância assumida pelos movimentos internacionais no processo de combate à corrupção, no sentido de que os esforços conduzidos internamente pelos diversos países fazem parte de um grande processo mundial em que os organismos internacionais desempenham papel fundamental.

1.3   O que é a corrupção e as razões para combatê-la

Tratar da corrupção é buscar apontar os seus efeitos sobre a economia, sobre a política ou sobre qualquer outro aspecto social

A LUTA CONTRA A CORRUPÇÃO: ASPECTOS CONCEITUAIS RELACIONADOS AO ESTUDO DO TEMA | 33

de determinado país, e isso não constitui tarefa fácil. Quando se examinam analiticamente as mais diversas hipóteses por meio das quais a corrupção se manifesta, é normalmente fácil identificar os beneficiários da corrupção, sejam eles funcionários públicos que cobram e recebem subornos, sejam as empresas ou indivíduos que obtêm favores, licenças, concessões, benefícios tributários, pagamentos indevidos ou contratos públicos. Ao se examinar o polo passivo dos atos enquadráveis no âmbito da corrupção, a tarefa torna-se bem mais difícil. Daí por que se fala que a corrupção é um crime sem vítima.

A rigor, essa expressão não é correta. Não obstante nem sempre seja possível identificar as pessoas ou organizações diretamente afetadas pelas mais variadas formas de corrupção, o exame dos efeitos sobre a economia e sobre outros aspectos sociais permite concluir que a vítima da corrupção é toda a sociedade.

Quando determinado processo de contratação pública é conduzido de modo ilegal por meio do estabelecimento, pelo órgão público contratante, de exigências desnecessárias constantes do edital de licitação, cujo único e exclusivo propósito é favorecer determinada empresa, poder-se-ia imaginar que as vítimas seriam as demais empresas daquele segmento, ou ainda a empresa que, se não tivesse ocorrido o favorecimento, obteria a adjudicação do contrato. Ao se examinar mais detalhadamente esse aspecto, constata-se que o objeto do favorecimento é a contratação por preços muito acima daqueles praticados no mercado e se verifica que a primeira vítima da corrupção é o Estado contratante, o que, em última instância, importa em transferir o ônus pela contratação superfaturada a toda a coletividade.

1.3.1 A impossibilidade de conceituar a corrupção

Definir ou conceituar a corrupção, à semelhança da grande maioria dos fenômenos sociais, não constitui tarefa fácil. Parece-nos mais adequado buscar a sua descrição por meio de situações analíticas, a partir da noção de que ela está sempre relacionada à ideia de abuso de poder, de desvio das finalidades públicas, de uso de potestades públicas para fins privados.

Historicamente, a ideia de corrupção sempre esteve associada a dois aspectos: 1. participação do Estado e atuação criminosa dos agentes públicos; e 2. sua associação com o Direito Penal, no sentido de que somente as condutas descritas por meio de tipos penais normalmente associados aos crimes contra a Administração Pública poderiam ser reputadas corruptas.

A impossibilidade de definição das formas instrumentais de que se revestem os atos corruptos, as dificuldades de delimitação do âmbito de atuação da corrupção, se seria exclusivamente pública ou se existiria a corrupção privada, a circunstância de que se trata de fenômeno que ultrapassa a dimensão jurídica para alcançar os âmbitos da sociologia, da política e das relações transnacionais, entre outros aspectos, impedem a elaboração de um conceito acabado de corrupção.

Historicamente, o termo corrupção tem sido utilizado para designar distintas situações.

Não obstante sejam inúmeras as tentativas de definição propostas, é possível identificar na doutrina a existência de três diferentes aspectos que se destacam na formulação dessas definições:

- o primeiro aspecto dá importância ao descumprimento dos deveres dos servidores públicos e, portanto, à ideia de desvio da função pública;
- o segundo critério, de caráter eminentemente economicista, dá ênfase à relação entre oferta e demanda e à utilização de meios anormais para a intermediação dos processos econômicos;
- o terceiro critério define a corrupção em razão do interesse público.

O seu cotejo com o instituto do desvio de poder expõe as dificuldades existentes em torno da formulação de uma definição acabada de corrupção.

O desvio de poder pode ser apresentado como a violação ou infração provocada pelo exercício de potestades públicas com finalidade distinta daquela prevista no ordenamento jurídico. O aspecto central do desvio de poder reside no fato de que as autoridades administrativas se afastam dos objetivos fixados pelo Direito, o que poderia levar à conclusão de que corrupção e desvio de poder sejam fenômenos idênticos.

No entanto, não é exatamente assim que se verifica. No desvio de poder, é possível que o ato ocorra com o exclusivo propósito de causar prejuízo a determinada pessoa, de que seria exemplo o ato de perseguição política ou administrativa (a remoção de um servidor público, por exemplo). Ou seja, no desvio de poder, é possível que o agente que abusa de sua posição não busque nenhuma vantagem ou benefício em razão da posição que ocupa, requisito necessário ao enquadramento de atos como corruptos. Ao contrário, há determinados atos (conforme observa Alejandro Nieto Martin)[22] que podem ser considerados corruptos e que não se enquadram na noção de desvio de poder, dos quais seriam exemplos os pagamentos de suborno para apressar a tramitação de processos.

A oferta de presentes ou de recompensas de pouco valor econômico, sem relação direta com a execução de tarefa ou a prática de atos determinados, mas com o propósito de aproximar ou de fortalecer a relação com pessoas que assumem posição de comando, não têm sido consideradas em muitos países como atos de corrupção. Veja-se, nesse caso, a liberalidade como essa questão é tratada nas relações entre os *lobbies* e os congressistas norte-americanos.[23] De acordo com o autor, a prática de oferecer pequenos presentes ou vantagens, cujo propósito normalmente está associado ao estabelecimento de boas relações sociais, não pode ser confundida com o pagamento de subornos. Neste último caso, defende Malem Seña, o donatário se compromete a praticar ato que favoreça o autor do pagamento. A ideia de suborno, ainda segundo o autor, requer uma contrapartida, que não estaria presente no oferecimento de pequenos regalos.

Não existe consenso na doutrina ou nas legislações acerca do enquadramento da prática de oferecer regalos como ato de corrupção. A questão varia em função da concepção mais ou menos rigorosa utilizada em cada país, sendo normalmente enquadrada na denominada zona cinzenta do Direito. Tem sido comum a edição de códigos deontológicos em que se trata da questão. No caso brasileiro, o Código de Ética dos servidores públicos federais fixa limite para o pagamento de regalos, sendo considerados lícitos os que não ultrapassem o valor de R$100,00 (aproximadamente 30 dólares norte-americanos). Fora desse limite, o ato de oferecer benefícios será havido, teoricamente, como ilícito e passível de enquadramento em processo penal e administrativo.

A questão do oferecimento de regalos – e as divergências legislativas e doutrinárias quanto à sua aceitação como prática lícita ou corrupta – indica as dificuldades existentes para a construção de uma definição conclusiva acerca do tema.

A sua relação com a lavagem de ativos pode ser igualmente apresentada para demonstrar as dificuldades na elaboração de uma definição acabada e definitiva de corrupção. Ademais, permite concluir

---

[22] NIETO MARTIN, Alejandro. *Corrupción en la España Democrática*. Barcelona: Ariel, 1997. p. 79.

[23] MALEM SEÑA, Jorge F. *La Corrupción*: Aspectos Éticos, Económicos, Políticos y Jurídicos. Barcelona: Gedisa, 2002. p. 27.

que é possível enfrentar o tema, não obstante não se disponha dessa definição acabada.

Trata-se – a corrupção e a lavagem de ativos – de fenômenos distintos, porém interligados. A lavagem de ativos originários do tráfico ilegal de entorpecentes, por exemplo, não constitui em si um ato de corrupção, não obstante seja considerado ilícito penal. A utilização dos mecanismos desenvolvidos para combater a lavagem de ativos constitui, todavia, importante instrumento para a prevenção da corrupção. Se um funcionário público sabe que enfrentará sérias dificuldades para utilizar os recursos que venha a obter a título de suborno, ou que os mecanismos de controle financeiro poderão identificar a movimentação suspeita de recursos oriundos do pagamento de suborno e instaurar procedimentos administrativos ou judiciais, é provável que desista de receber esse pagamento ilegal. Vê-se, nesse simples exemplo, a importância que os sistemas de combate à lavagem de ativos representam para o combate à corrupção.

Além desses aspectos controvertidos, outros se associam para dificultar a formulação da definição de corrupção, como a ideia de que ela somente pode estar presente em atos que envolvam a participação do Estado ou de que deve estar necessariamente associada ao Direito Penal, conforme será examinado em seguida.

1.3.2   A corrupção privada

O primeiro aspecto criticado na visão tradicional acerca da corrupção diz respeito à concepção segundo a qual é necessária a participação do Estado para a qualificação de atos como corruptos. De acordo com essa perspectiva, somente o abuso ou o desvio no exercício das potestades públicas relacionadas à atividade econômica ou política dos poderes públicos e a sua utilização em benefício de interesses privados poderia suscitar o tema da corrupção. A partir dessa perspectiva, a caracterização de determinado comportamento como corrupto pressupõe o conflito entre os interesses públicos e os interesses privados e a utilização ilícita ou o desvio (tangente)[24] por parte dos agentes públicos de suas funções públicas para o favorecimento dos interesses privados.

---

[24] O termo italiano utilizado para indicar o desvio da função pública já se tornou conhecido em todo o mundo e reforça a ideia de que a cor está relacionada à superposição dos interesses privados sobre os interesses públicos (CARBAJO CASCÓN, Fernando. Corrupción pública, corrupción privada y Derecho Privado Patrimonial: una Relación Instrumental. Uso perverso, represión y prevención, p. 128).

Nos dias atuais, torna-se cada vez mais comum se falar em corrupção privada. Veja-se a esse respeito o tratamento que a Convenção das Nações Unidas sobre Corrupção (Convenção de Mérida) confere a esse novo e importante aspecto da corrupção.

No âmbito da Convenção de Mérida, merecem destaque os artigos 21 (suborno no setor privado) e 22 (malversação ou peculato de bens no setor privado), que explicitamente tratam de aspectos diretamente relacionados à prática de atos de corrupção sem que se faça necessária a participação de qualquer agente público.

A necessidade de ampliar a concepção acerca da corrupção e de fazê-la compreender situações em que os poderes públicos não estejam necessariamente envolvidos pode ser atribuída, em primeiro lugar, a um fenômeno que é objeto de estudo no âmbito do Direito Administrativo: a impossibilidade, em alguns casos, de separação da esfera pública da esfera privada.

Até muito pouco tempo, percebia-se de forma bastante nítida a separação entre o público e o privado. Aos Estados eram conferidos, até muito recentemente, em caráter de exclusividade, a defesa e o exercício dos interesses públicos ou coletivos. Os processos de reforma das estruturas administrativas dos Estados empreendidos na Europa, a partir da década de 1980 – que se tornaram conhecidos pela expressão choque de eficiência –, e que se espalharam por diversos outros países, buscaram transferir ao setor privado o desempenho de tarefas até então desenvolvidas pelos poderes públicos.

O repasse de fundos públicos para Organizações Não Governamentais, a delegação de serviços públicos a empresas privadas concessionárias de serviços públicos, os processos de privatização, a utilização – com cada vez maior intensidade – de instrumentos jurídicos típicos do Direito Privado pela Administração Pública resultaram por criar um cenário em que a definição do que é público em oposição ao privado deixou de ser tão nítida.

Nesse sentido, extraio das lições de Günther Teubner as premissas para se analisar o direito a partir de novos enfoques superadores da velha dicotomia público/privado:

> Não gostaria de sugerir apenas a rejeição da separação entre setor público e privado como uma simplificação grosseira demais da atual estrutura social, mas também proporia o abandono de todas as ideias de uma fusão de aspectos públicos e privados. Ao invés disso, a simples dicotomia público/privado significa que as atividades da sociedade não podem mais ser analisadas com ajuda de uma única classificação binária;

ao contrário, a atual fragmentação da sociedade numa multiplicidade de setores sociais exige uma multiplicidade de perspectivas de autodescrição. Analogamente, o singelo dualismo Estado/sociedade, refletido na divisão do direito em público e privado, deve ser substituído por uma pluralidade de setores sociais reproduzindo-se, por sua vez, no direito.

E, adiante, prossegue Teubner, agora tratando especificamente dos regimes de transferência de serviços públicos para entidades do âmbito privado:

> A própria onda de privatizações revela-se sob um aspecto completamente diferente, quando se abre mão da simples dicotomia público/privado em favor de uma policontextualidade mais sofisticada da sociedade, quando se reconhece que a autonomia privada única do indivíduo livre transforma-se nas diversas autonomias privadas de criações normativas espontâneas. Nesse sentido, privatização não se trata mais, como normalmente se entende, de redefinir a fronteira entre o agir público e o privado, mas de alterar a autonomia de esferas sociais parciais por meio da substituição de seus mecanismos de acoplamento estrutural com outros sistemas sociais. Não se trata mais simplesmente de um processo em que atividades genuinamente políticas, antes dirigidas aos interesses públicos, transformam-se em transações de mercado economicamente voltadas ao lucro. Antes, o que se altera pela privatização de atividades sociais autônomas – pesquisa, educação ou saúde, por exemplo –, que apresentam seus próprios princípios de racionalidade e normatividade, é o seu regime institucional. Em lugar de uma relação bipolar entre economia e política, deve-se apresentar a privatização como uma relação triangular entre esses dois setores e o de atividades sociais. Torna-se, assim, diretamente compreensível que a privatização leva, de fato, a uma impressionante liberação de todas as energias até então bloqueadas pelo antigo regime público. Paralelamente, no entanto, novos bloqueios desencadeados pelo novo regime tornam-se visíveis. Um antigo *mismatch*, um antigo desequilíbrio entre atividade e regime, é substituído por um novo *mismatch*.

Nesse processo, tornou-se comum a transferência da defesa dos interesses coletivos a entidades privadas que, em muitas situações, litigam contra o próprio Estado pela defesa de direitos relacionados à proteção do meio ambiente, dos direitos humanos, dos direitos do consumidor etc. Ora, se em razão desse novo cenário não é mais possível definir com exatidão as fronteiras entre as esferas públicas e privadas, como é possível limitar a corrupção a uma única dessas esferas?

De outra parte, percebeu-se que as fraudes contábeis ocorridas em grandes corporações, o uso de informações privilegiadas em negócios envolvendo o mercado de capitais e os desvios verificados no sistema bancário e de captação de poupança podem gerar efeitos negativos sobre a economia de um país ou, em alguns casos, até mesmo sobre as finanças globais, e afetar de forma direta o interesse de toda a coletividade. É importante observar que, nessas hipóteses, não há qualquer participação efetiva ou direta de agentes públicos a fim de que referidas condutas sejam consideradas abusivas ou ilegais.

O que efetivamente ocorreu foi a redefinição dos centros de poder ou de decisão na sociedade – que, em razão dessas rupturas, não mais se diz moderna, mas pós-moderna. A conclusão inequívoca a que se chega é no sentido de que não mais se pode relacionar a corrupção apenas às situações em que ocorra o desvio do interesse público em benefício de interesses privados. Torna-se igualmente necessário falar em desvio de interesses privados no setor privado, causadores de prejuízo aos interesses da coletividade.

Se uma das razões pelas quais se combate a corrupção é evitar que desvios ou abusos por parte dos agentes que exercem posição de poder resultem em prejuízo para os interesses coletivos, e se esses mesmos interesses podem ser prejudicados em razão de defraudações ocorridas no âmbito privado, a conclusão a que se deve chegar é no sentido de que os instrumentos e os métodos utilizados para o combate à corrupção no setor público devem ser igualmente utilizados para o enfrentamento da questão no âmbito privado.

Não se deve concluir, todavia, que a solução seja o intervencionismo estatal. Eventualmente, devem ser utilizados instrumentos públicos ou estatais para combater a corrupção privada. Eis a razão pela qual a Convenção de Mérida propõe a criminalização do suborno no setor privado (art. 21) e a malversação ou peculato de bens no setor privado (art. 22). A resposta mais efetiva para a corrupção privada deve ser buscada, todavia, no próprio setor privado. Este aspecto reclama a atenção dos estudiosos do Direito Privado para a questão.

As possibilidades de atuação dos mecanismos de autorregulação devem ser levadas ao extremo. Se essas medidas não bastarem, e certamente não bastarão, devem ser utilizados efetivos instrumentos estatais de atuação para conter a corrupção privada. Conforme observa Carbajo Cascón,

> no se trata de retornar a la época de la intervención pública ni tampoco de desprivatizar. Se trata de encontrar el punto adecuado de equilibrio entre, por un lado, la necesaria eliminación de trabas a la iniciativa privada y la libre y leal competencia en cualesquiera sectores del mercado,

y por outro lado, la creación de medidas eficaces de control que velen por el buen funcionamento del mercado en términos de competencia fomentando la transparencia y la información en la gestión de la empresa, en la actividad económica de producción y distribuición y en la inversión en el sistema financiero; todo ello acompañado de los pertinentes y estritos mecanismos de responsabilidad y sanción para el caso –no poco frecuente– de inclumplimiento.[25]

Do ponto de vista estrito da dogmática jurídica, poder-se-ia atribuir pouca importância à qualificação de determinadas condutas como corruptas. Em outras palavras, a partir dessa perspectiva, se determinadas condutas privadas são definidas pela legislação como crime, ainda que não se enquadrem como atos de corrupção, elas devem ser objeto de perseguição penal.

Poder-se-ia afirmar, portanto, que se trataria de discussão banal a tentativa de incluir como corruptas condutas estranhas ao Estado e que não requerem a participação de agentes públicos, como é o caso que envolve o pagamento de suborno para a escolha de países que irão sediar a copa do mundo de futebol.[26]

A questão, todavia, não se resume a aspectos penais ou processuais penais. Admitida a qualificação de condutas privadas como inseridas no âmbito da corrupção, a matéria ganha dimensão bem mais elevada. Passa a ser objeto de maior preocupação por parte dos agentes especializados e passa a receber do Estado e da comunidade internacional atenção muito mais elevada na medida em que são criadas estruturas administrativas e judiciais especializadas em sua prevenção e repressão.

A discussão acerca do enquadramento de atos privados no âmbito da corrupção não é questão pacífica entre os estudiosos do tema. Pode-se, todavia, perceber que a tendência mundial aponta nessa direção, especialmente após a aprovação da Convenção de Mérida.

A definição deste marco teórico não se mostra, no entanto, relevante para o desenvolvimento deste trabalho em razão de que somente serão objeto de análise os casos de desvios ou fraudes relacionados ao desempenho da atividade administrativa do Estado brasileiro. Desse modo, ainda que nos pareça mais adequada a proposta de

---

[25] CARBAJO CASCÓN, Fernando. Corrupción pública, Corrupción privada y Derecho Privado Patrimonial: Una Relación Instrumental. Uso perverso, represión y prevención. In: RODRIGUÉS GARCÍA, Nicolás; FABIÁN CAPARRÓS, Eduardo A. (Coord.). *La Corrupción en un Mundo Globalizado*: Análisis Interdisciplinar. Salamanca: Ratio Legis, 2004. p. 131.

[26] Disponível em: <http://esportes.estadao.com.br/noticias/futebol,testemunha-diz-que-rede-globo-pagou-propina-por-direitos-de-tv,70002084484>. Acesso em: 24 fev. 2018.

ampliação do conceito de corrupção, de modo a compreender aspectos relacionados à denominada corrupção privada, essa discussão se torna desnecessária, tendo em vista os propósitos deste trabalho.

1.3.3 O Direito Penal, o Direito Administrativo e o Direito Privado como instrumentos de combate à corrupção

A segunda premissa relacionada à qualificação dos atos de corrupção vincula o seu enquadramento com um tipo penal, especialmente no que toca aos crimes contra a Administração Pública.

Não resta dúvida de que o Direito Penal constitui um dos mais importantes instrumentos de que os Estados de Direito devem se servir para combater a corrupção (que, segundo Sêneca, não é um vício dos tempos, mas dos homens). É necessário considerar, todavia, que em nenhuma outra área do Direito os princípios da legalidade e da anterioridade se fazem sentir de forma tão evidente quanto na seara criminal. Somente por meio de tipos penais que descrevam as condutas reputadas criminosas (*nulla paena sine lex*) pode o Direito Penal ser utilizado como instrumento repressivo à ocorrência de tais práticas ou comportamentos.

Uma das principais características da criminalidade organizada corresponde exatamente à busca das falhas nas legislações para poderem agir com maior liberdade. A cada dia, são desenvolvidos novos mecanismos para fraudar, desviar, subornar ou praticar todo tipo de malversação. Essa fecunda capacidade dos que buscam proveitos na corrupção, que demonstram imensa criatividade, muitas vezes impede a utilização do Direito Penal como o único instrumento efetivo de combate à corrupção.

Sempre haverá descompasso entre a criação de novas condutas fraudulentas e a capacidade do Estado de, por meio de legislação específica, criminalizar referidas condutas. Surge então a necessidade de se desenvolverem novas práticas para o combate e para a prevenção da corrupção, que não se esgotem no Direito Penal, que sejam mais ágeis, no sentido de que o Estado possa, respeitando os princípios básicos de garantia dos direitos fundamentais dos cidadãos, dar respostas efetivas e rápidas à corrupção.

São os instrumentos fornecidos pelo Direito Privado que permitem aos corruptos a prática dos atos que não podem ser alcançados pelos mecanismos tradicionais do Direito Público, especialmente pelo Direito Penal. As operações de lavagem de ativos podem ser mencionadas como exemplo desse fenômeno, na medida em que seus operadores buscam as falhas na legislação publicista para agir.

Esta constatação demonstra a necessidade de maior aproximação do Direito Público com o Direito Privado, na medida em que é neste último que são buscadas as formas jurídicas necessárias ao processo de encobrimento e, posteriormente, de busca de integração dos referidos recursos nas atividades empresariais.

A questão básica consiste em saber como o ordenamento jurídico pode impedir que as formas jurídico-privadas sejam desviadas de suas finalidades para o encobrimento dos atos corruptos. A resposta a essa questão não pode ser buscada de forma isolada no Direito Público ou no Direito Privado. Somente a interação dos dois ramos do Direito pode permitir a elaboração de respostas suficientemente eficazes para combater este fenômeno que conta como uma de suas principais características a capacidade de desenvolver novas formas de atuação.

A responsabilização civil dos que praticam atos lesivos a terceiros e a invalidação dos negócios realizados com fraude ou simulação são apenas algumas respostas que o Direito Privado pode ser capaz de apresentar para contribuir com o arsenal de instrumentos jurídicos hábeis para combater a corrupção.

O Convênio do Conselho da Europa, de 1999, de Direito Civil sobre corrupção, constitui importante marco no desenvolvimento de instrumentos privatistas no âmbito desse processo. De acordo com o Convênio, cada Estado deve prever em seu ordenamento jurídico instrumentos efetivos para proteger as pessoas que tenham sofrido dano como consequência da corrupção por meio de ações cujo objetivo seja o de obter a plena compensação dos danos sofridos. O Convênio obriga igualmente os Estados a estabelecerem mecanismos que permitam aos particulares a propositura de ações de responsabilidade civil contra o Estado em razão de atos de corrupção praticados pelos servidores públicos.

Não se pode, ademais, desconhecer a relação recíproca entre o Direito Privado e o Direito Administrativo no momento em que são definidas as potestades dos órgãos públicos encarregados de fiscalizar importantes segmentos do setor privado, de que são exemplos o setor financeiro e o setor de seguros, além da correta instrumentalização das denominadas agências reguladoras. Essa discussão é da mais alta relevância para a definição adequada dos instrumentos de atuação de modo a prevenir a ocorrência da fraude e dos desvios.

Além do mais, é necessário observar que a Lei nº 13.303, de 2016,[27] apresenta as empresas estatais como entidades de Direito Privado.

---

[27] Dispõe o art. 4º da citada lei que "sociedade de economia mista é a entidade dotada de personalidade jurídica de direito privado, com criação autorizada por lei, sob a forma de sociedade anônima, cujas ações com direito a voto pertençam em sua maioria à União, aos Estados, ao Distrito Federal, aos Municípios ou a entidade da administração indireta".

Conforme já observamos, o Direito Penal constitui instrumento inafastável para o combate à corrupção. A sua forma de atuação em relação aos fenômenos sociais tipificados como delitos se caracteriza, todavia, pelo seu caráter eminentemente repressivo (salvo se utilizada a visão frequentemente defendida no âmbito do Direito Penal de que a previsão em lei de sanções constitui, em si, forma de prevenir a ocorrência do ilícito).

A melhor abordagem a ser utilizada para combater a corrupção, a mais efetiva, deve estar relacionada à prevenção da ocorrência dos ilícitos, e não à sua repressão.

O primeiro passo a ser dado em processos de combate à corrupção – tema deste trabalho – deve consistir na identificação das vulnerabilidades existentes nas estruturas dos órgãos públicos e na correspondente legislação administrativa.

Relativamente à corrupção pública, toca ao Direito Administrativo o papel de definir: 1. os processos administrativos, de que é exemplo o procedimento licitatório; 2. a execução das despesas públicas; 3. os mecanismos que viabilizam os repasses de recursos públicos a entidades privadas (ONGs); 4. a discricionariedade administrativa; 5. a fiscalização dos contratos públicos; 6. a remuneração e a qualificação dos servidores públicos; 7. a concessão de licenças ou de alvarás relacionados ao exercício da polícia administrativa; 8. as concessões de serviço público, entre outros aspectos.

Se esses exemplos de situações reguladas pelo Direito Administrativo podem ser identificados como vulneráveis e, portanto, fontes de corrupção, cumpre aos estudiosos desse ramo do Direito apontar as modificações necessárias na legislação de modo a impedir que ocorra a fraude ou o desvio dos recursos públicos.

Nesse sentido, as modificações inseridas na legislação brasileira acerca dos procedimentos licitatórios podem ser apresentadas como exemplo de situação em que o Direito Administrativo pode ser utilizado para combater a corrupção. A modalidade de licitação mais comum apontada pela Lei nº 8.666/93 – que cuida dos procedimentos licitatórios para todas as esferas de Administração Pública brasileira – é a concorrência. Esta modalidade de licitação, indicada para os grandes contratos, caracteriza-se por conferir ampla discricionariedade, por ser constituída de inúmeras etapas e por levar, em algumas hipóteses, meses para ser concluída. O resultado da reunião desses fatores é evidente: fraudes, favorecimentos, pagamento de subornos, utilização de informações privilegiadas, cartéis etc. Identificadas as licitações como fonte de corrupção, ao menos no âmbito da Administração Pública federal brasileira, tem-se buscado melhorar a sua sistemática de funcionamento. Entre outras medidas, foi aprovada a Lei nº 10.520/2002, que criou modalidade de licitação denominada pregão. O procedimento do pregão, que admite inclusive a sua utilização na modalidade eletrônica, em que as propostas dos licitantes são apresentadas pela Internet, importou em significativa redução dos prazos para escolha da empresa vencedora, bem como em redução da discricionariedade dos servidores encarregados de conduzir o processo. O resultado da utilização das licitações eletrônicas, na modalidade do pregão, pela Administração Pública federal brasileira foi a redução, em média de 25% a 30%, dos preços das contratações públicas, conforme divulgações do Ministério do Planejamento do Governo Federal brasileiro.[28]

Os avanços ocorridos nos últimos anos em relação às licitações públicas, tanto no que diz respeito à melhoria da legislação quanto em relação ao treinamento dos servidores públicos encarregados de conduzir esses procedimentos, resultaram em fato curioso: tornou-se mais frequente a ocorrência de fraudes na execução dos contratos. Ou seja, não sendo possível (ou ao menos tendo se tornado mais difícil) fraudar a licitação, as empresas passaram a fraudar a execução dos contratos em razão das deficiências de pessoal da Administração Pública para fiscalizar e atestar a correta execução dessas avenças. A migração da corrupção, nesse caso, é nítida. Ela demonstra como os corruptos buscam as falhas nas estruturas administrativas e na legislação utilizada pela Administração Pública para fraudar e obter benefícios indevidos.

Cabe, portanto, identificar essas falhas e buscar medidas que afastem ou, ao menos, mitiguem a ocorrência de fraudes. Se essas medidas são adequadamente implementadas, tornam-se desnecessários os procedimentos judiciais por meio dos quais se busca punir criminalmente os responsáveis pelas fraudes, como a simples modificação do momento em que pode ocorrer a prisão dos condenados por crime de corrupção, e recuperar os fundos públicos desviados.

A melhoria da legislação administrativa, a valorização e a aprovação de códigos de condutas para os servidores públicos, a existência de órgãos independentes responsáveis pela fiscalização da atividade administrativa do Estado, a transparência na condução dos procedimentos administrativos e execução da despesa pública, o incentivo à participação da sociedade civil no controle do gasto público são medidas extremamente eficazes de combate à corrupção, e todas elas se inserem no âmbito do Direito Administrativo.

---

[28] Disponível em: <http://www.planejamento.gov.br>. Acesso em: 24 fev. 2018.

A importância conferida ao Direito Administrativo como instrumento hábil para o combate à corrupção tem sido reconhecida pela comunidade internacional.

Os principais acordos internacionais, entre os quais se destaca a Convenção de Mérida sobre Corrupção, apresentam propostas que importam em redefinições na legislação e nas estruturas administrativas dos diversos países. Ademais, todos os programas de cooperação e assistência técnica disponibilizados pelos organismos internacionais aos países menos desenvolvidos compreendem medidas de reforma administrativa e de valorização do pessoal administrativo, conforme será examinado no capítulo relativo à atuação de cada um desses organismos.

A maior participação dos órgãos administrativos – e, portanto, a maior utilização do Direito Administrativo como instrumento punitivo e repressivo da corrupção – constitui medida necessária, a fim de que se busque conferir ao Estado maior celeridade para combater as novas práticas reputadas corruptas.

O enriquecimento sem causa dos funcionários públicos pode ser apontado como exemplo da capacidade do Direito Administrativo de atuar como instrumento de combate não apenas preventivo, mas igualmente repressivo contra atos corruptos. Ainda que o enriquecimento sem causa não esteja descrito como tipo penal, o Direito Administrativo pode enquadrá-lo como infração administrativa e puni-lo independentemente da instauração de processos criminais.

Não deve nem pode o Direito Penal ser afastado do arsenal de instrumentos jurídicos para combater as condutas reputadas corruptas. Em outras palavras, qualquer política de combate à corrupção deve, necessariamente, utilizar-se dos instrumentos repressivos oferecidos pelo Direito Penal e deve zelar pela sua efetividade.

Por meio da descrição, em lei, de determinados comportamentos como crime, a sociedade busca proteger os seus bens jurídicos mais valiosos. Efetivamente, os bens ou valores jurídicos ofendidos, quando são praticados atos corruptos, devem merecer a necessária repulsa da sociedade por meio da sua criminalização, o que deve importar em sua necessária definição dessas condutas por meio de tipos penais.

Defendemos, todavia, que o Direito Penal (por meio do princípio da *ratio ultima*) seja um dos diversos instrumentos de que os Estados de Direito devem se servir para combater a corrupção, e não o único meio ou instrumento jurídico hábil à execução dessa tarefa. Resulta necessário conferir maior importância ao Direito Privado (mercantil, em especial) e ao Direito Administrativo como instrumentos hábeis ao combate à corrupção, sem, contudo, jamais negligenciar a importância do Direito Penal.

1.3.4 Características da corrupção

As explicações até o momento apresentadas levam à conclusão de que qualquer tentativa de conceituar a corrupção, em razão da sua capacidade de afetar os mais diversos segmentos da sociedade (corrupção eleitoral, corrupção pública e privada, corrupção na execução de gastos públicos, corrupção na arrecadação de tributos, corrupção transnacional etc.) e de assumir as mais variadas formas jurídicas, tornar-se-ia excessivamente ampla, o que resultaria na inclusão de ilícitos estranhos ao tema, ou resultaria excessivamente estreita e importaria na exclusão de manifestações ou comportamentos importantes para o enfrentamento da questão.

Esse resultado pode ser observado ao se examinar a Convenção de Mérida sobre corrupção. Embora o texto da Convenção contenha 71 (setenta e um) artigos e inúmeras definições, não se considerou necessário apresentar uma definição de corrupção.

As dificuldades de se conceituar a corrupção não importam em concluir pela impossibilidade de que as manifestações desse fenômeno e, sobretudo, dos seus efeitos não possam ser identificados e reprimidos. A leitura de alguns trechos do preâmbulo da Convenção de Mérida possibilita compreender esse aspecto da discussão do tema:

> Os Estados Participantes da presente convenção,
> Preocupados pela gravidade dos problemas e as ameaças, que estabelecem a corrupção, para a estabilidade e segurança das sociedades, ao socavar as instituições e os valores da democracia, da ética e da justiça e ao comprometer o desenvolvimento sustentável e o império da lei;
> Preocupados, também, pelos vínculos entre a corrupção e outras formas de delinqüência, em particular o crime organizado e a corrupção econômica, incluindo a lavagem de dinheiro;
> Preocupados, ainda, pelos casos de corrupção que penetram diversos setores da sociedade, os quais podem comprometer uma proporção importante dos recursos dos Estados e que ameaçam a estabilidade política e o desenvolvimento sustentável dos mesmos;
> Convencidos de que a corrupção deixou de ser um problema local para converter-se em um fenômeno transnacional que afeta todas as sociedades e economias, faz-se necessária a cooperação internacional para preveni-la e lutar contra ela;
> Convencidos, também, de que se requer um enfoque amplo e multidisciplinar para prevenir e combater eficazmente a corrupção;
> Convencidos, ainda, de que a disponibilidade de assistência técnica pode desempenhar um papel importante para que os Estados estejam em melhores condições de poder prevenir e combater eficazmente a

A LUTA CONTRA A CORRUPÇÃO: ASPECTOS CONCEITUAIS RELACIONADOS AO ESTUDO DO TEMA | 47

corrupção, entre outras coisas, fortalecendo suas capacidades e criando instituições;
Convencidos de que o enriquecimento pessoal ilícito pode ser particularmente nocivo para as instituições democráticas, as economias nacionais e o império da lei (...).

Parece-nos igualmente ilustrativa a manifestação de Peter Eigen, Presidente da Transparência Internacional, em mensagem redigida em abril de 1998:

> Corruption wastes resourses by distorting governmente policy against th interests of th majority and away from its proper goals. It turns the energies and efforts of public officials and citizens towards easy money instead of productive activities. It hampers the grouth of competitiveness, frustates efforts to alliviate poverty and genrats apthy and cynicism. The harms caused by corruption, which are numerous as shapes corruption can take, have destroyed well-intentioned development projects in the South and undermined political and economic transitions in the East.

Importa considerar, todavia, que se nos propomos a realizar pesquisa sistemática, em nível de pós-doutorado, acerca das causas da corrupção no Brasil, especificamente em empresa estatal brasileira que produziu a Lava Jato, a Petrobras, e se não é possível apresentar uma definição acerca do objeto do trabalho – a corrupção –, devemos ao menos buscar apresentar uma noção do objeto desta investigação, o que pode ser feito pelo exame das características do fenômeno objeto do trabalho.

A identificação da corrupção, ou do que seja um ato corrupto, requer a presença das seguintes características:

- Um ato de corrupção importa em abuso de posição. A corrupção, ativa ou passiva, implica transgressão de regras de conduta acerca do exercício de uma função ou cargo. Este aspecto não significa reduzir o âmbito da corrupção ao setor público. Se um diretor de uma empresa fornece informação sigilosa a terceiro em troca do pagamento de suborno, é perfeitamente possível enquadrar o ato como corrupto, não obstante sua atuação não envolva a participação de agentes públicos.
- A caracterização de um ato como corrupto requer a violação de um dever previsto em um sistema normativo que sirva de referência. Seja qual for a sua área de atuação (política, econômica, pública, privada etc.), é necessário que o ato a

ser reputado corrupto seja contraposto ao comportamento que se espera do agente e que implique violação das normas aplicáveis à conduta desse agente. Isso não requer o enquadramento do ato em um tipo penal específico e, sim, que o ato importe em violação do padrão de conduta previsto em norma, ainda que se trate de códigos deontológicos de estatura infralegal, e que as sanções nele correspondentes sejam igualmente de natureza moral ou ética (de que seria exemplo uma mera advertência).

- Os atos de corrupção estão sempre vinculados à expectativa de obtenção de um benefício "extraposicional".[29] Não é necessário que a vantagem tenha natureza pecuniária ou econômica. Ela pode consistir em um benefício de natureza política, sexual, profissional etc. De fato, pode ser considerado corrupto o ato praticado na simples expectativa de recebimento de vantagem futura, ainda que essa expectativa não se confirme. É igualmente reputado corrupto o ato ocorrido em situação inversa à anterior, em que ocorra o efetivo recebimento do pagamento de suborno para a prática de determinado ato que não venha a ser praticado.

- Pode ainda ser apresentada como característica dos atos de corrupção o sigilo. Todos os agentes envolvidos no processo têm interesse que seus negócios permaneçam na penumbra, na escuridão. Eis por que todos os receituários de combate à corrupção defendem como medida efetiva de prevenção à ocorrência de atos corruptos a transparência. Ou seja, quanto mais opaco o regime jurídico, quanto maior a possibilidade de que não se divulgue o ato fraudulento, maior a possibilidade de ele ser praticado.

Essas características permitem identificar a ocorrência da corrupção em diferentes âmbitos da atividade social. É importante reconhecer a múltipla capacidade de manifestação da corrupção, que pode afetar os mais variados segmentos (financiamento político, o comércio e as relações internacionais, todos os níveis da atividade administrativa, a atividade judicial, além da corrupção privada).

Em face dessas circunstâncias, as propostas para o combate à corrupção não podem ser apresentadas por meio de fórmulas acabadas

---

[29] VALDÉS, Ernesto Garzón. Acerca del Concepto de Corrupción. *In*: S. ÁLVAREZ, F. Laporta y (Comp.). *La Corrupción Política*. Madrid: Alianza, 1997. p. 46.

ou simplistas. Para cada uma das suas hipóteses de manifestação, é necessário desenvolver mecanismos específicos de controle, prevenção e repressão.

1.3.5 Propostas para combater a corrupção

No âmbito da atividade administrativa do Estado – foco deste trabalho –, por exemplo, as soluções para combater a corrupção nas atividades de arrecadação tributária não necessariamente se prestam para impedir a ocorrência de fraudes nas atividades que importem na realização de gastos públicos. No âmbito dos gastos públicos, as soluções para evitar fraudes nas licitações e nos contratos não necessariamente serão aplicáveis aos programas sociais do Governo ou de fomento de atividades econômicas. Os mecanismos voltados para a prevenção da corrupção dos servidores públicos não são efetivos para combater as fraudes e abusos dos que exercem os cargos políticos mais elevados nas estruturas administrativas dos poderes executivo ou legislativo. As dificuldades relacionadas aos processos de financiamento de campanhas políticas e a atividade dos juízes requerem tratamento diferenciado na elaboração de políticas de combate e prevenção à corrupção.

Essas considerações evidenciam a necessidade de serem realizados estudos que considerem a corrupção como fenômeno capaz de alcançar e desvirtuar praticamente todas as atividades de relevância econômica ou política de todas as sociedades, independentemente do nível econômico ou social em que se encontrem.

A implementação de políticas de combate à corrupção não constitui tarefa fácil. Ela requer a alocação de grandes quantias e a reunião de grande esforço. Algumas questões devem ser apresentadas e respondidas, a fim de justificar a adoção dessas políticas de combate à corrupção.

A primeira delas consiste em saber se vale a pena combatê-la. Esta pergunta pode ser formulada de outra maneira: existem medidas que permitam a efetiva redução dos níveis de corrupção sem que isso ocorra em prejuízo da sociedade? Outras questões são igualmente relevantes para que se cogite de avançar no processo de combate à corrupção. São elas: que vantagens os países desenvolvidos obtêm caso os índices de corrupção sejam reduzidos nos países menos desenvolvidos? Que medidas podem ser utilizadas para reduzir a corrupção em sociedades em que ela alcança todos os níveis ou estratos sociais, nos quais, de tão disseminadas, essas práticas passam a ser aceitas? É possível combater a corrupção quando ela ultrapassa a fronteira de um país – fenômeno a que nos referiremos como corrupção transnacional? A formulação dessas questões costuma pôr em xeque a adoção de políticas anticorrupção. É necessário, a fim de superar as dificuldades apresentadas, ou como medida que permita justificar a implementação dessas políticas anticorrupção, examinar os efeitos dela decorrentes. Somente o reconhecimento dos efeitos negativos decorrentes da corrupção e a aceitação, pelos agentes locais e pela comunidade internacional, de que a redução de sua incidência trará benefícios tanto para as populações locais quanto para a comunidade internacional permitem antever a implementação dessas políticas.

No plano internacional, é mais simples reconhecer a preocupação de instituições como as Nações Unidas, a Organização dos Estados Americanos ou o Conselho da Europa. A simples relação estabelecida entre corrupção e direitos humanos, por exemplo, já justifica a intervenção dessas organizações internacionais.[30] Todavia, como justificar que organizações voltadas para a proteção do sistema financeiro internacional, ou cujo foco de atuação é a defesa da liberdade de comercialização de bens e de serviços, de que são exemplos o Banco Mundial, o Fundo Monetário Internacional e a Organização Mundial do Comércio, devam preocupar-se com a existência de corrupção em países menos desenvolvidos de pouca ou de nenhuma expressão no cenário internacional?

O estudo dos efeitos da corrupção permite concluir, conforme será examinado em seguida, por que nos últimos anos a corrupção tem sido combatida de forma tão efetiva, tanto no plano interno – como política permanente adotada pela grande maioria dos países desenvolvidos e em vias de desenvolvimento – quanto no plano multilateral.

1.4 Efeitos da corrupção

Da mesma forma como a corrupção pode manifestar-se por diferentes maneiras ou formas (pagamento de subornos, financiamento ilegal de campanhas políticas, tráfico de influência, utilização de informações privilegiadas, obtenção de favores etc.), ela produz efeitos de diversas ordens e, em razão da globalização, esses efeitos não mais se restringem às fronteiras do país onde tenha ocorrido. A globalização

---

[30] PIMENTEL FILHO, André. *(Uma) Teoria da Corrupção*: Corrupção, Estado de Direito e Direitos Humanos, Editora Lumen Juris: Rio de Janeiro, 2015.

A LUTA CONTRA A CORRUPÇÃO: ASPECTOS CONCEITUAIS RELACIONADOS AO ESTUDO DO TEMA | 51

da corrupção constitui importante aspecto do tema e lhe confere nova dimensão, na medida em que as políticas e estratégias de combate à corrupção devem necessariamente considerar que as causas e os efeitos desse fenômeno não se limitam às fronteiras de determinado país, mas que requerem a organização dos esforços dos agentes privados, dos Estados e das organizações internacionais dentro de uma perspectiva supranacional.

O estudo dos efeitos gerados pela corrupção representa um dos mais importantes aspectos do tema. O reconhecimento e a conscientização dos seus efeitos constituem a primeira etapa para que os Estados, o setor privado e a comunidade internacional passem a adotar medidas efetivas de combate à corrupção.

1.4.1 Efeitos benéficos da corrupção?

Até o início da década de 1990, eram amplamente difundidos estudos acerca das vantagens da corrupção, especialmente em países menos desenvolvidos ou de economia dirigida. Conforme observa Fabián Caparrós,[31] a escola funcionalista norte-americana defendia a utilização do suborno como "lubrificante" necessário ao desenvolvimento de certos negócios, sendo responsável pela celeridade na tramitação de certos processos, ou mesmo pelo incremento da remuneração dos funcionários públicos.

De acordo com essa perspectiva, a corrupção era considerada uma forma de tributação normal, como uma etapa natural do processo de contratação com a Administração Pública local. Daí o fato de o pagamento de suborno em países menos desenvolvidos não ser apenas tolerado, mas de certa forma até incentivado na medida em que era admitida a sua dedutibilidade tributária por boa parte das legislações dos países desenvolvidos.

O exame dos supostos efeitos positivos *vis-à-vis* dos efeitos negativos decorrentes da corrupção põe por terra todos os estudos que enxergaram na corrupção um processo natural ou contra o qual não valia a pena lutar.

Se for possível identificar benefícios de curto prazo advindos da corrupção, especialmente do pagamento de subornos – ao menos

---

[31] FABIÁN CAPARRÓS, E.A. La Corrupción de los Servidores Públicos Extranjeros e Interlancionales (Anotaciones para um Derecho Penal globalizado). In: RODRIGUÉS GARCÍA, Nicolás; FABIÁN CAPARRÓS, Eduardo A. (Coord.). *La Corrupción en un Mundo Globalizado*: Análisis Interdisciplinar. Salamanca: Ratio Legis, 2004. p. 229.

quando se examina a questão da perspectiva dos beneficiários desses pagamentos ilegais –, quando o exame é feito do ponto de vista da sociedade como um todo, em médio ou em longo prazo, a questão muda totalmente de perspectiva, conforme será examinado em seguida.

1.4.2 Efeitos políticos

A corrupção política pode ser examinada sob duas diferentes perspectivas. Ela pode ser examinada, em primeiro lugar, sob a ótica dos partidos políticos ou em relação à atuação dos políticos eleitos e de sua atuação no exercício dos seus mandatos.

Em relação ao primeiro aspecto, a questão mais grave está relacionada ao financiamento das campanhas eleitorais.

A cada eleição, torna-se cada vez mais evidente o crescimento dos custos das campanhas e, em consequência, a necessidade de arrecadar fundos para fazer frente a esses custos crescentes. É claro que foge ao escopo do presente trabalho examinar as vantagens ou desvantagens da adoção de sistemas de financiamento público, privado ou misto para as campanhas eleitorais. Examinaremos tão somente os efeitos negativos provocados pela necessidade de buscar fundos para financiar as referidas campanhas no sistema democrático. Foi nesse sentido que o Supremo Tribunal Federal brasileiro proibiu doações, para campanhas eleitorais, efetuadas por pessoas jurídicas.[32]

Nas democracias, os políticos são escolhidos para representar aqueles que os elegeram. No caso dos que exercem funções no Poder Executivo, eles devem representar a vontade da maioria da população (sem, contudo, desrespeitar os direitos das minorias conforme definido pelos respectivos textos constitucionais e em estrita observância aos direitos fundamentais). Em qualquer caso, a ideia básica relacionada à democracia é a de que se estabelece uma relação de representação política, no sentido de que o mandatário é eleito para defender os interesses daqueles que os elegeram.

No momento em que os partidos políticos partem para a busca desenfreada por recursos que possam ser utilizados em suas campanhas, entram em cena as possibilidades de utilização de métodos ilícitos de financiamento e surge a corrupção política. Esta forma particular de corrupção corrói os fundamentos da teoria da representação que está na

---

[32] Em 2015, o Supremo Tribunal Federal brasileiro proibiu doação, para campanhas eleitorais, efetuadas por pessoas jurídicas. Disponível em: <http://www.stf.jus.br/portal/cms/verNoticiaDetalhe.asp?idConteudo=300015>. Acesso em: 24 fev. 2018.

base do ideal democrático. Nesse sentido, uma vez eleito, o parlamentar ou governante passa a utilizar o poder que lhe é conferido de modo contrário aos interesses daqueles que os elegeram e se portam de modo a atender às expectativas daqueles que financiaram suas campanhas. O exercício do mandato político deixa de ser a representação dos eleitores para se transformar na representação dos financiadores de campanha. Ou seja, os interesses a serem defendidos deixam de ser os da população, e o resultado é o distanciamento entre o cidadão e os seus representantes; portanto, põe-se em dúvida a legitimidade do processo político. O resultado é o absoluto desinteresse de parte significativa da população nos processos eleitorais, desinteresse facilmente demonstrado pelos elevados índices de abstenção em campanhas realizadas nos últimos anos, na grande maioria dos regimes democráticos. Quanto maior o desinteresse da população, mais espaço se abre para que os políticos eleitos utilizem seus mandatos para a defesa de interesses pessoais, e mais se abre o sistema para a satisfação dos interesses dos financiadores de campanha.

A corrupção política cria, desse modo, um círculo vicioso: quanto maior o desinteresse da população nos processos eleitorais, mais espaço se abre para os financiadores ilegais das campanhas políticas; e quanto maior a participação dos financiadores ilegais nas campanhas políticas, menor o interesse da população em acompanhá-las.[33]

> El panorama pude ser, pues, muy desalentador. Si la corrupción genera cada vez más corrupción en una suerte de ciclo vicioso y si cuanto mayor sea ésta más general es el desentendimiento del ciudadano de los asuntos públicos (incluidas las denuncias de corrupción), el riesgo para um sistema democrático es evidente.

Na busca por recursos, os partidos acabam por criar organizações paralelas, cuja função consiste na arrecadação de fundos para as campanhas. Paralelamente a essas organizações, surgem intermediários e arrecadadores que, com o tempo, acabam por se profissionalizar. A arrecadação de recursos passa a se destinar não apenas aos processos eleitorais, mas à sustentação desses novos profissionais da política, os quais assumem, dentro dos partidos, imenso poder de mando.

---

[33] BUSTOS GISBERT. R. La Recuperación de la Responsabilidad Política en la Lucha contra la Corrupción de los Gobernantes: Una Tarea Pendiente. In: RODRIGUÉS GARCÍA, Nicolás; FABIÁN CAPARRÓS, Eduardo A. (Coord.). *La Corrupción en un Mundo Globalizado*: Análisis Interdisciplinar. Salamanca: Ratio Legis, 2004. p. 72.

Ao assumir o poder político, os partidos procedem à distribuição dos cargos de direção da Administração Pública, inclusive aqueles lotados nas empresas estatais, e que são responsáveis pela gestão de vultosos contratos. Estes contratos passam a ser considerados, pelos profissionais da arrecadação de fundos partidários, importantes fontes de recursos. Assim, a origem dos recursos destinados aos partidos políticos deixa de ser exclusivamente o dinheiro de caixa dois das empresas privadas (dinheiro não contabilizado), e passa a igualmente originar-se dos contratos públicos, os quais, evidentemente, terão seus valores elevados de modo a fazer frente a esse novo custo: o pagamento de pedágios aos partidos majoritários e responsáveis pela indicação do agente público responsável pela gestão daqueles contratos.

O resultado desse processo é o absoluto descrédito da população em relação à democracia. Se o sistema democrático não é capaz de fornecer instrumentos para coibir esse ciclo vicioso, o sistema político chega a tal nível de saturação e de falta de legitimidade que o resultado são os golpes de Estado e o fim da democracia. Surgem as ditaduras com suas propostas para combater a corrupção – não obstante a história tenha sempre demonstrado a incapacidade dos regimes totalitários de reduzir a corrupção, sendo capazes tão somente de impedir que os casos de corrupção sejam divulgados e punidos. Esta, aliás, tem sido a história da grande maioria dos países da América Latina.

Ademais, a contaminação da política compromete a cúpula dos órgãos governamentais. A tendência dessa contaminação, que alcança toda a estrutura do Estado, compromete o exercício de todos os poderes públicos, incluído o Poder Judiciário.

O diagnóstico da situação não é dos mais animadores, e igual desânimo cerca os prognósticos para o combate à corrupção política. Somente a democracia é capaz de fornecer elementos para o efetivo combate à corrupção. A transparência e a certeza da punição, remédios indicados para combater qualquer manifestação da corrupção, são sempre efetivos. Para a profilaxia da corrupção política, outras propostas são igualmente apresentadas: fortalecimento dos mecanismos de controle parlamentar, fortalecimento e transparência dos mecanismos de prestação de contas dos partidos políticos, modernização das legislações sobre financiamento das campanhas, a fim de buscar formas a redução dos seus custos, fortalecimento do conceito de responsabilidade política,[34] entre outras.

---

[34] BUSTOS GISBERT. *Op. cit.*, p. 84.

Em razão da estreita relação com o sistema democrático, o combate à corrupção política assume papel de relevância absoluta na agenda anticorrupção. Razões de ordem de política internacional resultam no fato de que as medidas adotadas pelos organismos internacionais para combater essa manifestação da corrupção sejam extremamente tímidas, ou mesmo inexistentes. Podemos tomar como exemplo a Convenção de Mérida contra a corrupção, de 2003. Este constitui certamente o mais importante texto jurídico de âmbito multilateral sobre a questão e é o resultado do mais expressivo esforço da comunidade internacional para o combate à corrupção. Não obstante a Convenção trate de diferentes aspectos do tema (corrupção na Administração Pública, corrupção no Poder Judiciário, cooperação internacional, adoção de mecanismos de prevenção à corrupção, corrupção privada etc.), não apresenta uma única proposta ou determinação para o combate à corrupção política.

O não enfrentamento direto deste aspecto da corrupção põe em risco a efetividade de todas as demais medidas constantes da Convenção. Ora, de que adianta combater a corrupção praticada pelos servidores dos escalões mais baixos das estruturas administrativas dos Estados se não são combatidas as vulnerabilidades existentes nos mecanismos de acesso aos cargos mais elevados do Estado?

Se os órgãos superiores do Estado atuam de forma legítima, é fácil admitir que a implementação de políticas anticorrupção sejam efetivamente implementadas nos escalões mais baixos. Se esses órgãos de cúpula, aqueles responsáveis pela condução política do Estado, estão contaminados, de nenhuma serventia ou valor terão as políticas de combate à corrupção nos níveis mais baixos.

A corrupção política contamina todo o Estado e, portanto, toda a sociedade. Esta conclusão, infelizmente, ainda não sensibilizou a comunidade internacional. Não se trata de impor a democracia pelo uso da força. As experiências recentes nesse sentido têm-se demonstrado um grande malogro. Trata-se, ao contrário, de incentivar a adoção de mecanismos que tornem a democracia e os sistemas políticos de representação mais legítimos e mais efetivos.

1.4.3 Efeitos econômicos e sociais

Ao se tratar dos efeitos econômicos e sociais da corrupção, o primeiro aspecto a ser considerado diz respeito à relação a ser estabelecida entre a pobreza das nações e a corrupção. Algumas indagações devem ser suscitadas acerca dessa relação. A primeira dessas indagações aborda o seguinte aspecto: na discussão acerca da relação entre corrupção e pobreza, é possível identificar qual é causa e qual é consequência? Outras questões são igualmente relevantes, tais como: seria a corrupção a razão pela qual alguns países não conseguem se desenvolver? É possível quebrar o ciclo vicioso apresentado sob a forma de espiral, no sentido de que a corrupção sempre gera mais corrupção? Constitui a corrupção um impedimento insuperável ao crescimento e ao desenvolvimento econômico e social das nações? Caso a resposta a esta última pergunta seja afirmativa, estariam os países pobres condenados a permanecer indefinidamente em um estado de paralisia em que a corrupção gera pobreza e a pobreza alimenta a corrupção?

Não é despiciendo o fato de que, se formos examinar quaisquer índices de desenvolvimento humano – podemos utilizar o índice GINI como parâmetro – em comparação com a lista elaborada pela Transparência Internacional[35] em que se apresenta o Índice de Percepção da Corrupção, o aspecto que mais chama a atenção é a relação direta que se estabelece entre os países mais corruptos e aqueles que apresentam nível de desenvolvimento humano mais baixo.

Não constitui tarefa fácil indicar se a pobreza é causa ou consequência da corrupção. Talvez as duas coisas. Não se deve com isso concluir que as pessoas mais instruídas sejam menos corruptas que as menos instruídas. Deve-se apenas entender que, se a população não possui nível de escolaridade adequada, ou razoável em termos de alfabetização funcional e formal, torna-se mais fácil a tarefa daqueles que buscam oportunidades para a prática de atos corruptos. Se a população não tem condições de acompanhar a aplicação de recursos destinados a programas sociais, por exemplo, ou se não sabe como denunciar irregularidades ou suspeitas de fraudes ou desvios, os sistemas de fiscalização da atividade administrativa deixam de contar com um dos mais importantes mecanismos, o controle social.

Seja em razão da simples observação da realidade, seja em razão de estudos desenvolvidos no âmbito da macroeconomia, são evidentes os reflexos da corrupção sobre o desenvolvimento econômico de um país e, em consequência, sobre a qualidade de vida da população. Redução do consumo, necessidade de aumento dos gastos públicos, que torna improdutivos importantes recursos públicos, redução dos níveis de investimento, aumento da desigualdade social – decorrente

---

[35] O Índice de Percepção de Corrupção elaborado pela Organização Transparência Internacional pode ser acessado por meio do endereço eletrônico <http://www.transparency.org>.

do aumento da concentração de renda –, e transferência para o exterior por meio de mecanismos de lavagem de ativos de parcela significativa dos recursos destinados a importantes projetos sociais e econômicos, execução de projetos megalomaníacos e de muito pouco interesse para o desenvolvimento da população e ineficiência generalizada decorrente do aumento dos custos de produção são apenas alguns dos efeitos da corrupção sobre a economia. Não resulta difícil, pois, concluir que a corrupção gera pobreza, ainda que esta última possa igualmente ser apontada como uma das causas da corrupção.

A desigualdade na distribuição da renda, um dos efeitos mais evidentes da corrupção, não deve ser considerada negativa apenas em razão dos seus reflexos sobre o desenvolvimento econômico do país. Ela é em si um dos maiores problemas a serem superados pelas sociedades modernas, e a corrupção constitui uma das principais causas para a manutenção da concentração da renda. Isso ocorre em razão de serem as populações carentes as que mais necessitam da ajuda do Estado. Os programas destinados à redução do analfabetismo e da mortalidade infantil ou à extinção do trabalho infantil são apenas alguns dos inúmeros programas sociais vulneráveis à corrupção. Na medida em que ocorrem desvios na execução de mencionados programas, a economia e os níveis de qualidade de vida de toda a sociedade são afetados. São, todavia, as camadas mais pobres da população aquelas que mais necessitam da proteção do Estado, as que sofrem diretamente as consequências da corrupção na idealização e na execução de mencionados programas sociais.[36]

A corrupção não afeta apenas a economia ou o desenvolvimento dos países individualmente considerados. Se assim o fosse, poder-se-ia, talvez com alguma razão, admitir como correta a tese de que o combate à corrupção constituiria questão que afeta cada país, não se tratando de tema de interesse da comunidade internacional.

A corrupção afeta, todavia, o comércio internacional e cria sérios problemas de quebra de competitividade entre as empresas transnacionais, fato que torna inafastável a intervenção de organismos internacionais com forte atuação no âmbito comercial (Organização Mundial do Comércio (OMC)) e financeiro (Banco Mundial e Fundo Monetário Internacional).

---

[36] Nesse ponto, pode-se estabelecer uma relação direta não apenas dos efeitos da corrupção sobre o desenvolvimento econômico do país, mas da realização dos direitos humanos.

Em relação aos efeitos da corrupção no âmbito do comércio internacional, diversos fatos ocorridos no final do século XX contribuíram para que ele alcançasse nível de desenvolvimento nunca antes verificado. Independentemente da sua origem ou área de atuação, todas as grandes empresas têm efetivo interesse em saber, ou mesmo em interferir, na condução das atividades econômicas no plano internacional – as quais, em muitas situações, não se contentam em se utilizar de meios lícitos para promover essas intervenções. Não raro, muitas dessas grandes empresas estão mais interessadas na condução das políticas de abertura econômica ocorridas no exterior do que em relação ao que se verifica nos territórios do seu país-sede. A redução das barreiras à livre comercialização de bens e serviços transformou a conquista dos mercados internacionais em um imperativo.

São de variada ordem as razões que têm favorecido o incremento dos intercâmbios mercantis no âmbito internacional. A melhoria dos meios de transporte, a rapidez e segurança com que se realizam operações financeiras, o desenvolvimento dos meios de comunicação, a integração de novos mercados ao cenário internacional (sendo suficiente destacar, em relação a este último aspecto, a participação dos países do Leste Europeu e da China) são fruto do processo de globalização.

O incremento das atividades mercantis e financeiras no âmbito internacional tem resultado em benefícios para muitos – e não é objetivo deste trabalho examinar as vantagens ou desvantagens da globalização, mas tão somente considerá-la um fato que, ao menos no momento histórico atual, não demonstra qualquer perspectiva de que esteja a sofrer qualquer revés. É fato, todavia, que esse fenômeno global tem sido acompanhado de novas práticas de corrupção surgidas a partir das novas perspectivas de negócios.

No plano internacional, a corrupção sempre foi utilizada como instrumento para a obtenção de negócios. Por meio do pagamento de subornos, as empresas obtêm informações privilegiadas e tratamento favorecido em relação à concorrência para a celebração de contratos com a Administração Pública. Esse aspecto da corrupção, que poderia ser considerado benéfico para a empresa que obtém o contrato público, passou a ser questionado no momento em que as legislações dos diversos países passaram a considerar ilegal e passível de punição o pagamento de subornos a servidores públicos de países estrangeiros. A vedação ao pagamento de subornos e sua punição em seus respectivos países de origem, fenômeno que se iniciou no ano de 1977 nos Estados Unidos, passou a criar o que se poderia chamar de concorrência desleal, na medida em que algumas empresas continuaram a poder se valer do

A LUTA CONTRA A CORRUPÇÃO: ASPECTOS CONCEITUAIS RELACIONADOS AO ESTUDO DO TEMA | 59

pagamento de subornos como forma para a obtenção de negócios, ao passo que as empresas norte-americanas, se o fizessem, correriam o risco de sofrer punição. Este aspecto do combate à corrupção em negócios internacionais será objeto de exame mais detalhado em item específico. Do ponto de vista da obtenção de vantagens econômicas, a corrupção incentiva a realização de projetos faraônicos,[37] afeta as condições de competitividade no cenário internacional, provoca a redução dos investimentos internacionais, provoca o aumento dos custos das transações internacionais, entre outros variados efeitos.

A conscientização da comunidade internacional acerca dos efeitos da corrupção sobre a economia e as finanças internacionais talvez explique o engajamento dos mais importantes organismos internacionais no combate a este fenômeno, tais como as Nações Unidas, o Banco Mundial, o Fundo Monetário Internacional, o Banco Interamericano de Desenvolvimento Econômico, entre outros.

1.4.4   Efeitos administrativos

O enfoque a ser dado ao presente tópico prioriza as consequências de se manter uma Administração Pública corrupta.

Conforme será examinado em seguida, a Administração Pública não será aqui considerada como um fim em si, mas como um instrumento para a satisfação das necessidades da coletividade. Sob esta ótica instrumental do Estado serão examinados os efeitos administrativos da corrupção.

As consequências de se ter uma Administração Pública corrupta são variadas. Conforme já observamos no subitem 1.3.1 *supra*, até muito recentemente houve quem defendesse os efeitos benéficos da corrupção, no sentido de que ela teria um papel modernizador e dinamizador para a burocracia do Estado.[38] Além da agilização no trâmite de processos, houve quem sustentasse que por meio da corrupção seria possível defender a existência de certa estabilidade jurídica, no sentido de que os interessados na prestação dos serviços estatais teriam segurança em razão do pagamento de subornos (ou de *pagos de engrase*, em que os servidores cobrariam para a prática de atos lícitos), ou ainda que a

---

[37]   FABIÁN CAPARRÓS. Obra citada, p. 230.

[38]   Para uma análise mais detalhada sobre essas teses, que se tornaram conhecidas como revisionistas, deve ser consultado o trabalho publicado por Gabriel Bem-Dor (Corruption, Institutionalization and Political Development: the Revisionist Thesis Revisited. *Comparative Politicl Studies*, v. 7, nº 1, abr. 1974).

corrupção poderia criar possibilidades de ascensão social a determinadas camadas da população.

Não há dúvida de que a demora no processo de tomada de decisão constitui uma das maiores causas da corrupção administrativa. A solução para esse problema não deve ser apontada no pagamento de subornos (ou de qualquer outro termo eufemístico a ser utilizado para indicar o recebimento de dinheiro ilegal pelos servidores públicos). O pagamento de *engrase* cria arbitrariedade por parte dos agentes públicos, importa em quebra de isonomia – na medida em que somente os que pagam conseguem ter acesso às prestações estatais que deveriam ser fornecidas de forma indistinta a toda a coletividade –, além de criar a sensação generalizada de que vale a pena praticar atos delitivos em razão da impunibilidade existente. Este cenário acaba por comprometer toda a estrutura da Administração Pública, e não apenas alguns setores.

As políticas fiscais e monetárias restam comprometidas na medida em que os contratos administrativos tornam-se mais caros, e a arrecadação tributária se reduz – o que aumenta a cobrança em relação àqueles que não têm como fugir do fisco. Ora, se os gastos públicos e a arrecadação tributária constituem os principais instrumentos da política fiscal de um país, a corrupção acaba por torná-los instrumentos pouco eficazes e obriga os governos a se utilizarem com mais frequência de políticas monetárias, em que o principal instrumento acaba sendo a elevação das taxas de juros do mercado, o que importa em aumento do endividamento público e estagnação econômica do país.

Um dos maiores desafios na elaboração de propostas para combater a corrupção diz respeito ao tratamento a ser conferido aos programas sociais, em que a execução descentralizada que os caracteriza cria inúmeras dificuldades à implantação de mecanismos de controle. No caso das populações mais carentes dos países menos desenvolvidos, a efetiva execução de programas na área da educação, da saúde, do saneamento básico, da redução dos níveis da mortalidade infantil, para citar apenas alguns exemplos, constitui a única oportunidade para a superação da miséria. Na medida em que esses programas constituem alvos prioritários dos corruptos em razão das dificuldades de fiscalização, resulta evidente que as camadas mais pobres da população são as mais afetadas, o que contribui sobremaneira para o aumento das desigualdades sociais.

A corrupção administrativa cria o sentimento de aversão e de frustração entre os servidores honestos que são obrigados a contrariar colegas e chefes, ou a se retirar do serviço público. Do ponto de vista da população, quando a corrupção assume níveis insuportáveis, o sentimento passa a ser o de desencantamento e desilusão. Em vez de considerar o Estado como instrumento para a satisfação das necessidades da população, o cidadão passa a vê-lo como o inimigo a ser combatido, o que leva ao inexorável enfraquecimento da democracia.[39]

Quando a corrupção está sedimentada, ela impede a implantação das políticas de modernização das estruturas do Estado. Na medida em que os que detêm os cargos públicos utilizam-se das vulnerabilidades da Administração Pública para obter ganhos adicionais em seus rendimentos, eles passam a trabalhar sistematicamente contra toda e qualquer tentativa de agilizar a estrutura do Estado.

Não cabe, portanto, falar em benefícios advindos da corrupção administrativa. Dela, somente efeitos negativos podem ser esperados.

A importância de combatê-la, todavia, tem sido objeto de atenção especial por parte da comunidade internacional, sendo comum o desenvolvimento de políticas de inúmeros organismos internacionais com vista à implantação de reformas ou de modelos administrativos que permitam o combate mais efetivo à fraude e à ineficiência.

A importância do estudo da corrupção no âmbito da Administração Pública não nos permite examinar apenas os seus efeitos. No item seguinte serão abordados outros importantes aspectos dessa discussão, como o exame das causas da corrupção administrativa, os tipos de corrupção mais comuns no âmbito administrativo e as medidas tendentes à sua correção.

1.5   Administração Pública e corrupção

A corrupção tem sido tradicionalmente apresentada como fenômeno intrinsecamente ligado à atividade do Estado. Parcela significativa da doutrina, ainda nos dias atuais, reputa a corrupção como um desvirtuamento dos poderes públicos, identificando-a como a utilização dos recursos (não necessariamente financeiros) públicos com o propósito de satisfazer interesses privados. Assim sendo, corrupção

---

[39] "Há nações em que o habitante se considera uma espécie de colono indiferente ao destino do lugar que habita. As maiores mudanças acontecem em seu país sem seu concurso (...) Ele acha que todas as coisas não lhe dizem respeito e pertencem a um estranho poderoso chamado governo. Ele se submete, é verdade, ao bel-prazer de um funcionário, mas se compraz em afrontar a lei como um inimigo vencido." Essas palavras acerca da postura do Estado em face dos seus cidadãos foram ditas por Alexis de Tocqueville por ocasião da formação do Estado francês pós-Revolução Francesa. Poderiam muito bem refletir a situação de muitos países em que a cor constitui um dos principais fatores para o desencanto da população com o Estado.

e Estado seriam conceitos inexoravelmente relacionados, no sentido de que um somente poderia surgir em razão do outro.

Não obstante haja acordos internacionais (Convenção de Mérida), em que se faz referência expressa à corrupção privada, não se pode negar que a corrupção é um fenômeno cujas origens se encontram no desenvolvimento das atividades estatais e que ela compreende todas as suas funções: legislativa, administrativa e judicial.

Examinaremos, neste item, as principais repercussões da corrupção em relação à atividade administrativa (ou executiva) do Estado.

1.5.1 Administração Pública e Estado de Direito

A concepção de Estado de Direito desenvolvida ao longo do século XX assenta seus fundamentos no princípio da legalidade, no controle judicial da atividade administrativa e na necessidade de realização dos direitos humanos.

A partir dessa visão instrumental do Estado, ele deixa de ser um fim em si e passa a ser meio para a realização das tarefas que lhes são conferidas pelos textos constitucionais. Para a consecução desses fins, são construídas as estruturas administrativas necessárias ao desempenho das atividades públicas.

Não obstante a definição das funções do Estado, especialmente no que toca à sua atividade administrativa, esteja sujeita a variáveis em razão da concepção política e ideológica adotada, não se pode negar que as estruturas dos Estados modernos assumem proporções nunca antes verificadas. O volume de recursos geridos nos orçamentos públicos, a variedade de funções (que não mais se reduzem às tradicionais atividades de prestação de serviços, de polícia administrativa e de fomento), a necessidade de intervenção do Estado para a satisfação das novas e crescentes demandas da população surgidas em razão dos avanços tecnológicos podem ser apresentadas como algumas das razões para o crescimento das estruturas estatais. Para dar conta de tão importantes tarefas, o Estado cresceu muito – em alguns casos, pode-se afirmar que cresceu demasiada e desnecessariamente.

O manuseio das vultosas somas administradas pelos Estados,[40] que atuam a partir de parâmetros nem sempre adequados – entre os quais podemos destacar a falta de transparência da atividade administrativa,

---

[40] Levantamentos realizados pela OCDE demonstram o crescimento dos gastos públicos em relação ao PIB dos diversos países que a integram. Não se trata de fenômeno isolado ou que se possa apresentar como característico dos países subdesenvolvidos.

os procedimentos excessivamente longos, os mecanismos de contratação de empresas e de seleção de pessoal inadequados, a incapacidade da população de exercer o sempre necessário controle social, a inexistência de órgãos de controle independentes e tecnicamente capacitados, a preocupação excessiva com a observância dos formalismos e a pouca ou nenhuma preocupação com a eficiência etc. –, cria inúmeras e variadas oportunidades para o surgimento da corrupção.

Uma das repostas apresentadas ao longo da década de 1990 para combater a corrupção e a ineficiência do Estado foram as reformas denominadas gerenciais, que buscaram no Direito Privado a solução para os inúmeros problemas da Administração Pública. Não obstante a avaliação atual seja no sentido de que não é possível obter a completa e total privatização do Estado, é forçoso reconhecer que o denominado choque de eficiência trouxe benefícios para importantes áreas de atuação da Administração Pública.[41]

Não nos cabe, no âmbito deste trabalho, tecer considerações acerca das vantagens ou desvantagens das reformas administrativas empreendidas em diversos países da Europa e da América Latina ao longo da última década do século passado. Trata-se, ao contrário, de reconhecer a importância de aparelhar adequadamente o Estado para a correta execução da função administrativa, corrigindo suas vulnera-bilidades e definindo mecanismos de controle e punição das práticas ilícitas e ineficientes.

Não constitui igualmente propósito deste trabalho apresentar o exame detalhado de todas as formas a serem adotadas para combater a corrupção no âmbito da Administração Pública. Buscaremos apresentar algumas considerações acerca dos tipos de corrupção que afligem a Administração Pública, das causas que propiciam a existência desse fenômeno e das medidas possíveis de serem editadas para a sua correção.

---

[41] Pedro T. Nevado-Batalla Moreno (Cumplimiento de la Legalidad en la Nueva Cultura de Gestión Pública: Propuesta y Realidades en la Lucha contra la Corrupción, 2004) defende a aplicação da legalidade e de seus postulados relacionados à imparcialidade, ao dever de honestidade imposto aos servidores públicos e, sobretudo, aos parâmetros fixados em lei para a qualidade do serviço público como mecanismos para o combate à cor e à ineficiência da Administração Pública. Não resta dúvida de que, se os referidos padrões de conduta fixados em lei fossem observados pelos servidores públicos, não se poderia falar em cor pública. A dificuldade consiste exatamente em dar efetividade à lei. Se a simples previsão em diplomas legais de padrões ideais de comportamento fosse suficiente, certamente a grande maioria dos problemas que afligem a humanidade já teriam sido há muito resolvidos. A busca pela observância da lei não é tarefa fácil e não pode ser buscada pelos juristas de modo apartado das demais ciências ou disciplinas sociais.

1.5.2 Tipos de corrupção no âmbito da Administração Pública

As situações que podem caracterizar-se como atos de corrupção no âmbito da Administração Pública são amplas e variadas. O aspecto que mais chama atenção é o desvio da função pública, no sentido de que a conduta do infrator afeta o bom funcionamento da Administração Pública.

A imensa possibilidade de tipificação das condutas corruptas mantém relação com o âmbito de atuação do Estado. Isso possibilita a criação de situações as mais variadas possíveis.

Sem qualquer pretensão de esgotar as condutas passíveis de enquadramento, podem ser reputadas corruptas as situações em que: 1. o agente público cobra do administrado para conceder uma autorização que sabe indevida; 2. o agente público cobra do administrado pela expedição de mencionada autorização mesmo quando sabe que ela é devida; 3. o policial cobra para não aplicar uma multa de trânsito; 4. alto servidor se vale das prerrogativas do seu cargo para obter vantagens pessoais ou para terceiros, ou para traficar influência; 5. o servidor responsável pela aplicação de fundos públicos se apropria desses recursos; 6. o funcionário, em razão do seu cargo, entra em acordo com terceiro para defraudar ente público.

Há situações em que a atuação corrupta do servidor público beneficia o administrado, que obtém vantagem indevida (situação 1). Em outras hipóteses, a atuação do servidor é prejudicial aos interesses do administrado (situação 2), que se vê obrigado a pagar subornos para obter vantagens que lhes são conferidas pelo ordenamento jurídico, mas às quais somente terá acesso se pagar valores ilícitos.[42]

Há situações em que a corrupção administrativa torna-se sistêmica, no sentido de que ela se torna institucionalizada. Nessas hipóteses, desenvolve-se código de conduta informal em que se aceita como normal o comportamento corrupto ao ponto de que os que se insurgem contra ele se veem obrigados a sofrer represálias, intimidações ou são obrigados a manter silêncio. Nesses sistemas, cria-se a cultura

---

[42] Para descrever essas situações, Andrei Shleifer e Robert Vishny (Corruption, p. 599), citados por Malem Seña (*La Corrupción*: Aspectos Éticos, Económicos y Jurídicos, p. 53), mencionam a ideia de corrupção "com roubo" e de corrupção "sem roubo". Na primeira hipótese, o servidor oculta do Estado a venda do bem ou serviço público e não transfere aos cofres públicos o valor arrecadado, não obstante cobre do administrado o valor fixado pelo Estado; no segundo caso, o servidor não se apropria dos valores a serem repassados ao Poder Público, mas cobra um adicional do administrado.

segundo a qual todos devem obter vantagens ilícitas, e que são tolos os que, podendo, não se locupletam à custa da Administração Pública.

Além desses aspectos, deve ser considerado que a estrutura administrativa do Estado, que é organizada de forma hierarquizada, propicia diferentes oportunidades para a prática de atos ilícitos em razão do nível de hierarquia em que o servidor atua.

Há situações em que a corrupção se desenvolve "de cima para baixo".[43] Nessas hipóteses, são os servidores que compõem a cúpula da Administração Pública que decidem, planejam e executam os atos de corrupção, o que cria um sistema em que o pagamento de subornos é centralizado e monopolista. Nesse modelo, são os servidores mais graduados que definem quanto será cobrado e como será repartido o valor pago.

No modelo "de baixo para cima", o planejamento e a execução dos atos corruptos são desenvolvidos pelos servidores dos escalões mais baixos da Administração Pública, que, em seguida, dividem o produto com aqueles que lhes são superiores na hierarquia.

Não pretendemos, conforme afirmamos, esgotar as hipóteses ou os modelos em que a corrupção pode desenvolver-se. É necessário, todavia, buscar identificar a situação concreta a ser enfrentada em razão de que, para cada modelo corrupto, deve ser aplicada uma política anticorrupção diferenciada. Não é possível, por exemplo, combater a corrupção nos modelos em que o administrado dela se beneficia sem que ocorra o fortalecimento das estruturas de controle estatais independentes ou valorizando tão somente a possibilidade de denúncias da população. Ao contrário, se o administrado paga suborno para obter algo a que teria direito, pode-se cogitar de combater a corrupção por meio de sistema que incentive a apresentação de denúncias, por exemplo.

1.5.3 Causas da corrupção na atividade administrativa

A correta identificação dos tipos de corrupção mais comuns na atividade administrativa do Estado é tão importante quanto o exame das suas causas. O adequado enfrentamento desses dois aspectos permite a construção de medidas mais efetivas para combater a corrupção administrativa.

Da mesma forma como os tipos e modelos da corrupção são variados, igualmente o são as suas causas. Deficiências estruturais,

---

[43] ROSE-ACKERMAN, Susan. *Corruption and Government*. Cambridge: Cambridge University, 1999.

carência de pessoal qualificado, remuneração inadequada dos servidores públicos, mecanismos de recrutamento de pessoal que não observam critérios objetivos, legislação administrativa e penal falha, inexistência de mecanismos adequados de controle administrativo e judicial, deficiências que impedem a aplicação de sanções aos servidores que praticam atos ilícitos, falta de transparência, contratações diretas sem licitação são apenas algumas das inúmeras causas da corrupção da corrupção administrativa.

Identificadas as causas, a adoção das medidas tendentes a combater e a reduzir a corrupção passa a ser uma questão de vontade política. Nos sistemas políticos em que a corrupção assume o poder, são remotas as perspectivas de evolução ou de superação do modelo a partir de movimentos internos, em que a educação e a conscientização da população são elementos essenciais. Para essas situações, a única possibilidade de que, em curto ou médio prazo, ocorra alguma redução nos níveis de corrupção depende da interferência da comunidade internacional.

Adiante, faremos o enquadramento das situações reais examinadas com os tipos de corrupção administrativa apontados. Buscaremos por meio desse exame de casos igualmente apontar as causas ou razões que propiciaram a ocorrência da fraude, bem como será feito o exame das eventuais medidas judiciais e administrativas adotadas para punir os culpados, reaver os recursos desviados e corrigir as falhas que propiciaram a ocorrência da fraude.

CAPÍTULO 2

EXAME DE CASOS

2.1 A importância do estudo de casos

Quais seriam, então, as causas da ocorrência, com tanta frequência, de escândalos relacionados à corrupção na Administração Pública? E por que a eficácia das medidas adotadas é tão baixa? Estabeleceremos essas comparações com a Lava Jato, alimentada por contratos fraudados da Petrobras (temática a ser enfrentada no capítulo seguinte), estatal brasileira. A tentativa de responder a esta pergunta constitui o verdadeiro propósito deste trabalho.

A análise de casos concretos a ser empreendida neste capítulo buscará identificar as vulnerabilidades tanto na legislação quanto nas estruturas administrativas brasileiras que propiciam a prática de atos corruptos.

Buscar-se-á, por meio do exame dos casos concretos, identificar as falhas e propor medidas para corrigir ou, ao menos, mitigar as oportunidades ou situações que levam funcionários públicos ou particulares a fraudar a Administração Pública. Ademais, será efetuada, no capítulo seguinte do texto, análise relativa aos contratos gigantescos da empresa estatal brasileira petrolífera, Petrobras, e que conduziram à Operação Lava Jato. O objetivo será verificar por que essa operação é mais eficiente, em termos de combate à corrupção, do que os casos a serem analisados neste capítulo.

O exame dos casos concretos, não obstante extraia informações de documentos oficiais (decisões judiciais, relatórios de Comissões Parlamentares, relatórios da Polícia Federal), tem como principal fonte de pesquisa o trabalho realizado pela imprensa brasileira. Nesse escopo, foram consultadas matérias publicadas nos mais importantes jornais, revistas e periódicos brasileiros nos últimos vinte e cinco anos.

Por meio do exame dos casos, e do acompanhamento feito pela imprensa nacional, será testada a efetividade da legislação e dos órgãos de combate à corrupção até o ano de 2010. Buscar-se-á identificar, nas falhas da legislação e das estruturas administrativas brasileiras, as causas que levaram à ocorrência dos diversos atos de corrupção. Constitui, igualmente, o propósito deste trabalho verificar as medidas judiciais ou administrativas adotadas para condenar os culpados e reaver os recursos desviados, bem como as medidas administrativas ou modificações legislativas eventualmente empreendidas para corrigir as causas ou vulnerabilidades que permitiram a ocorrência das fraudes ou dos desvios de recursos públicos analisados.

Do ponto de vista metodológico, buscar-se-á, em cada caso, apresentar o escândalo ou caso de corrupção por meio do exame das seguintes etapas:

1. Apresentação do caso:
1.1 área em que se verificou a fraude;
1.2 como o escândalo se tornou conhecido.
2. Indicação das razões que propiciaram a ocorrência da fraude:
2.1 falhas na legislação;
2.2 falhas estruturais.
3. Medidas adotadas pelo Poder Público após a divulgação das fraudes:
3.1. ações propostas;
3.2. recursos recuperados;
3.3. sanções aplicadas;
3.2. melhoria na legislação;
3.5. melhoria nas estruturas.

É evidente que, em alguns casos, não será possível observar estritamente essa ordem ou sistemática de apresentação. Buscaremos, de qualquer modo, verificar, basicamente: 1. os fatores ou falhas administrativas que propiciaram a ocorrência do ato corrupto: 2. as medidas adotadas pelo Poder Público para a punição dos responsáveis, 3. as medidas adotadas para a correção da legislação ou das normas jurídicas; e 4. as medidas adotadas para a correção das falhas nas estruturas administrativas.

Escolhemos para exame neste trabalho casos que, em nosso sentir, são pertinentes à corrupção na atividade administrativa do Estado brasileiro e que tiveram grande repercussão na mídia. Os casos foram escolhidos não apenas em razão da repercussão junto à mídia e à opinião

EXAME DE CASOS | 69

pública, mas igualmente em função da área em que se verificaram. Foram selecionados casos de corrupção ocorridos em diferentes áreas de atuação da Administração Pública brasileira:

1. concessão de benefícios previdenciários (Jorgina de Freitas);
2. fraudes na elaboração e na execução do orçamento (Escândalo dos anões do orçamento);
3. escândalo das ambulâncias (ou máfia das sanguessugas), que pode ser considerado uma repetição do caso anterior, com novos ingredientes relacionados à fraude em licitações;
4. fraudes na utilização de mecanismos de fomento ao desenvolvimento da Região Amazônica brasileira, concedidos pela Superintendência para o Desenvolvimento da Amazônia (conhecido como fraude na SUDAM);
5. fraudes no financiamento da campanha política e fraudes administrativas que resultaram no processo de *impeachment* do ex-presidente brasileiro, Fernando Collor de Mello (denominado Caso Collor). Nessa mesma seara, foi feito o estudo do denominado escândalo do Mensalão[1] – que indica a impossibilidade de separação da corrupção política ou eleitoral da corrupção administrativa;
6. corrupção na atividade de polícia administrativa do Estado em área especialmente sensível, a preservação do meio ambiente, em que se examina a operação denominada "Curupira",[2] conduzida pela Polícia Federal no Instituto Brasileiro do Meio Ambiente;
7. irregularidades no relacionamento entre agências governamentais e o setor privado regulado são examinadas no denominado Escândalo dos Bancos Marka e FonteCindan;
8. corrupção na condução de licitações e na execução de contratos administrativos, cujo exame é feito por meio do estudo do denominado "Escândalo da construção do fórum trabalhista de São Paulo", certamente um dos casos de corrupção que mais divulgação mereceu por parte da imprensa.

---

[1] O termo "Mensalão" foi cunhado para indicar pagamentos mensais feitos a parlamentares para votarem em projetos de interesse do Governo.

[2] Curupira, de acordo com as lendas brasileiras, é uma criatura mitológica que protege as florestas. Trata-se de um garoto que anda com os pés voltados para trás, cujos calcanhares ficam, portanto, na parte da frente de seus pés, e que protege as florestas contra caçadores.

A escolha dos casos não se deu, como afirmado, ao acaso. Buscou-se, com o exame desses casos, alcançar as principais áreas de atuação da atividade administrativa do Estado brasileiro, compreendendo as atividades de fomento e de concessão de benefícios previdenciários, de fraudes orçamentárias em licitações e contratos públicos, bem como na relação entre agências e o setor privado.

Examinaremos, em primeiro lugar, o caso conhecido como Escândalo Jorgina de Freitas.

2.2 Fraude na Previdência Social

2.2.1 Apresentação do caso

2.2.1.1 Área em que se verificou a fraude

A fraude à Previdência Social, que se tornou conhecida pelo nome de Caso Jorgina de Freitas, ocorreu contra o Sistema Previdenciário brasileiro durante as décadas de 1980 e 1990. Estavam envolvidos servidores e procuradores do Instituto Nacional de Seguridade Social (INSS), advogados e juízes que atuavam em ações fraudulentas contra a Previdência, ações que cuidavam de indenização, de revisão de pensão e de aposentadoria.

Jorgina Maria de Freitas Fernandes, advogada, tornou-se, com o sistema de fraude que montou, a maior fraudadora do Sistema Previdenciário brasileiro, tendo desviado, ao longo de aproximadamente uma década, valor estimado em US$114.325.526,96 (cento e quatorze milhões, trezentos e vinte e cinco mil, quinhentos e vinte e seis dólares e noventa e seis centavos). Entre as 100 (cem) ações judiciais propostas contra o Sistema Previdenciário, que resultaram nas maiores indenizações já pagas pela Previdência Social, Jorgina venceu 10 (dez), atuando como advogada da parte vencedora. A maioria dessas ações ajuizadas contra o INSS se referia a indenização por acidentes de trabalho e revisão de benefícios previdenciários.[3]

Após a divulgação do caso pela imprensa, em razão dos artifícios utilizados por Jorgina de Freitas para se manter a salvo da prisão, os holofotes da mídia se concentraram sobre ela, muito embora outro integrante da quadrilha, o também advogado Ilson Escóssia da Veiga, tivesse desviado maior quantia da Previdência, na ordem de US$190

---

[3] FRAUDADORA pede anulação de processo. *Jornal do Brasil*, p. 8, 6 nov. 1997; PARA dar exemplo ao país. *Revista Visão*, p. 22-23, 11 set. 1991; OS GOLPES de Jorgina Fernandes mostraram ao governo alternativas para conter roubos no INSS. *Correio Braziliense*, p. 6.

EXAME DE CASOS | 71

milhões (cento e noventa milhões de dólares). Estima-se que Jorgina de Freitas e Ilson Escóssia da Veiga sejam responsáveis por 60% dos valores desfalcados da Previdência durante o período em que atuaram. O desvio de verbas da Previdência operava-se da seguinte forma:

1. os advogados da quadrilha, por intermédio de despachantes, contatavam segurados do INSS e os convenciam a entrar com pedidos de indenização alegando doença adquirida no ambiente de trabalho ou de outro benefício;

2. se fosse o caso, os advogados, com a conivência de médicos conhecidos, forjavam laudos munidos de procuração;

3. os advogados, em nome dos segurados, ingressavam na Justiça com ações de indenização, pensão e aposentadoria com valores elevados;

4. os advogados conseguiam transferir os processos para as comarcas da Baixada Fluminense, no estado do Rio de Janeiro, onde os juízes ligados à máfia convocavam os procuradores do INSS;

5. os procuradores envolvidos no esquema, quando compareciam às audiências, não contestavam os laudos médicos, facilitando a derrota do INSS na Justiça;

6. nas varas cíveis, os contadores judiciais, em conluio com as quadrilhas, aumentavam fraudulentamente os valores em mais de 1.000%. Houve casos de aumento de até 33.000%. O valor das indenizações era atualizado em contas sucessivas (em cascata), somando os valores já pagos e acrescentando a correção monetária às propostas feitas pelo INSS. Os contadores (contabilistas), para ocultar os supervalores das fraudes, usavam diversos indexadores econômicos, muitos deles de fórmulas complexas;

7. os contadores (contabilistas) do INSS não contestavam os benefícios superfaturados;

8. os juízes homologavam os cálculos, expedindo mandados de pagamento em nome dos advogados da quadrilha no lugar dos supostos beneficiários. Grande parte das fraudes ocorreu com a aquiescência dos juízes Nestor José do Nascimento e Pedro Diniz Pereira, que respondiam pela 3ª e 5ª Varas Cíveis de São João do Meriti e Nova Iguaçu, respectivamente, ambas localizadas na Baixada Fluminense;[4]

---

[4] PARA dar exemplo ao País. *Revista Visão*, p. 22, 11 set. 1991.

9. os cálculos eram encaminhados ao INSS. Os procuradores do INSS, em comum acordo com o esquema da quadrilha, não recorriam dos cálculos;
10. emitidas as ordens de pagamento para os bancos em nome dos advogados envolvidos, alguns gerentes, partícipes do esquema das fraudes, já sabiam como aplicar o dinheiro;
11. após o saque pelos advogados, o dinheiro era repartido entre os integrantes da quadrilha: segurado, advogado, contador judicial, juiz, promotor, gerente de banco, procurador do INSS e outros funcionários;
12. ocorria, posteriormente, a operação de lavagem de dinheiro, que se dava de várias formas: depósito do dinheiro em contas de "laranjas", investimento em imóveis diversos e em barras de ouro, abertura de contas no exterior em nome de empresas *off shore*, transferência de valores por meio de contas CC5 (contas bancárias de pessoas não residentes no Brasil, e que serão mais bem explicadas no estudo do escândalo da construção do edifício sede do Tribunal Regional do Trabalho de São Paulo [*infra*]).

Foi descoberta, pelo governo brasileiro, a existência de 10 empresas de fachada de Jorgina de Freitas, abertas em paraísos fiscais no exterior com o objetivo de administrar o dinheiro desviado do INSS. As sedes dessas empresas, que eram apenas caixas-postais, mantinham contas em bancos nos Estados Unidos. Por meio dessas contas, os fraudadores movimentavam as quantias por instituições bancárias de outros países.[5]

2.2.1.2 Como o escândalo se tornou conhecido

Iniciou-se a investigação com denúncia apresentada pelo deputado Maurílio Ferreira Lima (PMDB-PE) ao Plenário da Câmara dos Deputados[6] de que vultosas aposentadorias e pensões, de valores bem superiores aos tetos estabelecidos pela legislação, estariam sendo pagas a centenas de beneficiários. Foi apresentada lista elaborada pela DATAPREV – empresa encarregada de processar a contabilidade dos benefícios previdenciários – contendo a indicação de 315 (trezentos e

---

[5] JORGINA tem empresas de fachada no exterior. *Folha de S. Paulo*, p. 1-6, 18 fev. 1998.
[6] CRONOLOGIA de uma fraude que não existiu. *O Globo*, p. 3, 2 abr. 1991.

EXAME DE CASOS | 73

quinze) aposentados considerados como "marajás"[7] da Previdência, visto terem recebido valores acima de 50 (cinquenta) salários mínimos, enquanto o teto para as aposentadorias do Regime Geral da Previdência Social não poderia, nos termos de lei, superar 10 (dez) salários mínimos – cujo valor era de R$722,00, ou de aproximadamente US$318,92. Verificou-se, em seguida, que a lista estava incorreta, posto ter restado caracterizada a existência de somente 32 aposentadorias com valores indevidos, entre aquelas inicialmente divulgadas.

A supramencionada denúncia motivou requerimento de membro do Senado para a instalação de Comissão Parlamentar Mista de Inquérito (CPMI) destinada a apurar irregularidades na Previdência Social, bem como investigações de fraudes ao INSS por parte da Polícia Federal, iniciadas na DATAPREV.[8]

2.2.2 Indicação das razões que propiciaram a ocorrência da fraude

2.2.2.1 Falhas na legislação

O Relatório da CPMI concluiu, ao examinar a Legislação Previdenciária brasileira, ser complexo e obsoleto o conjunto de leis e decretos que disciplinam a matéria. Como uma das causas das fraudes, o referido Relatório indicou: a ocultação de erros dolosos ou culposos, facilitada pelo labirinto de disposições legais, normas de cálculos, habilitações, exames e atos normativos voltados para o atendimento de pequenos grupos.[9]

2.2.2.2 Falhas estruturais

A própria desordem administrativa do INSS, com efetivação, há anos, de pagamentos de importâncias inferiores às devidas aos beneficiários, foi uma das causas do surgimento de ações na Justiça pelas revisões de aposentadorias e de pensões, situações essas que estimulavam os mais diversos tipos de fraude na Previdência.[10]

---

[7] O termo "marajá" é utilizado no Brasil para indicar pessoas que obtêm elevados salários ou aposentadorias do Poder Público.

[8] MARAJÁS: governo confessa equívoco. O Globo, p. 3, 2 abr. 1991.

[9] RELATÓRIO da CPMI, p. 18.

[10] DESORDEM administrativa do INSS estimula a fraude. Jornal do Brasil, 1º caderno, p. 2, 2 abr. 1991.

Muitas são as deficiências que possibilitaram o ensejo das fraudes, como as explicitadas a seguir, entre outras:

1. estrutura organizacional inadequada e falta de instrumentos eficazes de gerência e de controle;
2. despreparo dos servidores em todos os níveis;
3. falta de base estrutural para suportar as constantes mudanças nas direções superiores (em 6 anos, foram 5 ministros de Estado, 6 presidentes da DATAPREV e 2 presidentes do INSS);
2. precariedade dos sistemas de informações;
5. falta de padronização de procedimentos;
6. instalações e equipamentos insuficientes;
7. obsoleta condição de funcionamento e de controle dos arquivos existentes;
8. ausência de órgão especializado para proceder e rever cálculos;
9. possibilidade de recebimento de benefícios por procuração.[11]

Quanto aos sistemas informatizados, especificamente, tem-se que não eram capazes, à época, de cruzarem informações, tais como as relativas a valor do benefício definido pelo INSS e valor efetivamente pago a cada um dos beneficiários. Foi noticiado que a digitação dos dados sobre os beneficiários era uma das fases mais vulneráveis às fraudes, primeiramente, porque as informações enviadas, por via postal (Correios), à DATAPREV, constavam de formulários preenchidos à mão nos postos da Previdência, o que podia ocasionar equívocos de leitura e, também, porque o momento possibilitava a alteração, culposa ou dolosa, dos valores dos vencimentos.[12]

Excerto do Relatório da CPMI consigna, de forma abreviada, a situação que levou ao enfraquecimento da estrutura organizacional do INSS:

> Na última década, a Previdência Social recebeu um relevante aumento de encargos financeiros e de serviços, em decorrência, principalmente, do crescimento populacional, do empobrecimento do povo, da extensão de benefícios ao trabalhador rural, da criação de novos benefícios e da universalização da assistência médica. Tudo isso sem a contrapartida

---

[11] RELATÓRIO da CPMI.

[12] Um tigre de papel colossal – Por que é fácil fraudar na Dataprev? *Revista Veja*, p. 22, 10 abr. 1991.

de um aperfeiçoamento na infraestrutura administrativa ou nas ativi-
dades-fim.[13]

2.2.2.3   Carência de pessoal qualificado

O número reduzido de servidores diante do volume de trabalho
foi também indicado como um dos pontos facilitadores das fraudes.
Registra-se que, mesmo tendo havido aumento da população do
País na ordem de 30%, o número de fiscais que antes chegava a 7.000,
à época das ocorrências, não chegava a 2.000.[14]

Dos 700 procuradores do INSS, distribuídos por todo o País, 223
foram colocados em disponibilidade no ano de 1991, durante o governo
do ex-presidente Collor de Mello – cujo escândalo de corrupção será
apresentado adiante – para atender às necessidades de redução de custos
e de economia da chamada Reforma Administrativa, agravando, dessa
forma, a situação de insuficiência do quadro funcional da autarquia.
Pode-se concluir, inclusive, pela total impossibilidade de o INSS atender
aos interesses dos beneficiários se considerado que, apenas no Rio de
Janeiro e em São Paulo, tramitavam mais de 500.000 processos e que,
ao levar em conta os dados de todo o País, cada procurador deveria
acompanhar cerca de 6.000 processos.[15]

Segundo declaração de Reinaldo Gayoso, então procurador-chefe
do INSS no Rio de Janeiro, não havia meios de o INSS acompanhar as
ações em andamento na Justiça Federal –cerca de 80 mil revisões de
aposentadorias e pensões, 135 mil execuções fiscais e um número não
estimado de ações de indenização por acidentes de trabalho.[16]

2.2.2.4   Instabilidade macroeconômica, com sucessão de planos econômicos

A instabilidade macroeconômica, caracterizada nas décadas de
1980 e 1990, e as sucessivas tentativas de estabilização da inflação, como
o lançamento dos Planos Cruzado (1986), Bresser (1987), Verão (1989),
Collor I (1990) e Collor II (1991), representaram substancial contribuição
às fraudes perpetradas pela quadrilha de Jorgina de Freitas, sobretudo

---

[13]   RELATÓRIO da CPMI, p. 22.
[14]   Um tigre de papel colossal – Por que é fácil fraudar na Dataprev? *Revista Veja*, p. 22, 10 abr. 1991.
[15]   RELATÓRIO da CPMI, p. 22.
[16]   DESORDEM administrativa no INSS estimula a fraude. *Jornal do Brasil*, p. 2, 2 abr. 1991.

em função da alteração dos diversos índices de preços empregados nos cálculos realizados para a valoração dos benefícios requeridos. A atualização dos valores dos benefícios pretendidos demandava a execução de diversos cálculos intricados de forma a permitir aos membros da quadrilha falsear resultados desfavoráveis ao INSS.

2.2.3 Medidas adotadas pelo Poder Público após a divulgação das fraudes

2.2.3.1 Ações propostas

Foi constituída Comissão Parlamentar Mista de Inquérito destinada a apurar irregularidades na Previdência Social, com o objetivo de determinar responsabilidades nos seguintes fatos:

1. fraudes na concessão de benefícios;
2. fraudes na fiscalização e arrecadação de contribuições;
3. andamento dos processos de revisão de benefícios;
2. inexistência de sistemática de controle contra fraudes, do destino do recadastramento e auditorias contratadas nos últimos anos;
5. transações imobiliárias – alienação.[17]

O então presidente da República, Fernando Collor, determinou a realização pela Polícia Federal de investigações na DATAPREV e a criação de mais duas delegacias especializadas no combate e na apuração de fraudes contra a Previdência.[18] Investigações conjuntas realizadas pelo INSS e pela Polícia Federal levaram à descoberta de quadrilhas especializadas em forjar benefícios da Previdência Social, como a articulada por Jorgina de Freitas.[19]

2.2.3.2 Recursos recuperados

O INSS conseguiu rastrear cerca de US$270 milhões dos fraudadores responsáveis por um rombo superior a US$525 milhões nas contas da Previdência. Em contas já bloqueadas por meio de decisões judiciais, encontrou-se em dinheiro vivo: (i) US$32 milhões no Merrill Linch Bank de Miami, em nome da Advogada Jorgina de Freitas e de seus irmãos

---

[17] RELATÓRIO da CPMI, p. 2.
[18] MARAJÁS: governo confessa equívoco. *O Globo*, p. 3, 2 abr. 1991.
[19] CRONOLOGIA de uma fraude que não existiu. *O Globo*, p. 3, 2 abr. 1991.

Ana Nery e Francisco Antônio de Freitas Neto; (ii) US$20 milhões no Great Western Bank, em Miami, em nome de Jorgina de Freitas; (iii) US$1,5 milhão no CDI-TDB, em Genebra, em nome do ex-motorista Alaíde Ximenes; (iv) US$3 milhões no CDI-TDB, em Genebra, em nome do juiz Nestor José do Nascimento; (v) US$2 milhões no Merrill Linch Bank, em Miami, em nome do advogado Ilson Escóssia da Veiga, sua mulher, Cláudia Caetano Bouças, sua filha Vânia Lazarini Veiga, e seu sogro, Carlos Caetano Bouças; (vi) US$13 milhões no CDI-TDB, em Genebra, em nome de Ilson Escóssia da Veiga e, sua mulher, Cláudia Caetano Bouças; (vii) US$9 milhões em bancos brasileiros em contas em nome de vários fraudadores; (viii) US$5 milhões em cadernetas de poupança em bancos brasileiros, em nome de vários fraudadores; (ix) US$19 milhões em contas bancárias diversas, mantidas pelos fraudadores no Unibanco, Banco Safra e Banerj.[20]

O valor dos bens dos fraudadores bloqueados no Brasil estava estimado, segundo laudo pericial, entre US$20 milhões e US$50 milhões, sendo eles: (i) 207 imóveis; (ii) 85 terrenos; (iii) 5 fazendas; (iv) 5 barcos; (v) cerca de 150 telefones; (vi) 30 carros; (vii) joias e objetos de arte; (viii) cavalos de raça e gado; (ix) 522 quilos de ouro de Escóssia da Veiga.[21] Só de Jorgina de Freitas, a Justiça bloqueou: 12 apartamentos, 6 casas, 6 salas comerciais, 5 lotes, 3 fazendas, 2 lojas e 1 área de terra.[22]

O Tribunal Estadual de Miami, nos Estados Unidos, condenou Jorgina de Freitas a devolver aos cofres da Previdência US$123 milhões obtidos em causas fraudulentas. A sentença reconheceu ao governo brasileiro o direito de reaver dinheiro e imóveis da advogada nos Estados Unidos até o valor da condenação.[23]

No ano de 2000, foi noticiada, ainda, a localização pela Previdência de vultoso depósito no exterior, no valor de US$30 milhões, em nome da fraudadora. O então ministro da Previdência Social, Waldeck Ornélas, determinou a adoção de providências para o bloqueio e a transferência do dinheiro para a conta do INSS.[24]

De acordo com os dados da Previdência, o INSS recuperou R$93 milhões, além de 223 imóveis e 522 quilos de ouro. Com a possibilidade de repatriação dos US$30 milhões, depositados em Luxemburgo, estimou-se que o valor recuperado poderia ultrapassar R$150 milhões,

---

[20] INVESTIGAÇÕES localizam US$ 270 milhões. *O Estado de São Paulo*, p. A-8, 13 fev. 1996.
[21] INVESTIGAÇÕES localizam US$ 270 milhões. *O Estado de São Paulo*, p. A-8, 13 fev. 1996.
[22] JORGINA tem empresas de fachada no exterior. *Folha de S. Paulo*, p. 1-6, 18 fev. 1998.
[23] O cerco se fecha. *Revista Veja*, p. 72-75, 5 fev. 1997.
[24] ACHADOS dólares do INSS. *Jornal do Comércio* – JC ON-LINE, 1º dez. 2000.

quantia esta que representava praticamente a metade do cômputo oficial da fraude.[25]

2.2.3.3 Sanções aplicadas

Eram muitos os envolvidos nas fraudes verificadas. Foram aplicadas, então, sanções diversas, compatíveis com cada caso e atuação dos envolvidos:[26]

Acusado	Condenação
Jorgina Maria de Freitas Fernandes	Advogada, condenada a 12 anos de prisão por peculato, formação de quadrilha e crime continuado. Multa de 5 salários mínimos por dia, durante 360 dias.
Nestor José dos Nascimento	Juiz, condenado a 15 anos e meio de prisão por peculato, formação de quadrilha e crime continuado. Perda do cargo de juiz e multa de 5 salários mínimos por dia, durante 360 dias.
Carlos Alberto Mello dos Santos	Contador judicial, condenado a 10 anos e 2 meses de prisão por peculato, formação de quadrilha e crime continuado. Perda do cargo de contador judicial e multa.
Elio Ribeiro de Souza	Procurador do INSS, condenado a 6 anos e 8 meses de prisão por peculato, formação de quadrilha e crime continuado. Cassação de aposentadoria e multa de 5 salários mínimos por dia, durante 200 dias.
Marcílio Gomes da Silva	Procurador do INSS, condenado a 12 anos de prisão por peculato, formação de quadrilha e crime continuado. Perda do cargo de procurador do INSS e multa de 5 salários mínimos por dia, durante 300 dias.
Astor Cardoso Pontes de Miranda, Roberto Cardoso Pontes de Miranda e Carlos Alberto Oliveira Pereira	Advogados, condenados a 12 anos de prisão por peculato, formação de quadrilha e crime continuado. Multa de 5 salários mínimos por dia, durante 360 dias.

---

[25] *Idem.*

[26] QUEM teve o nome limpo e quem foi condenado pelos desembargadores do Tribunal de Justiça. O Globo, p. 19, 5 jul. 1992.

Acusado	Condenação
Jorge Raymundo Martins	Advogado, condenado a 2 anos de prisão por peculato. Multa de 3 salários mínimos por dia, durante 300 dias.
Fábio Cândido de Souza	Advogado, condenado a 6 anos de prisão por peculato. Multa de 5 salários mínimos por dia, durante 300 dias.
Paulo Fernando Baptista	Advogado, condenado a 6 anos de prisão por peculato e crime continuado. Multa de 3 salários mínimos por dia, durante 300 dias.
Wilson Luiz dos Santos	Advogado, condenado a 11 anos de prisão por peculato, formação de quadrilha e crime continuado. Multa de 5 salários mínimos por dia, durante 300 dias.
Ilson Escóssia da Veiga	Advogado, condenado a 12 anos de prisão por peculato, formação de quadrilha e crime continuado. Multa de 5 salários mínimos por dia, durante 360 dias.
Ronaldo da Silveira Bravo	Advogado, condenado a 7 anos de prisão por peculato. Multa de 3 salários mínimos por dia, durante 300 dias.
Sérgio Jardim de Bulhões Sayão	Procurador do INSS, condenado a 10 anos e 2 meses de prisão por peculato, formação de quadrilha e crime continuado. Cassação de aposentadoria de procurador do INSS e multa de 5 salários mínimos por dia, durante 300 dias.
Cláudia Caetano Bouças	Advogada, mulher de Escóssia, condenada a 6 anos de prisão, em regime semiaberto, por peculato e formação de quadrilha. Multa de 5 salários mínimos por dia, durante 300 dias.
Wilson Ferreira	Advogado, sobrinho de Escóssia, condenado a 10 anos e 2 meses de prisão por peculato, formação de quadrilha e crime continuado. Multa de 5 salários mínimos por dia, durante 300 dias.
Armando Avelino Bezerra	Advogado, condenado a 12 anos e meio por peculato, formação de quadrilha e crime continuado. Multa de 5 salários mínimos por dia, durante 300 dias.

Os 18 (dezoito) réus foram condenados, em 2.7.1992, pelo Órgão Especial do Tribunal de Justiça por fraudes contra a Previdência, sendo que quatorze deles foram presos ao término do julgamento. Foram expedidos mandados de prisão para que a POLINTER prendesse Jorgina Maria de Freitas Fernandes, que se encontrava foragida, Cláudia Caetano Bouças, Ronaldo Bravo e Sérgio Jardim de Bulhões Sayão.[27]

Jorgina de Freitas já estava fora do País quando foi condenada pela Justiça brasileira, ficando foragida por mais 5 anos. A advogada deixou o Brasil, refugiando-se no Paraguai e depois na Argentina. Instalou-se em Miami, onde foi localizada pelo governo brasileiro, que requereu sua prisão e extradição. Embora concedido esse pedido pelos Estados Unidos da América, não houve sucesso na empreitada, pois a fraudadora já havia fugido para a Costa Rica, onde era considerada a mulher mais rica do país, representando os US$112 milhões, apropriados da Previdência, 10% do orçamento anual costarriquenho. Para a extradição de Jorgina de Freitas, o governo brasileiro assinou acordo de reciprocidade com a Costa Rica. Em novembro de 1997, a advogada se entregou às autoridades daquele país, sendo extraditada e presa no Brasil em fevereiro do ano seguinte.[28]

Jorgina de Freitas respondia a mais de 12 processos por formação de quadrilha, peculato, falsificação de documentos e ocultação de informações à Receita Federal, distribuídos em 6 (seis) varas federais. Caso fosse condenada em todos os processos e se somadas todas as penas poderia cumprir mais de 20 anos de prisão.[29] Entretanto, a sentença de extradição permitia somente o cumprimento da pena pelo crime de peculato (12 anos), pois considerou prescrita a sanção do crime de formação de quadrilha (2 anos).

Em setembro de 2000, Jorgina de Freitas conseguiu a progressão de regime prisional (do fechado para o semiaberto), por meio de Decisão do STF (HC 73752/RJ). Feita a unificação das penas, totalizando 23 anos de reclusão, com término previsto para 2.11.2020, foi afastado o direito à progressão de regime, mantendo-se o quadro fático alcançado anteriormente.

A defesa de Jorgina de Freitas impetrou em momento ulterior petição perante o Superior Tribunal de Justiça,[30] buscando a concessão de liberdade condicional. O pleito restou denegado, visto não cumprido até aquele momento 1/6 da pena imposta, o que somente viria a ocorrer

---

[27] PRISÃO é efetivada logo após julgamento. *O Globo*, p. 19, 5 jul. 1992.

[28] A grande caçada. *Revista Veja*, 12 nov. 1997; JORGINA tem empresas de fachada no exterior. *Folha de S. Paulo*, p. 1-6, 18 fev. 1998.

[29] PENAS somam 20 anos. *Jornal do Brasil*, p.8, 6 nov. 1997.

[30] PET 1506/RJ, Rel. Min. Gilson Dipp, *DJ*, p. 212, 3 jun. 2002.

EXAME DE CASOS | 81

em 2005. Apesar de não encontradas notícias recentes a respeito do paradeiro de Jorgina de Freitas, certamente ela já se encontra em liberdade condicional.

2.2.3.4 Melhoria na legislação

Anote-se que o caso Jorgina de Freitas gerou, de forma imediata, um conjunto de ações destinadas à prevenção e repressão de fraudes contra os cofres da Previdência. O Relatório da CPMI já alertava para a necessidade de alteração da legislação e dos procedimentos gerenciais até então utilizados para que atos lesivos contra a Previdência Social fossem coibidos.[31]

A melhoria do atendimento aos beneficiários mostrou-se um dos meios para a prevenção das fraudes. A edição da Lei nº 10.203, de 8.1.1991, que, ao introduzir o art. 29-A à Lei nº 8.213, de 22.1.1991, instituiu o reconhecimento automático de direitos, promoveu a inversão do ônus da prova de filiação ao regime geral. O INSS, com base nas informações constantes do Cadastro Nacional de Informações Sociais (CNIS), verifica o tempo de serviço e de contribuição do segurado, dispensando o interessado de fazê-lo mediante a apresentação de documentos relativos à vida profissional e previdenciária, situação esta que contribuía fortemente para a perpetração das fraudes mediante a falsificação desses papéis.

As edições das Leis nº 8.212 e nº 8.213, ambas de 22.7.1991, que dispõem sobre a organização da Seguridade Social e instituem Plano de Custeio e dos Planos de Benefícios da Previdência Social, e dão outras providências, respectivamente, foram de importância fundamental para a ampliação dos controles e a modernização dos sistemas e procedimentos até então adotados no âmbito do INSS.

Os ajustes necessários à prevenção e ao combate às fraudes impuseram uma permanente adequação do ordenamento jurídico previdenciário, destacando-se os seguintes:

1. art. 132 da Lei nº 8.213/1991 – trata de limite para atuação de procuradores da Previdência Social, tendo como objetivo controlar as possibilidades de desistência ou transigência de procuradores judiciais da Previdência em processos de seu interesse;

---

[31] RELATÓRIO da CPMI.

2. art. 101 da Lei nº 8.213/1991, com redação dada pela Lei nº 9.032/1995 – trata do exame de segurado em gozo de auxílio-doença, aposentadoria por invalidez e de pensionista inválido, tendo por objetivo a verificação da condição que ensejou o pagamento do benefício;

3. §2º, art. 16 da Lei nº 8.213/1991, com redação dada pela Medida Provisória nº 1.523, de 11.10.1996, e reedições, convertida na Lei nº 9.528/1997 – trata da exigência de comprovação de efetiva dependência econômica para enteado e menor tutelado, tendo como objetivo evitar a inclusão de falsos dependentes nessa condições;

2. art. 29 da Lei nº 8.213/1991, com redação dada pela Lei nº 9.876/1999 – trata do cálculo do salário-benefício com base na média aritmética dos maiores salários de contribuição relativos a oitenta por cento de todo o período, tendo por objetivo coibir a prática fraudulenta de pessoa que contribuía apenas nos últimos 36 meses com base no valor máximo para se aposentar no teto, embora auferisse remuneração inferior;

5. art. 123 da Lei nº 8.213/1991, com redação dada pela Medida Provisória nº 598, de 31.8.1992 e suas reedições, até conversão na Lei nº 9.063/1995, alterada pela Medida Provisória nº 312, de 19.7.2006 – trata da limitação para requerimento de benefício por trabalhador rural, tendo por objetivo limitar, no tempo, a possibilidade de requerimento de benefício rural. Tais benefícios, garantidos pela Constituição Federal, são uma das maiores fontes de fraudes contra a Previdência Social, pois para seu deferimento é necessário somente tempo de serviço na atividade rural a ser comprovado por mera declaração do sindicato rural;

6. MPS nº 5.716, de 6.9.1999 – criou a Ouvidoria-Geral da Previdência social, destinada, entre outras atividades, a receber denúncias de práticas de irregularidades e de atos de improbidade administrativa, encaminhando-as para apuração.

2.2.3.5 Melhoria nas estruturas

O Relatório da CPMI consignou, também, diversas recomendações que, em suma, importariam no aperfeiçoamento de procedimentos administrativos, os quais envolvem melhor distribuição da carga de trabalho entre os Postos de Serviços, implantação de mecanismos

EXAME DE CASOS | 83

eficazes de controle, atualização de sistemas informatizados, alteração de rotinas e métodos de trabalho, entre outras medidas.[32]

Foi implantado, em 1992, o Sistema Único de Benefícios (SUB), ferramenta desenvolvida pela DATAPREV em parceria com o INSS. O sistema teve como uma das principais vantagens integrar, numa mesma base de dados, a concessão e a manutenção de todos os benefícios do regime geral, que, até então, ou eram operacionalizados manualmente, sendo toda a rotina realizada por meio de documentos (papel), ou eram concedidos e mantidos em sistemas estanques, que não se comunicavam entre si.

Com a implantação do SUB, o INSS desenvolveu o Sistema de Controle de Débitos de Contribuições Previdenciárias (SISDEB) para o registro e gerenciamento dos créditos tributários previdenciários, possibilitando, dessa forma, controle das dívidas por contribuinte em todo o território nacional. Com isso, a liberação de certidão negativa de débito passou a levar em conta o conjunto de passivo da empresa para com a Previdência Social em todos os estados da Federação e do Distrito Federal.

Posteriormente, esses dois sistemas foram ampliados e aperfeiçoados, tendo-se desdobrado em subsistemas destinados não apenas à operacionalização das rotinas de concessão e manutenção de benefícios, mas alcançando, também, procedimentos automatizados de controle e auditoria, como o Sistema Informatizado de Óbito (SIDOBI), talvez um dos mais importantes para a prevenção de fraudes.

Em 1998, foi aprovado o Plano de Modernização do Atendimento na Previdência Social (PMA), que estabeleceu uma série de providências destinadas à melhoria do atendimento de beneficiários e contribuintes pela rede de unidades do INSS. No âmbito desse programa, realizaram-se as seguintes medidas: (i) implantação das Agências da Previdência Social (APS) em substituição aos velhos postos de benefícios e arrecadação; (ii) utilização nas APS de sistemas de gerenciamento de filas por senha e de atendimento com hora marcada, e, ainda, implantação de quiosques de autoatendimento, chamados de PREVFácil, que são terminais disponíveis para a obtenção de informações gerais e individuais de natureza previdenciária; (iii) instituição do atendimento móvel previdenciário – PREVMóvel, que são veículos terrestres com acesso remoto aos sistemas da Previdência Social para a realização, em lugares mais distantes e de difícil acesso, de atendimentos às populações locais. Nos lugares mais

---

[32] RELATÓRIO da CPMI.

isolados da Região Norte do País, o atendimento móvel é realizado pelos PREVBarcos, que funcionam nos mesmos moldes do PREVMóvel.

Outras medidas também foram implementadas objetivando o combate às fraudes contra a Previdência Social, tais como a adoção do recadastramento previdenciário periódico; a estruturação da área de gerenciamento de riscos no âmbito do Ministério da Previdência Social; a criação da Assessoria de Pesquisas Estratégicas (APE) na estrutura do INSS, voltada às atividades de investigação do crime organizado no segmento previdenciário.

Ainda contribuíram para a repressão dos ilícitos cometidos contra a Previdência Social, entre outras medidas, a estruturação da Delegacia de Repressão a Crimes Previdenciários (DELEPREV) do Departamento de Polícia Federal e a atuação do Conselho de Controle de Atividades Financeiras (COAF) no rastreamento da lavagem de dinheiro, resultante de fraudes.

2.3 O escândalo dos "Anões do Orçamento"

2.3.1 Apresentação do caso

2.3.1.1 Área em que se verificou a fraude

A fraude que se tornou conhecida como Escândalo dos Anões do Orçamento ocorreu na Comissão Mista de Planos, Orçamentos Públicos e Fiscalização, comissão parlamentar do Congresso Nacional encarregada de examinar e propor emendas ao projeto de Lei Orçamentária Anual (LOA), encaminhada pelo Presidente da República. Alguns dos integrantes dessa comissão – que, por sua baixa estatura, ficaram conhecidos como "anões do orçamento" – fizeram uso de suas prerrogativas para auferirem benefícios indevidos,[33] recebendo dinheiro e outros bens em troca da inclusão de dotações orçamentárias referentes a serviços e obras públicas de interesse de empresas que, em conluio, organizavam estratagemas para vencer as licitações correspondentes[34] (o esquema dos empreiteiros), mesmo quando apresentavam propostas com preços acima dos normalmente praticados no mercado.

Os "anões do orçamento" incluíam também dotações orçamentárias destinadas à concessão de subvenções sociais a entidades por eles

---

[33] ECONOMISTA diz que Alves recebia comissão de 20%. *Correio Braziliense*, p. 2, 23 out. 1993.

[34] É CERTEZA: a CPI chegará a executivo. *Correio Braziliense*, p. 2, 7 nov. 1993.

EXAME DE CASOS | 85

controladas, de onde os recursos eram desviados em proveito próprio (o esquema das subvenções).

Consoante anotado no Relatório Final da Comissão Parlamentar Mista de Inquérito (CPMI), não é ilegítima "a atuação dos grupos de pressão e nem a atuação de parlamentares, governadores e prefeitos na tentativa de obtenção de recursos para suas regiões de influência. A ilegitimidade se instala quando o *lobby* ou os parlamentares e governantes atuam para viabilizar a auferição de vantagens pessoais ou em favor de terceiros determinados".[35]

O esquema foi assim sintetizado no citado relatório:

> O grupo de parlamentares que controlava a Comissão de Orçamento lutava para assumir alternadamente os postos-chave de seu controle: Presidência e Relatoria-Geral. Posteriormente, influía para nomear, dentre aqueles que considerava como sendo "de confiança", os relatores parciais, em áreas estratégicas para seus objetivos. As relatorias parciais de maior importância eram aquelas de órgãos que centralizavam verbas de maior vulto, como, por exemplo, o Ministério da Ação Social – com seus polpudos recursos para habitação e saneamento – o Fundo Nacional de Desenvolvimento da Educação, a Fundação Nacional de Saúde, o Departamento Nacional de Estradas de Rodagem. Outras sub-relatorias, de menor significação, por movimentarem menos recursos, poderiam ficar em mãos de parlamentares estranhos ao esquema e serviam, inclusive, para coonestar a atuação do Colegiado como um todo.
>
> A chamada "emenda de relator" era componente vital do esquema. Não se prendendo às formalidades da publicação prévia, era forte instrumento de poder do Relator-Geral, que centralizava todas as decisões até, praticamente, o término do prazo disponível. Como garantia desse poder, os pareceres de Relator eram sempre entregues na undécima hora, contando-se com o fato de que as votações seriam realizadas quase sempre às vésperas dos períodos de recesso parlamentar, com *quorum* mínimo.
>
> Registre-se que, ao chegar ao Plenário do Congresso, dada a exiguidade do tempo para a apreciação, o projeto do orçamento constituía uma verdadeira "caixa-preta", conhecido e compreendido apenas pelos integrantes do esquema e por aqueles poucos parlamentares versados no assunto, não vinculados ao próprio esquema de corrupção.[36]

No arremate das manobras de manipulação orçamentária na comissão parlamentar, vinha a participação de pessoas com capacidade

---

[35] Relatório Final da Comissão Parlamentar Mista de Inquérito, v. III, item 5.1.2, p. 2, jan. 1992.

[36] RELATÓRIO Final da Comissão Parlamentar Mista de Inquérito, v. III, item 5.1.2, p. 3-2, jan. 1992.

de influir nas decisões do Poder Executivo, a fim de facilitar a liberação das verbas relativas às dotações incluídas pelos "anões do orçamento".[37] Consoante declarou o Relator da CPMI, "não pode haver esquema de corrupção iniciado no Legislativo que não termine no Executivo. Porque as verbas votadas no Congresso são liberadas no Poder Executivo. Se não houver a outra ponta no esquema, ele não funciona".[38]

2.3.1.2 Como o escândalo se tornou conhecido

Um dos assessores do Senado Federal para questões orçamentárias e ex-diretor de orçamento da União denunciou as fraudes em entrevista à *Revista Veja*, após ser preso, acusado do homicídio da sua esposa.[39] A polícia, no âmbito das investigações desse caso, havia encontrado em sua casa mais de US$1,1 (um milhão e cem mil dólares norte-americanos). Ele também participava do esquema, tendo atuação importante no que diz respeito às questões técnicas[40] que os "anões" não dominavam, havendo chegado, inclusive, a promover alterações de dotações diretamente no sistema eletrônico de controle e execução do orçamento, o SIAFI.[41] O assessor apontou o envolvimento de vinte e três parlamentares, quatro ex-ministros, dois ministros e três governadores.[42]

2.3.2 Indicação das razões que propiciaram a ocorrência da fraude

2.3.2.1 Falhas na legislação

Quanto ao processo legislativo de elaboração e aprovação do orçamento, cogitou-se que a fraude teria origem no rito procedimental observado pela comissão, como, por exemplo, na possibilidade de os

---

[37] PRINCIPAIS pontos da denúncia. *Correio Braziliense*, p. 2, 22 out. 1993; INVESTIGAÇÕES se estenderão ao Executivo. *Correio Braziliense*, p. 3, 22 out. 1993.

[38] É CERTEZA: a CPI chegará a Executivo. *Correio Braziliense*, p. 2, 7 nov.1993.

[39] Disponível em: <http://veja.abril.uol.com.br/idade/corrupcao/orcamento/caso.html>.

[40] ENTENDA o caso dos anões do orçamento. *Folha_Online*, 15 nov. 2002. Disponível em: <http://tools.folha.com.br>; ECONOMISTA depõe e confirma tudo. *Correio Braziliense*, p. 3, 21 out. 1993.

[41] CARNEIRO, Mônica de Castro Mariano. *A CPI que mudou o Congresso*. Brasília: Assessoria de Comunicação Social da UnB. Disponível em: <http://unb.br/acs/bcopauta/orcamento2.htm>.

[42] CPI sobre corrupção no Orçamento começa devassa contra parlamentares. *Correio Braziliense*, Capa, 20 out. 1993.

parlamentares apresentarem emendas individuais à proposta orçamentária e nas chamadas "emendas do relator".

No que diz respeito à inclusão de dotações para a concessão de subvenções sociais, o esquema foi facilitado pela possibilidade de que fossem designadas discricionariamente as entidades beneficiárias, independentemente de um processo objetivo de seleção,[43] o que levou o Relator da CPMI a defender a "proibição de que um ministro tenha poder de destinar subvenções de valores altíssimos para entidades que, pura e simplesmente, apresentem a ele um requerimento".[44]

Para o ex-presidente da República José Sarney, "outra razão mais próxima da crise é a Constituição de 1988 que gerou a ingovernabilidade". O Congresso teria votado "uma Constituição híbrida, uma exótica mistura de parlamentarismo com presidencialismo, atribuindo ao Congresso poderes próprios do Executivo ou ações de governo, e ao Executivo poderes próprios do Legislativo".

O ex-presidente acredita que o processo de desmoralização do Congresso "recebeu considerável ajuda da acumulação de poderes que experimentou com a Constituição de 1988". Afirma que "a verdade é que levaram para dentro do Congresso o coração de todo Governo, que é o Orçamento da República. Criaram a Comissão Mista do Orçamento que levou para dentro do Congresso *lobbies*, interesses cultivados à margem da burocracia estatal, abrindo as portas dessa Casa a todos os desvios que hoje presenciamos".[45]

2.3.2.2 Falhas estruturais

É possível apontar algumas deficiências no reduzido número de parlamentares que integravam a comissão do orçamento, bem como na sua organização e no seu funcionamento. Cite-se que os integrantes do esquema conceberam a estratégia de programar as reuniões em ocasiões que tornavam improvável a revisão de suas deliberações.

A CPMI apontou, também, a falta de transparência na tramitação e discussão do projeto de lei orçamentária, dada a complexidade técnica da matéria.

Cabe lembrar, ainda, deficiências no sistema informatizado que cuidava do controle e da execução orçamentária, o SIAFI, uma vez que

---

[43] ESQUEMA começou após Constituinte. *Correio Braziliense*, p. 3, 21 out. 1993; PRINCIPAIS pontos da denúncia. *Correio Braziliense*, p. 2, 22 out. 1993.

[44] É CERTEZA: a CPI chegará a Executivo. *Correio Braziliense*, p. 2, 7 nov. 1993.

[45] SARNEY culpa Constituição por crise. *Correio Braziliense*, p. 2, 22 out. 1993.

foi possível ao servidor do Senado que participava do esquema, alterar os projetos, mesmo após a votação,[46] "quer antes da publicação, quer já no Departamento de Orçamento da União".[47]

Sustentou-se, noutra vertente, que as emendas ao orçamento "deixassem de ser individuais e passassem a ser partidárias, ou coletivas por bancada, pois assim seria mais difícil caracterizar o benefício de ordem pessoal".[48]

O ex-presidente Sarney atribuiu as irregularidades também "às anomalias das nossas instituições políticas e eleitorais". O grande mal residiria "no voto proporcional puro que é aplicado no Brasil e que estimula os parlamentares a uma busca desesperada de recursos para garantir a sobrevivência a cada eleição que têm que enfrentar". Para ele, a solução estaria numa "reforma profunda do sistema político-eleitoral com a introdução urgente do voto distrital misto".[49]

2.3.2.3 Carência de pessoal qualificado

Como a fraude foi perpetrada diretamente por membros do Parlamento, cogita-se como fatores que a possibilitaram, no que diz respeito à qualificação das pessoas envolvidas, principalmente as deficiências de caráter e a ausência de retidão moral.

A falta de conhecimento técnico dos parlamentares também contribuiu decisivamente para o êxito das fraudes, uma vez que aqueles que não estavam envolvidos nos esquemas não notaram os estratagemas montados pelos "anões do orçamento" para a manipulação das emendas, tampouco as alterações introduzidas após a aprovação dos projetos.

2.3.3 Medidas adotadas pelo Poder Público após a divulgação das fraudes

2.3.3.1 Ações propostas

Foi constituída Comissão Parlamentar Mista de Inquérito para apuração das fraudes e identificação dos responsáveis. Propôs-se,

---

[46] CARNEIRO, Mônica de Castro Mariano. *A CPI que mudou o Congresso*. Brasília: Assessoria de Comunicação Social da UnB. Disponível em: <http://unb.br/acs/bcopauta/orcamento2.htm>.

[47] RELATÓRIO Final da Comissão Parlamentar Mista de Inquérito. V. III, item 5.1.2, p. 2, jan. 1992.

[48] É A DEMOCRACIA que está em jogo na CPI. *Correio Braziliense*, 1º nov. 1993.

[49] SARNEY teme tragédia nacional e pede pressa. *Correio Braziliense*, p. 2, 21 out. 1993.

EXAME DE CASOS | 89

na conclusão dos trabalhos, a cassação de dezessete deputados e um senador, recomendando que prosseguissem as investigações sobre doze outros congressistas e encaminhando o caso de uma dúzia de não parlamentares ao Ministério Público.[50] Dos dezoito parlamentares acusados pela CPMI, seis foram cassados, quatro renunciaram antes do julgamento e oito acabaram absolvidos na Câmara.[51]

A CPMI apresentou, ainda, propostas para alteração da "estrutura do Poder, tanto no âmbito legislativo quanto no que respeita à organização própria do Executivo Federal", a saber:

- nova sistemática de elaboração orçamentária;
- elaboração compartilhada do orçamento geral da União;
- extinção da comissão mista de planos, orçamentos públicos e fiscalização;
- criação da comissão parlamentar mista de sistematização orçamentária;
- restauração das comissões de fiscalização e controle da Câmara dos Deputados e do Senado Federal;
- definição de percentual mínimo de aplicação de recursos em continuidade de obras;
- limitação do poder de emendar a lei orçamentária;
- fortalecimento dos sistemas de controle interno e externo;
- fortalecimento dos mecanismos de controle externo pelo Poder Legislativo e pelo Tribunal de Contas da União;
- fiscalização e controle interno no Poder Executivo;
- extinção das subvenções sociais;
- limitação das transferências federais voluntárias;
- mudança na legislação referente aos créditos suplementares;
- mudança nos regimentos internos do Senado Federal, da Câmara dos Deputados e comum do Congresso Nacional quanto aos prazos das CPI e CPMI;
- aparelhamento organizacional e material do Poder Legislativo;
- mudanças na legislação eleitoral e partidária;
- abolição do sigilo fiscal e bancário para mandatários políticos;
- mudanças na Constituição Federal no tocante aos princípios informadores dos casos de inelegibilidade e consequente alteração da lei que estabelece tais casos;
- extinção ou restrição da imunidade parlamentar;

---

[50] Disponível em: <http://veja.abril.uol.com.br/idade/corrupcao/orcamento/investigação.html>.
[51] Disponível em: <http://veja.abril.uol.com.br/idade/corrupcao/orcamento/resultado.html>.

– inscrição constitucional da pena de suspensão do exercício do mandato.[52]

Em que pese à importância dos trabalhos da CPMI, que evidenciou minuciosamente todos os meandros do esquema de corrupção – possibilitando a proposição de importantes alterações no procedimento legislativo de aprovação da lei orçamentária – há que se mencionar que a apuração dos trabalhos foi perturbada por diversos fatores, como ameaças cruzadas entre os deputados e restrições impostas pela influência política de alguns dos investigados.[53]

O Ministério Público promoveu ações contra todos os envolvidos, mas, quando "os casos já estavam no Supremo Tribunal Federal, uma mudança nas regras processuais em agosto de 1999 fez os processos voltarem à primeira instância. O dinheiro roubado não foi devolvido aos cofres públicos".[54]

2.3.3.2 Recursos recuperados

Além das ações judiciais promovidas pelo Ministério Público, foram instauradas tomadas de contas especiais quanto aos recursos transferidos via subvenção social e desviados das entidades beneficiárias, implicando, em geral, os dirigentes dessas entidades – e não os parlamentares envolvidos –, havendo sido julgadas pelo Tribunal de Contas da União (TCU), o que constitui título executivo extrajudicial para o pagamento da dívida. Muitos desses processos, no entanto, ainda hoje se encontram abertos, pendentes de julgamento definitivo em face dos diversos recursos interpostos por vários dos condenados. Alguns dos envolvidos tiveram seus bens sequestrados, mas muitos deles ainda conservam o patrimônio ilegalmente amealhado. Os recursos desviados não foram, até o momento, recuperados.

2.3.3.3 Prisões decretadas

Nenhum dos envolvidos foi preso, à exceção do servidor do Senado Federal, condenado pelo homicídio da esposa. Alguns dos deputados apelidados de "anões do orçamento" foram punidos com a cassação do mandato e a perda dos direitos políticos por quatro anos.

---

[52] RELATÓRIO Final da Comissão Parlamentar Mista de Inquérito, v. III, p. 10-23, jan. 1992.

[53] DEPUTADO teme processo de caça às bruxas com CPI. *Correio Braziliense*, p. 2, 20 out. 1993; *Revista Veja*, p. 38, 15 nov. 1993.

[54] Disponível em: <http://veja.abril.uol.com.br/idade/corrupcao/orcamento/resultado.html>.

EXAME DE CASOS | 91

Aqueles que renunciaram ao mandato, no entanto, não sofreram nenhum outro tipo de sanção por essas fraudes. Alguns, inclusive, puderam ser eleitos novamente e exercem mandato ainda hoje.[55] A confiança na impunidade e o desdém com que os deputados enfrentaram as acusações que lhes eram imputadas refletem-se bem no episódio – que acabou se tornando emblemático da corrupção no Brasil –, em que um dos parlamentares protagonistas das fraudes justificou a fortuna que acumulara dizendo que havia tido muita sorte e lograra êxito em dezenas de concursos lotéricos.[56]

2.3.3.4 Consequências para os principais envolvidos[57]

José Carlos dos Alves dos Santos – reuniu patrimônio de mais de dois milhões de dólares. Preso e condenado pela morte da mulher, Ana Elizabeth Lofrano dos Santos, chegou até a tentar o suicídio na cadeia. Por bom comportamento, cumpre pena em regime semiaberto.

João Alves – líder dos "anões". Comprava a cumplicidade de José Carlos com presentes de até 300.000 reais. Na CPI, apresentou uma justificativa antológica para a fortuna que tinha acumulado: alegou que era um homem de muita, muita sorte e ganhara dezenas de vezes na loteria. Renunciou ao mandato de deputado antes de ser julgado, escapando da cassação e da perda dos direitos políticos. Morou em Salvador até o seu falecimento, quando ainda era proprietário de muitos imóveis.

José Geraldo Ribeiro – deputado do PMDB mineiro, era mais conhecido como "Quinzinho", numa referência ao percentual que costumava cobrar de propina, de quinze por cento. Enviava dinheiro para oito entidades assistenciais por ele controladas. Foi cassado.

Genebaldo Correia – líder do PMDB na Câmara, foi o primeiro a adotar o expediente de renunciar ao mandato parlamentar antes do julgamento. Teve seus bens sequestrados pela Justiça e respondeu por crime de improbidade administrativa. Foi candidato a deputado estadual em 1998 e perdeu.

Manoel Moreira – além de ser apontado por José Carlos como um dos "anões", contou com um "empurrão" extra da ex-mulher, que foi à CPI revelar suas falcatruas. Não conseguiu explicar o movimento de 3 milhões de dólares em suas contas. Também renunciou antes da cassação. Foi candidato a deputado estadual pelo PMDB paulista em

---

[55] Disponível em: <http://veja.abril.uol.com.br/idade/corrupcao/orcamento/resultado.html>.
[56] DEPUTADO atribui riqueza à sorte. *Correio Braziliense*, p. 3, 23 out. 1993.
[57] Disponível em: <http://veja.abril.uol.com.br/idade/corrupcao/orcamento/resultado.html>.

1998. Perdeu. Lançou na vida pública a vereadora Maeli Vergniano, envolvida no escândalo da máfia dos fiscais da prefeitura de São Paulo. Foi expulso da igreja em que era pastor.

Ricardo Fiúza – ministro da Ação Social no governo Collor, era um dos deputados mais poderosos do Congresso. A CPI descobriu que, no período em que chefiou a Comissão de Orçamento, beneficiou uma fazenda de sua propriedade com verbas federais. Mesmo assim, escapou da cassação. Mais tarde, ficou provado que manipulou documentos da Caixa Econômica Federal para se livrar das acusações da CPI. Hoje, é deputado pelo PFL pernambucano.

Raquel Cândido – deputada por Rondônia, foi acusada de se apropriar de 800.000 dólares destinados a subvenções sociais e tentou suicídio duas vezes. Acabou sendo cassada. Posteriormente, foi presa em Brasília sob a acusação de espancar e tentar matar a tiros a dona de casa Raimunda dos Santos. O motivo da briga: uma dívida de 2.500 reais.

2.3.3.5 Melhoria na legislação

Anote-se que, após as fraudes, foi incluído durante alguns anos na Lei de Diretrizes Orçamentária, que indica parâmetros para a elaboração das leis orçamentárias anuais, preceito normativo que vedava a concessão de subvenções sociais a entidades privadas. Atualmente, a restrição foi retirada, procedendo-se novamente à inclusão no orçamento de dotações com esse fim.

Criaram-se, também, cotas orçamentárias, para cada deputado federal e senador, a serem aplicadas em até 20 obras de seu interesse.[58]

Houve, ainda, alteração do regimento interno das casas do Congresso Nacional, de forma a impedir que, uma vez instaurado o processo disciplinar, os parlamentares recorressem ao artifício de renunciar ao mandato para preservarem seus direitos políticos.[59]

Foi também promovida alteração legislativa para ampliar de quatro para oito anos o período de suspensão dos direitos políticos do parlamentar que tem cassado seu mandato.[60]

---

[58] *IstoÉ_On-line* nº 1583, 2 fev. 2000. Disponível em: <http://www.terra.com.br/istoe/1583/politica/1583balcao.htm>.

[59] CARNEIRO, Mônica de Castro Mariano. *A CPI que mudou o Congresso*. Brasília: Assessoria de Comunicação Social da UnB. Disponível em: <http://unb.br/acs/bcopauta/orcamento2.htm>.

[60] CARNEIRO, Mônica de Castro Mariano. *A CPI que mudou o Congresso*. Brasília: Assessoria de Comunicação Social da UnB. Disponível em: <http://unb.br/acs/bcopauta/orcamento2.htm>.

EXAME DE CASOS | 93

Mencione-se, por fim, a supressão da restrição normativa que impunha em três o número máximo de comissões parlamentares de inquérito concomitantes.[61]

2.3.3.6 Melhoria nas estruturas

Foi alterada a composição da comissão de orçamento, ampliando-se a participação de parlamentares e o número de especialistas para assessorá-los. Promoveram-se, também, alterações no SIAFI que aumentaram a segurança em relação à possibilidade de alterações indevidas do orçamento aprovado legalmente. Diversas ONGs passaram a fiscalizar a organização orçamentária e a participar dela.[62]

2.4 Escândalo das ambulâncias (ou máfia das sanguessugas)

2.4.1 Apresentação do caso

2.4.1.1 Área em que se verificou a fraude

O escândalo das ambulâncias – também conhecido como a máfia dos sanguessugas, em alusão ao nome escolhido pela Polícia Federal para batizar a operação realizada no ano de 2006 – diz respeito a uma organização criminosa que atuou diretamente na área de saúde, fraudando licitações e superfaturando a compra de equipamentos médico-hospitalares, notadamente ambulâncias, gerando, desse modo, significativos prejuízos ao erário. Além da compra de ambulâncias a preços manifestamente superiores ao de mercado, eram entregues veículos usados "maquiados", em vez de unidades novas.

O esquema foi descrito pelo jornal *Folha de S. Paulo* nos seguintes termos:

> O esquema era liderado, segundo a Polícia Federal, pelos empresários Luiz Antônio e Darci Vedoin, donos da Planam, que monta ambulâncias e UTIs móveis. A empresa oferecia a prefeituras um pacote pronto para a compra dos veículos. Garantia a elas que seriam feitas emendas parlamentares para destinar verbas para os municípios. Restaria à prefeitura apresentar ao Ministério da Saúde um projeto para adquirir as ambulâncias. Na Saúde, Maria da Penha Lino, ex-funcionária da Planam,

---

[61] *Ibidem.*
[62] *Ibidem.*

facilitava a aprovação dos projetos. Uma vez aprovados, os municípios faziam licitações viciadas, vencidas pela Planam.[63]

A descrição do modo como operava o grupo e demais detalhes do esquema que serão aqui apresentados estão baseados em informações oriundas: I) do Relatório Final da Comissão Parlamentar Mista de Inquérito "das Ambulâncias", criada no âmbito do Parlamento para apurar os fatos; II) do trabalho desenvolvido pela Polícia Federal na chamada "Operação Sanguessuga"; III) das denúncias apresentadas pelo Ministério Público Federal contra os envolvidos; IV) de material divulgado pela mídia.[64]

2.4.1.2   Os grupos envolvidos e o modo de atuação

Para fins didáticos, a organização criminosa pode ser subdividida em quatro grupos que atuavam em áreas diferentes para a consecução de seus objetivos ilícitos.

O primeiro núcleo era formado por empresários, no qual se destaca o grupo Planam –empresas da família Vedoin e da família de Ronildo de Medeiros.

Esses empresários, entre outras atividades, forjavam documentação relativa a procedimentos licitatórios, liquidação de despesas, prestação de contas junto ao Ministério da Saúde e atuavam ilicitamente para a liberação de verbas públicas. Além disso, atuavam na cooptação de prefeitos e servidores municipais para participação no esquema, a fim de garantir a simulação dos procedimentos licitatórios necessários à aquisição das ambulâncias pelos municípios.

O segundo núcleo atuava no âmbito do Ministério da Saúde. Era formado basicamente por servidores responsáveis pela aprovação dos projetos destinados à aquisição de veículos e equipamentos médicos e hospitalares por municípios e por organizações da sociedade civil de interesse público (OSCIP).

---

[63]   CPI vai à PF para rastrear sanguessugas. *Folha de S. Paulo*, p. A8, 23 jul. 2006.

[64]   "De acordo com as investigações, um grupo empresarial de Mato Grosso cooptava deputados federais e servidores do Ministério da Saúde. Os deputados, então, apresentavam emendas ao Orçamento que permitiriam a compra das ambulâncias com recursos federais, por meio de convênios. Por fim, prefeitos de vários municípios do Brasil manipulavam os procedimentos licitatórios para que a contratação fosse por convite, considerada menos rigorosa. Os convites eram enviados para empresas do conluio, sendo que a vencedora já era conhecida." (Disponível em: <https://www.gazetaonline.com.br/noticias/politica/2017/08/deputado-e-condenado-em-esquema-da-mafia-das-ambulancias-1014091949.html>. Acesso em: 26 fev. 2018.)

EXAME DE CASOS | 95

Nesse núcleo,[65] tinha participação decisiva a então servidora pública Maria da Penha Lino, que já tinha sido funcionária do grupo Planam.[66] Ela era a figura central do esquema nas operações no Ministério da Saúde. Sobre sua atuação vale transcrever pequeno trecho da peça denúncia que o Ministério Público apresentou à Justiça Federal:

> No vértice da estrutura burocrática operou a assessora do ministro da Saúde MARIA DA PENHA LINO. De lá comandava não somente a aprovação de projetos demandados pela base política e empresarial, mas ainda a liberação e a manutenção do fluxo financeiro que "abasteceria" as atividades da organização criminosa. Sua atuação foi crucial para o êxito do "esquema" empresarial e político delituoso. Profunda conhecedora do funcionamento do sistema único de saúde, viu-se incorporada aos quadros da PLANAM COMÉRCIO E REPRESENTAÇÕES LTDA, onde servia com denodo aos interesses de seu patrão DARCI JOSÉ VEDOIN. Na empresa, confeccionava projetos técnicos, elaborava planilhas de custos e quantitativos de máquinas e equipamentos hospitalares utilizados na "captação" de convênios com o Fundo Nacional de Saúde. Ainda na PLANAM COMÉRCIO E REPRESENTAÇÕES LTDA emprestou cotidianamente seus conhecimentos para canalizar recursos públicos da área de saúde e direcioná-los aos interesses empresariais de DARCI JOSÉ VEDOIN. Fazia a "ponte" com prefeitos e parlamentares, instruindo especialmente estes últimos na apresentação e direcionamento de emendas ao Orçamento Geral da União em consonância com os interesses que representava. De funcionária da empresa foi alçada à condição de assessora no Congresso Nacional. Lá dedicava-se às funções de preparação de emendas ao orçamento propiciando meios e modos de obtenção de recursos para a área de saúde. No Legislativo fez da casa uma extensão das atividades que praticava na PLANAM COMÉRCIO E REPRESENTAÇÕES LTDA, não se descurando jamais de promover, defender e de auxiliar DARCI JOSÉ VEDOIN. Por fim, foi elevada à condição de assessora do ministro da Saúde onde facilitava os golpes da organização criminosa e atendia aos reclamos desta. Para tanto,

---

[65] Conforme andamento do processo n. 0003137-74.2009.4.01.3600 – Ap – 10/11/2017, do TRF-1, não houve condenação com trânsito em julgado.

[66] "O juiz Paulo Sodré, da 7ª vara, extinguiu a punibilidade da ex-servidora em relação ao crime de advocacia administrativa por conta da prescrição. Ela foi absolvida por corrupção passiva em relação a uma série de fatos por "não haver prova da existência dos fatos" e por "não existir prova de ter a ré concorrido para a infração penal." Maria da Penha também foi absolvida do crime de fraude em licitação por "ausência" de provas de que ela tenha cometido a infração. E, pelo mesmo motivo, o juiz a absolveu do crime de lavagem de dinheiro." Disponível em: <http://www.olhardireto.com.br/juridico/noticias/exibir. asp?id=11459&noticia=pivo-de-escandalo-sanguessuga-ex-servidora-do-ministerio-da-saude-e-condenada-por-corrupcao-mas-se-livra-da-maioria-das-acusacoes>. Acesso em: 26 fev. 2017.

quedou-se inerte quando deveria agir para evitar as fraudes e quando agiu o foi para beneficiar a organização criminosa.[67]

O terceiro núcleo era constituído substancialmente por parlamentares[68] (e assessores), que, no resguardo dos interesses do esquema criminoso, apresentavam emendas individuais ao Orçamento da União, contemplando compras a serem futuramente direcionadas, bem como influenciando politicamente para a aprovação e liberação dos correspondentes recursos públicos. Tais agentes atuavam mediante promessa ou efetiva percepção de vantagens ilícitas como contrapartida de seu trabalho.

Conforme consta no trabalho da CPMI, diversos parlamentares controlam, direta ou indiretamente, Organizações Não Governamentais que recebem recursos justamente pelas emendas que os próprios parlamentares fazem.

Foram citadas mais de 50 organizações nos depoimentos de Luiz Antônio Trevisan Vedoin, Darci Vedoin e Ronildo Medeiros, "que são controladas por parlamentares e suas famílias, ou que se prestam a acordos com vistas ao recebimento de verbas públicas mediante emendas parlamentares", que serão utilizadas em licitações direcionadas, mediante pagamento de comissões aos atores envolvidos.

Apenas para ilustrar, cabe mencionar dois casos conforme narrativa do relatório da CMPI:

1) Luiz Antônio Trevisan Vedoin informou que a entidade foi beneficiada (Fundação Aproniano Sá) com uma emenda de autoria do deputado Múcio Sá, no valor de R$660.000,00 e que o dirigente da Fundação Aproniano, Sr. Damião, recebeu a comissão do deputado em sua conta pessoal. Darci Vedoin acrescentou que, conforme documentação do processo, foi adquirido um veículo Vectra e entregue a Damião, a título de comissão. Ronildo Medeiros também mencionou um encontro com o parlamentar, no qual tratou-se de uma licitação que encontrava-se em curso, na Fundação Aproniano Sá, em Mossoró, para aquisição de medicamentos, em valor aproximado de R$600.000,00. Ronildo teria

---

[67] Trecho constante do *Relatório da CPMI das Ambulâncias*, v. 1, p. 27-28.

[68] "A Comissão Parlamentar Mista de Inquérito que investiga as fraudes de emendas parlamentares para a compra superfaturada de ambulâncias divulgou, no dia 18 de julho, o nome de 56 deputados e um senador investigados pela Procuradoria Geral da República. A lista foi divulgada após negociação da presidência da CPMI e o ministro Gilmar Mendes do Supremo Tribunal Federal – STF. Desse total, 15 parlamentares já foram notificados e já enviaram suas defesas por escrito. Outros 42 estão sendo notificados". Disponível em: <https://expresso-noticia.jusbrasil.com.br/noticias/5781/cpi-dos-sanguessugas-divulga-lista-com-57-parlamentares-investigados-por-fraudes>. Acesso em: 23 nov. 2017.

EXAME DE CASOS | 97

tentado um acordo relativamente a esta licitação, mas o deputado Múcio Sá disse-lhe que já havia recebido recursos de outra empresa, antecipadamente, e que teria que fazer negócio com ela. A licitação teria ocorrido na empresa Sucos Maysa, de propriedade do pai do parlamentar, e que o responsável pelas licitações era o Sr. Damião. 2) Luiz Antônio Trevisan Vedoin informou que a Fundação Vingt Rosado, localizada na cidade de Mossoró, foi beneficiada com uma emenda para aquisição de unidade móvel, no valor de R$200.000,00, de autoria do deputado Laére Rosado, que teria também realizado outras emendas, as quais, no total, superam um milhão de reais, para aquisição de equipamentos médico-hospitalares. Segundo Luiz Antônio, tanto a licitação para aquisição de veículos como para equipamentos foram executadas. Informou, também, que a fundação beneficiada tem o nome do pai do deputado Laíre Rosado e é administrada pelo seu genro Adão Eridan de Andrade, e que todas as tratativas sobre o direcionamento e o pagamento da comissão se deram diretamente com o parlamentar. No ano de 2002, Laíre Rosado teria destinado emenda à Fundação Vingt Rosado, no valor total de R$1.300.000,00, sendo R$300.000,00 destinados à aquisição de unidades móveis de saúde e R$1.000.000,00 para aquisição de equipamentos médico-hospitalares. Para o exercício de 2003, o parlamentar teria destinado, via emenda individual, R$3.000.000,00, para a Fundação Vingt Rosado, para aquisição de equipamentos médico-hospitalares e medicamentos. Todas essas emendas teriam sido integralmente executadas, e em todas elas as licitações foram vencidas por empresas ligadas a Luiz Antônio e a Ronildo Medeiros.[69]

No âmbito da Polícia Federal, a investigação envolveu 80 (oitenta) deputados federais e senadores, sendo que todos os 34 (trinta e quatro) que tinham sido ouvidos até maio de 2007 acabaram indiciados por formação de quadrilha, corrupção passiva e lavagem de dinheiro, conforme notícia da *Folha Online*.[70] Não há condenação de qualquer parlamentar.

Na esfera parlamentar, a CPMI investigou um total de 90 (noventa) parlamentares (87 deputados e 3 senadores), tendo aprovado, em agosto de 2006, um relatório parcial em que foi recomendada a abertura de processo de cassação de 72 (setenta e dois) parlamentares.

O quarto núcleo era formado por prefeitos de municípios, bem como por servidores municipais, que conduziam ilicitamente certames licitatórios eivados de fraude para a aquisição de ambulâncias, cujos preços eram manifestamente superiores aos de mercado em troca do

---

[69] Trecho constante do *Relatório da CPMI das Ambulâncias*, v. 2, p. 266.
[70] FOLHA *Online*, 3 maio 2007. Disponível em: <www.folha.com.br>.

recebimento de dinheiro ou de outra vantagem indevida. O início e o fim da operação ocorriam justamente nos municípios que iriam adquirir as unidades móveis hospitalares.

O Esquema Planam se estendeu por mais de 600 (seiscentas) prefeituras distribuídas em 24 (vinte e quatro) estados do País durante oito anos.

2.4.1.3 Como o escândalo se tornou conhecido

Foi em maio de 2006 que veio à tona o escândalo das ambulâncias, em razão da Operação Sanguessuga, levada a efeito pela Polícia Federal para desarticular o esquema de fraudes em licitações na área de saúde.

Na ocasião, foram presas 46 (quarenta e seis) pessoas, sendo 9 (nove) assessores de deputados, 20 (vinte) funcionários do Ministério da Saúde e 2 (dois) eram ex-deputados federais: Ronivon Santiago e Carlos Rodrigues, o "Bispo Rodrigues" do PL.

Registre-se, no entanto, que antes disso, no final de 2002, o então ministro da Saúde Humberto Costa já tinha sido alertado pela Controladoria-Geral da União (CGU), mediante ofício, sobre a existência de uma quadrilha operando em âmbito nacional para desviar dinheiro público destinado à compra de ambulâncias, apontando fragilidades no controle e solicitando providências.

2.4.2 Indicação das razões que propiciaram a ocorrência da fraude

2.4.2.1 Falhas na legislação

O escândalo das ambulâncias reacendeu o debate sobre as deficiências e fragilidades existentes no processo orçamentário da União, que dão espaço para a atuação inescrupulosa e deletéria de membros do Parlamento.

Algumas dessas fragilidades são históricas e contribuíram para as ocorrências de outros escândalos do passado, como o caso dos "anões do orçamento" – examinado no item anterior –, em que a fraude ocorria nos procedimentos realizados pela Comissão de Orçamento, mediante a apresentação de emendas individuais de parlamentares à proposta orçamentária ou nas chamadas "emendas do relator".

Embora tenha havido algum avanço decorrente do episódio dos "anões do orçamento", conforme examinado, as emendas individuais dos Parlamentares à proposta orçamentária voltaram a ser instrumento para a prática de ilícitos contra a Administração Pública.

EXAME DE CASOS | 99

Consoante restou assentado no Relatório da CPMI, de forma direta, "a origem de todos os ilícitos objetos desta CPMI está na execução orçamentária voltada para a composição de interesses políticos".[71]

Deve-se dizer que as emendas individuais possibilitam que os recursos da União sejam repassados a estados, ao Distrito Federal e a municípios, ou a entes privados, para a execução de determinado objeto. Tais emendas viabilizam as chamadas transferências voluntárias que podem ser realizadas por meio dos seguintes instrumentos: convênio, contrato de repasse e termo de parceria.

Embora nem todas as transferências voluntárias se originem de emendas parlamentares, a CPMI concluiu que todo o processo de repasse voluntário de tais recursos da União é extremamente burocrático, criando ambiente propício para a "venda de facilidades", com elevadíssimo risco de fraudes.

Esse processo envolve três fases básicas, a seguir especificadas, nas quais se tem observado rotineiramente a ocorrência de diversas irregularidades pelos órgãos de controle:

1. Celebração/Formalização de convênios;
2. Execução, que inclui os procedimentos licitatórios; e
3. Prestação de Contas.

2.4.2.2 Falhas nos diversos procedimentos referentes a transferências voluntárias

Muitas irregularidades têm sido detectadas em todas as fases de repasse de valores da União, fazendo com que o objetivo básico de atender a população não seja efetivamente alcançado ou, ainda, que esse atendimento ocorra, mas a um custo elevadíssimo pela constatação de preços abusivos e fraudes variadas ao longo do processo.

Entre as diversas ocorrências constatadas nessas transferências, destacam-se as seguintes: a) planos de trabalho confusos e/ou pouco detalhados; b) objetos imprecisos; c) caracterização insuficiente da situação de carência e das prioridades locais; d) projetos básicos ausentes, incompletos ou com informações insuficientes; e) inconsistências na apreciação e avaliação técnica e jurídica dos planos de trabalho e termos de convênio.

Nesse cenário, convém realçar a falta de parâmetros de custos preestabelecidos como um dos elementos facilitadores do sobrepreço

---

[71] Trecho constante do *Relatório da CPMI das Ambulâncias*, v. 2, p. 702.

comum às contratações. Nos casos das ambulâncias, não há justificativa aceitável para a liberação de verbas com valores acentuadamente variados, uma vez que haveria como definir faixa de preço dessas unidades móveis.

Destaque-se também como fator importante a insuficiência, em quantidade e qualidade, de corpo funcional para a execução de uma análise acurada das propostas apresentadas.

Segundo registro da CPMI, a apreciação das propostas de convênios firmados com prefeituras municipais e OSCIP envolvidas com o Grupo Planam, bem como a fiscalização e as análises das respectivas prestações de contas, além de terem sido viciadas, em muitos casos, pelo desvio de conduta dos servidores cooptados pela quadrilha, foram procedidas burocraticamente, apenas com o fito de cumprir formalidades, em completo descompromisso com os fins mais elevados do uso da coisa pública e com o zelo que se exige ao lidar com ela.

A inexistência de avaliação efetiva da necessidade por parte do Município de receber o repasse do recurso também foi fator relevante nessa engrenagem defeituosa, levando a inexplicáveis favorecimentos a determinadas regiões, prefeituras e instituições.

Exemplo disso verificou-se no Município de Mira Estrela, no estado de São Paulo, cuja população é estimada em aproximadamente 2.500 (dois mil e quinhentos) habitantes. O Município recebeu 11 (onze) ambulâncias entre 2000 e 2005, aproximadamente uma para cada 230 (duzentos e trinta) habitantes. Mencione-se também o Município Pimenteiras do Oeste, no estado de Rondônia, que recebeu oito ambulâncias para atender aos seus 2.600 (dois e seiscentos) habitantes, representando uma para cada grupo de 330 (trezentos e trinta) habitantes.

A verdade é que a inexistência de planejamento da destinação de recursos do Orçamento da União advindos de emendas parlamentares e de recursos extraorçamentários é terreno fértil para a prática de desvios.

Conforme constatou a CPMI, há clara e inadmissível submissão do interesse público a interesses particulares, pela celebração de convênios que:

a) não atendem aos interesses da Administração Pública;
b) não satisfazem aos objetivos da ação governamental;
c) ocasionam dano ao erário devido a custos inexequíveis ou superdimensionados;
d) foram firmados ignorando-se os normativos aplicáveis, com irregularidades nos instrumentos e/ou com riscos jurídicos implícitos;

e) promoveram a descentralização de execução de ações a entidades que não dispõem de condições ou atribuições para executá-las.

2.4.2.3 Ausência de estrutura de controle adequada

De acordo com a conclusão da CPMI, o desaparelhamento do Estado para fiscalizar a aplicação de recursos repassados mediante convênios ou instrumentos congêneres é patente, "só interessando aos que firmam os ajustes com o fim de auferir vantagens lesando os cofres públicos".

A fiscalização na execução do objeto conveniado ou é inexistente ou insatisfatória. Os órgãos e entidades repassadores não fiscalizam apropriadamente o convênio, nem as instituições de controle interno e externo possuem condições para exercer um acompanhamento efetivo.

Essa ausência de controle eficaz e tempestivo colaborou para a perpetração das irregularidades do esquema dos sanguessugas.

2.4.3 Medidas adotadas pelo Poder Público após a divulgação das fraudes

2.4.3.1 Ações propostas no âmbito da CPMI

Conforme visto, foi constituída em junho de 2006 uma Comissão Parlamentar Mista de Inquérito, intitulada "CMPI das Ambulâncias", para a apuração das denúncias da Operação Sanguessuga realizada pela Polícia Federal.

Foi elaborado relatório parcial, em agosto de 2006, mediante o qual a CPMI decidiu enviar à Mesa da Casa Legislativa à qual pertencessem os parlamentares (Câmara dos Deputados ou Senado) os elementos de prova levantados, fazendo recomendação para a abertura de processo de cassação do mandato, por ofensa ao decoro parlamentar, de 69 (sessenta e nove) deputados federais e 3 (três) senadores.

Nenhum dos parlamentares foi punido pelo Congresso. A pena foi aplicada pelas urnas. Na Câmara, apenas cinco dos que responderam a processos no Conselho de Ética foram reeleitos. No Senado, o único a disputar as eleições foi o senador Ney Suassuna, que acabou derrotado nas urnas. Os senadores Magno Malta e Serys Slhessarenko (PT-MT) ainda têm mais quatro anos no Senado, já que os senadores, no Brasil, têm mandato de oito anos.

A CPMI apresentou algumas sugestões de melhoria no plano legislativo, com vista a aperfeiçoar o procedimento referente ao processo orçamentário, da fase de sua elaboração à execução. Como visto, um dos instrumentos para a ocorrência dos ilícitos foi a apresentação de emendas individuais ao orçamento. A esse respeito vale transcrever o seguinte trecho do Relatório da CPMI:

> A proposta radical de extinção das emendas individuais encontra eco em muitos parlamentares como sendo a solução ideal. O próprio ministro do Planejamento, ele mesmo parlamentar, entende que a extinção das transferências voluntárias, inclusive as referentes a programações do próprio Poder Executivo, seria a solução ideal para todos os problemas aqui apontados. Conhecedor da realidade política de nosso País, adverte, no entanto, para o risco de que, uma vez extintas as transferências com a consequente incorporação dos respectivos recursos orçamentários às transferências legais, os parlamentares voltassem a pressionar o Poder Executivo com vistas ao restabelecimento das emendas parlamentares.

Também foi proposta pela CPMI a extinção das transferências voluntárias, medida que, caso não pudesse ser adotada de imediato, "em razão da extraordinária dificuldade de aprovação de medida tão radical", deveria ser objeto de implementação no tempo adequado. Sobre essa questão e também sobre os obstáculos para a solução de problemas repetitivos no âmbito do Estado brasileiro, vale transcrever o seguinte registro da CPMI:

> Essa medida torna-se obrigação inafastável [extinção das transferências] a partir do olhar aqui lançado sobre o universo das transferências voluntárias para entidade privadas, que identificou a repetição de inúmeras práticas danosas ao patrimônio público, já identificadas na CPI das ONGs, e que continuam ocorrendo no mesmo *modus operandi*. Chega a ser motivo de frustração a incapacidade que o Estado Brasileiro tem revelado em solucionar questões recorrentes, plenamente identificadas, e que causam enorme prejuízo à Nação.[72]

2.4.3.2 Prisões decretadas e denúncias apresentadas pelo Ministério Público

Na operação realizada pela Polícia Federal, foram presas temporariamente mais de 20 pessoas, entre elas assessores de deputados, os

---

[72] Trecho constante do *Relatório da CPMI das Ambulâncias*, v. 2, p. 732.

EXAME DE CASOS | 103

ex-deputados Ronivon Santiago e Carlos Rodrigues, e a ex-assessora do Ministério da Saúde, Maria da Penha Lino. Também foram cumpridos 53 (cinquenta) mandados de busca e apreensão por 250 (duzentos e cinquenta) policiais federais.

Todos os envolvidos foram soltos e respondem a processos judiciais em liberdade.[73]

Além das pessoas presas, diversas outras foram ou continuam sendo investigadas pela Polícia Federal e pelo Ministério Público.

À época em que o caso completou um ano, em maio do corrente ano, a *Folha Online*[74] publicou as seguintes informações:

> A operação da Polícia Federal que desvendou a máfia dos sanguessugas completa 1 ano nesta sexta-feira ainda sem ter conclusões sobre o envolvimento da maioria dos parlamentares acusados de participar do esquema. Dos 80 deputados e senadores investigados, a PF ainda não ouviu 55 deputados – dos quais nove têm mandato e outros 26 não conseguiram se reeleger.
>
> Os 32 que foram ouvidos ao longo da investigação acabaram indiciados pela PF por formação de quadrilha, corrupção passiva e lavagem de dinheiro. Nesse grupo, nenhum se reelegeu, entre eles o ex-senador e ex-líder do PMDB no Senado Ney Suassuna (PMDB-PB) e o ex-deputado Lino Rossi (PP-MT), campeão na denúncia de recebimento de propina – cerca de R$3 milhões – em troca de emendas ao Orçamento para a compra de ambulâncias. (...)
>
> Desde que a operação foi deflagrada, a PF criou uma força tarefa formada por dez policiais para investigar apenas o envolvimento dos parlamentares na Operação Sanguessuga. A Folha *Online* apurou que as dificuldades em ouvir, em especial, os parlamentares com mandato é que eles têm a prerrogativa de escolher a hora, o local e a data em que querem ser ouvidos.

No mesmo dia em que o jornal *Folha de S. Paulo* publicou a matéria acima, o jornal *Correio Braziliense*[75] dava notícia de que

> O escândalo dos sanguessugas envolveu o maior número de parlamentares da história do Congresso Nacional. A CPI dos sanguessugas propôs aos conselhos de ética da Câmara e do Senado a Abertura de processo

---

[73] "Ex-deputados são inocentados da 'Máfia dos Sanguessugas' em SE: Após sete anos, a Justiça Federal em Sergipe inocentou os ex-deputados federais Heleno Silva e Cleonâncio Fonseca da acusação de participar da 'Máfia das Sanguessugas', esquema que foi desarticulado em 2006, de fraudes em licitações na área de saúde para aquisição de ambulâncias". Disponível em: <https://consultor-juridico.jusbrasil.com.br/.../penas-de-reus-condenados-apos-operaca...>.

[74] Disponível em: <www.folha.com.br>. Notícia publicada em 3 maio 2007.

[75] CORREIO BRAZILIENSE, p. 3, 5 maio 2007.

de cassação contra 69 deputados e três senadores. Eles foram acusados de receber propina da família Vedoin para apresentar emendas ao Orçamento que financiaram a compra de ambulâncias e equipamentos hospitalares – um negócio de R$110 milhões.

Ainda segundo a matéria do jornal *Correio Braziliense supra*

Um ano após a deflagração da Operação Sanguessuga, nenhum dos parlamentares sofreu qualquer tipo de punição, a não ser repúdio dos eleitores nas eleições de outubro do ano passado. Foram reeleitos apenas cinco dos 72 parlamentares citados pela CPI.[76]

Muitos se utilizam de diversos expedientes para prolongar ao máximo o desfecho da ação judicial, esquivando-se, por exemplo, da citação. É o caso do ex-deputado Lino Rossi, que, mais de um ano após o escândalo, foi preso (12.8.2007). A prisão preventiva foi decretada pelo juiz Jeferson Schneider, dessa unidade judicial, depois que considerou "esgotadas todas as tentativas de citação e intimação do acusado".[77]

Como o processo de investigação ainda está em curso, novas denúncias contra os envolvidos estão sendo apresentadas pelo Ministério Público Federal perante o Poder Judiciário. Mais recentemente, consoante notícia divulgada pelo jornal *Correio Braziliense*, de 28.8.2007, três ex-deputados federais do Estado de São Paulo foram denunciados, totalizando, no momento, 159 pessoas denunciadas pela Procuradoria da República no estado do Mato Grosso.[78]

2.4.3.3 Recursos recuperados

Não se tem a informação dos exatos valores que foram recuperados ou mesmo se foi recuperada qualquer quantia.[79]

---

[76] CORREIO BRAZILIENSE, p. 1, 5 maio 2007.

[77] Disponível em: <www.coreioweb.com.br>. Notícia publicada em 12 ago. 2007.

[78] CORREIO BRAZILIENSE, Caderno de Política, 28 ago. 2007.

[79] "De 2003, quando a Polícia Federal (PF) começou a fazer grandes operações de combate à corrupção, até hoje, o montante desviado dos cofres públicos considerando apenas os que envolvem políticos supera a marca de R$ 50 bilhões. A soma representa o dobro do que foi gasto com a realização da Copa do Mundo de 2014 – segundo o Tribunal de Contas da União (TCU), as obras nos estádios, aeroportos e de mobilidade urbana ficaram em R$ 25 bilhões – e não inclui os valores da investigação em andamento da Operação Lava-Jato, onde outros R$ 10 bilhões estão sendo investigados. Na contramão dos altos valores sob suspeita, o montante que retornou aos cofres públicos nos últimos 10 anos por meio de ações do Ministério da Justiça é de aproximadamente R$ 40 milhões, segundo levantamento do Departamento de Recuperação de Ativos e Cooperação Jurídica Internacional (DRCI), órgão responsável pela repatriação de verbas públicas desviadas. Nos últimos 6 anos, a

EXAME DE CASOS | 105

Não obstante tenham sido propostas ações judiciais, não houve nenhuma condenação definitiva. Também foram constituídas tomadas de contas especiais – procedimento administrativo cujo julgamento pelo Tribunal de Contas da União gera um título executivo extrajudicial, para ser executado perante o Poder Judiciário, conforme examinado no Capítulo 2 –, mas a probabilidade de ocorrer qualquer recuperação nessa via até o momento é ínfima.

Recentemente, a Justiça Federal concedeu liminar bloqueando os bens, no valor de R$8,63 milhões, do ex-deputado federal Josué Bengston, montante equivalente ao valor destinado pelo parlamentar ao esquema dos sanguessugas por meio de emendas orçamentárias. Além da indisponibilidade de bens, o ex-deputado teve os sigilos bancário e fiscal quebrados.[80]

Além do processo por improbidade administrativa, que pode resultar em suspensão dos direitos políticos, Bengston responde ainda a denúncia criminal, acusado de formação de quadrilha, corrupção passiva, lavagem de dinheiro e fraude em licitação.

2.4.3.4 Melhoria na legislação

Não se tem notícia de medidas legislativas efetivas que tenham decorrido diretamente do escândalo das ambulâncias.

2.4.3.5 Melhoria nas estruturas administrativas

Também não se tem notícia de melhorias estruturais da Administração Pública federal, estadual ou dos municípios, ocorridas em razão do episódio em tela.

Advocacia-Geral da União (AGU) conseguiu bloquear cerca de R$ 12 bilhões desviados em esquemas de corrupção, mas os recursos ainda não foram reavidos pelo poder público. (...) A operação levou à prisão empresários, lobistas e servidores, acusados de manipular compras de medicamentos para o Ministério da Saúde em esquema que funcionava desde os anos 1990. Segundo a PF e o Ministério Público (MP), a manipulação das compras ocorria mediante a pagamento de propina e o centro de fraude era a Coordenadoria-Geral de Recursos Logísticos, responsável pelas compras do ministério. Mais de 33 foram denunciados, entre eles, o então ministro da Saúde, Humberto Costa (PT). Valores investigados: prejuízos estimados entre 1997 e 2004 foram de R$ 127 milhões." Disponível em: <www.em.com.br/app/noticia/politica/2015/03/09/.../o-que-ja-foi-pelo-ralo.shtml>. Acesso em: 9 mar. 2015.

[80] Disponível em: <www.folha.com.br>. Notícia publicada em 7 ago. 2007.

2.5 Corrupção na Superintendência para o Desenvolvimento da Amazônia

2.5.1 Apresentação do caso

2.5.1.1 A criação e os objetivos da Sudam

A Superintendência para o Desenvolvimento da Amazônia (Sudam) foi criada em 1966 com o objetivo de promover o desenvolvimento de uma região com situação econômico-social nitidamente inferior em relação ao centro-sul do Brasil. Com sede em Belém, no estado do Pará, a Sudam era, originalmente, órgão que se integrava à estrutura da Presidência da República. Posteriormente, passou a Sudam a atuar como autarquia, vinculada ao Ministério do Interior (atualmente Ministério da Integração Nacional).

Com a Sudam, propôs-se modelo de desenvolvimento baseado em fomentos e em incentivos fiscais que possibilitassem condições favoráveis à realização de empreendimentos na região amazônica. Esperava-se, assim, que a Sudam funcionasse como instituição de planejamento e de administração, na busca da promoção do desenvolvimento de áreas consideradas economicamente subaproveitadas. Nessa perspectiva, caberia à Sudam gerir a elaboração e a execução de projetos e programas a serem implementados na região amazônica tanto por parte de particulares como por entidades da própria Administração Pública.

A partir de 1970, porém, a Sudam deixou de atuar no campo da formulação de estratégias de desenvolvimento regional, passando apenas a executá-las. Suas atividades ficaram restritas à administração do Fundo de Investimentos da Amazônia (Finam), formado a partir de recursos obtidos por tributos federais, por meio do sistema de incentivos fiscais, oferecendo apoio financeiro a empresas que tencionavam investir na região. Os projetos de investimentos, geralmente nas áreas de agropecuária ou de extração mineral, eram submetidos à verificação da Sudam, que, se os aprovasse, destinaria à empresa pretendente a metade dos recursos previstos no projeto. A parte restante deveria ser aplicada pelo investidor, que, já no projeto, deveria demonstrar a capacidade financeira para tanto. A Sudam deveria pautar sua atuação no aproveitamento dos recursos naturais da região e na ocupação das vastas e pouco povoadas terras amazônicas. Deveria a Sudam atuar ainda no sentido de buscar o desenvolvimento da exportação, de forma a incrementar a participação da região amazônica no mercado internacional mediante comercialização de itens não industrializados ou de fácil industrialização.

EXAME DE CASOS | 107

2.5.1.2 Os esquemas de corrupção na Sudam

Ao longo da sua existência, a Sudam foi alvo de diversas investidas criminosas contra seus cofres. Os esquemas de corrupção foram vários, mas praticamente todos eles seguiram o mesmo modo de operação, baseado no cometimento de fraudes nos projetos empresariais fomentados pela autarquia. Naqueles projetos, a Sudam participava com parte dos recursos financeiros necessários ao empreendimento, sob a forma de incentivos fiscais vinculados ao Finam, enquanto as empresas beneficiárias desses incentivos participavam com o restante. As fraudes mais comuns nos projetos apresentados à Sudam consistiam na supervalorização, por parte dos empresários, dos empreendimentos propostos, ou na falsificação de contratos e documentos fiscais que comprovariam as despesas realizadas pelas empresas beneficiárias dos incentivos. Dessa forma, as empresas, além de se esquivarem de injetar recursos próprios no projeto, desviavam os recursos referentes à participação do Finam.

Os projetos de empreendimento fraudulentos contavam com a intermediação de escritórios particulares, que, mediante percepção de altas comissões por sua atuação, conseguiam que os recursos do Finam fossem direcionados para empresas pertencentes aos esquemas de corrupção. Esses escritórios tinham à sua disposição vários profissionais – contadores (contabilistas), advogados e economistas, entre outros – que atuavam em diversas cidades da região amazônica e em outros pontos do Brasil.

Esses profissionais se incumbiam de fases cruciais das fraudes, tais como a elaboração dos projetos a serem encaminhados à Sudam e a apresentação de documentos necessários à aprovação daqueles projetos.

Os escritórios intermediadores eram poucos e compunham verdadeiro oligopólio de elaboração e de aprovação de projetos de fomento junto à Sudam. Dessa forma, praticamente nada se conseguia daquela autarquia que não fosse pela via da intermediação daqueles escritórios. Até mesmo empresários que de fato desejavam obter financiamento da Sudam, para efetivamente implantarem seus projetos de empreendimento, tinham que se submeter àqueles atravessadores, pagando-lhes propinas de valores altamente significativos.

A grande maioria das empresas que obtinham recursos da Sudam com a intermediação daqueles consultores era, na verdade, empresas especialmente organizadas para a fraude. Geralmente, empresas de fachada que, justamente por isso, jamais poderiam ressarcir os cofres do Finam[81] quando viessem à tona as evidências de que os recursos liberados não haviam sido utilizados nos fins a que se destinavam.

Uma década após a série de escândalos envolvendo a Superintendência de Desenvolvimento da Amazônia (Sudam) e a Superintendência de Desenvolvimento do Nordeste (Sudene), o saque promovido por fraudadores e maus administradores nas autarquias regionais ganhou uma proporção nunca imaginada: R$ 16,6 bilhões, quatro vezes mais do que o estimado na época dos escândalos, segundo o Ministério de Integração Nacional. Esse é o valor que foi pelo ralo dos fundos de investimento da Amazônia (Finam) e do Nordeste (Finor) – mecanismo de financiamento das superintendências –, revela reportagem de Bruno Villas Bôas, publicada na edição desta segunda-feira do GLOBO. Passados dez anos, todos seguem impunes e o dinheiro não retornou aos cofres públicos.

Obviamente, os consultores que intermediavam os negócios junto à Sudam não atuavam isoladamente ou desprotegidos. Sempre lhes davam apoio sofisticadas redes de favorecimentos e de apadrinhamentos políticos. Dessa forma, os esquemas de corrupção cuidavam do posicionamento estratégico de apadrinhados políticos, colocando-os nos principais postos da Sudam, com poder suficiente para negligenciar etapas das operações de fomento e ocultar fraudes.

Todos os esquemas de corrupção contra a Sudam cuidavam, ainda, da fictícia comprovação da execução dos projetos, mediante emissão de documentos fiscais falsos, formalização de contratos forjados de prestação de serviços, simulação de transações comerciais entre empresas pertencentes aos esquemas de corrupção, superfaturamento de bens e serviços, apresentação de bens que já pertenciam às empresas beneficiadas antes do financiamento da Sudam, entre outros estratagemas. O dinheiro público recebido após a aprovação dos projetos era, em muitos dos casos, completamente desviado. Não havia sequer a intenção de demonstrar que existira alguma aplicação no empreendimento. Foram muitos os casos em que, no lugar de fábricas de grande porte, verificaram-se apenas as colunas de concreto que deveriam sustentar os galpões e, em vez de grandes criações de bovinos, apenas os pastos.

---

[81] Disponível em:<https://oglobo.globo.com/economia/fraude-em-fundos-de-sudene-sudam-pode-chegar-r-166-bilhoes-diz-ministerio-3025590>. Acesso em: 27 fev. 2018.

EXAME DE CASOS | 109

2.5.1.3 Os casos mais rumorosos de corrupção na Sudam

Os esquemas de corrupção contra os cofres da Sudam praticamente tinham, como já dito, o mesmo modo de operação. Diversos, no entanto, foram os casos de corrupção naquela autarquia, cada um com seus atores, sua quadrilha, suas peculiaridades.[82]

Um dos maiores escândalos na Sudam ocorreu entre 1988 e 1989, durante o governo do então presidente da República, José Sarney. Relatório de sindicância levada a efeito no Ministério do Interior, ao qual se vinculava a Sudam, indicou que sérias fraudes estavam sendo cometidas contra o Finam. Com a intermediação de consultores particulares que recebiam comissões por sua atuação, os recursos do Finam eram sistematicamente direcionados para empresas pertencentes ao esquema de corrupção. Apontou-se, no relatório de sindicância, que, durante os quatro anos da gestão do superintendente Henry Checralla Kayath, os intermediários, para praticarem tráfico de influência e, dessa forma, obterem a complacência dos dirigentes da Sudam, recebiam comissões que chegavam a 20% do valor dos financiamentos concedidos pela autarquia. Até mesmo pequenos empresários que desejavam obter financiamento da Sudam tinham de se submeter aos atravessadores, pagando-lhes propinas de alto valor. Descobriu-se, ainda, que muitas empresas que obtinham recursos da Sudam nesse esquema de corrupção eram, na verdade, empresas de fachada.

De acordo com processo administrativo disciplinar instaurado pelo Ministério da Integração Nacional à época do segundo mandato do presidente Fernando Henrique Cardoso, José Artur Guedes Tourinho teria utilizado sua condição de superintendente da Sudam para beneficiar projeto de financiamento apresentado à autarquia por uma empresa de sua propriedade, denominada Comissão de Turismo Integrado da Amazônia (CTI-Amazônia). Entre 1996 e 1999, houve, no caso, entre outras anormalidades, solicitação de prioridade em todas as fases do processo de aprovação do projeto, tratamento benevolente diante de irregularidades na prestação de contas, decisões contrárias a pareceres técnicos e desaparecimento de documentos. A comissão responsável pelo referido processo administrativo verificou ter Guedes Tourinho sido beneficiário de depósitos bancários feitos por José Osmar Borges,[83]

---

[82] *Idem.*

[83] "Além de o empresário ser conhecido pelas fraudes na Sudam, cujo desvio é da ordem de R$ 133 milhões, nos valores de 2001, ao governo do Estado Borges devia R$ 9,5 milhões em

sobre quem pairam suspeitas de ser o maior fraudador individual da Sudam.[84] Tourinho teria, segundo relatório da comissão, favorecido projetos de Osmar Borges e garantido outras liberações ilegais de recursos da Sudam. Com as notícias do escândalo vindo à tona, José Arthur Guedes Tourinho foi destituído do cargo de superintendente da Sudam e teve os bens bloqueados pela Justiça. Nesse sentido, vale transcrever matéria publicada pelo jornal a *Folha de S. Paulo*:

> O ex-superintendente da Sudam José Artur Guedes Tourinho disse que se baseou em pareceres jurídicos para assinar os convênios da empresa CTI-Amazônia com o órgão. Tourinho teve seus bens bloqueados pela Justiça Federal do Pará por ter liberado R$320 mil da Sudam (Superintendência do Desenvolvimento da Amazônia) para sua própria empresa. Documento divulgado ontem pela Folha mostra que ele assinou o convênio como superintendente da Sudam e como presidente do conselho diretor da CTI-Amazônia (Comissão de Turismo Integrado da Amazônia), em 28 de julho de 1998. Tourinho não quis dizer quem são os autores dos pareceres. Afirmou apenas que irá mostrá-los à Justiça Federal em 2 de maio, quando deve prestar depoimento sobre o processo de improbidade administrativa que corre paralelamente ao processo de indisponibilidade de bens. O ex-superintendente disse que só soube do bloqueio de seus bens pela imprensa e que, apenas ontem, seus advogados foram se credenciar para saber detalhes do caso. "Lógico que vamos pedir a revogação dessa decisão." Ele disse ainda que a CTI-Amazônia não era uma empresa, mas um órgão de incentivo ao turismo na região do qual faziam parte representantes dos governos estaduais dos nove estados da Amazônia Legal. Por isso, também, a CTI-Amazônia teria o mesmo endereço da Sudam. Segundo o procurador da República Felício Pontes Júnior, o modelo de órgão ao qual Tourinho se refere foi extinto pela Constituição de 1988, e, portanto, a CTI só pode ser uma empresa. Tourinho disse ainda que foi convidado a ser presidente da CTI. "Como presidente, saneei as contas da CTI e fiz ela cumprir o seu dever de incentivar o turismo e a cultura na região."

---

impostos que sonegou na década de 90 com suas empresas. Três dos cinco processos por crime contra o sistema financeiro expiraram. O prazo de 12 anos não foi suficiente sequer para ele ser interrogado pelo Judiciário." Disponível em: <http://www.diariodecuiaba.com.br/detalhe.php?cod=304636>. Acesso em: 27 fev. 2018.

[84] *Idem*: "O empresário José Osmar Borges foi encontrado morto na suíte de sua mansão ontem, por volta de 11 horas, em Chapada dos Guimarães. Todos os indícios reforçam a hipótese de suicídio, apesar de ele ser conhecido como um homem que levava uma vida de ostentação e que se envolvia em negociações obscuras. Borges levantou fortuna com suas negociatas e com os desvios milionários que cometeu contra o erário, e ficou nacionalmente conhecido como o maior fraudador da extinta Superintendência de Desenvolvimento da Amazônia – Sudam."

EXAME DE CASOS | 111

Os R$320 mil teriam financiado dois filmes, duas apresentações da Orquestra Sinfônica do Amazonas e o Festival Internacional de Cinema da Amazônia. A Procuradoria da República detectou que há irregularidades em todas as prestações de contas. Tourinho disse que as prestações estavam sendo feitas corretamente até ele sair da CTI, em 1999, quando foi também exonerado da Sudam. "Deve-se perguntar aos que me sucederam sobre as prestações de contas". Segundo a assessoria de imprensa da Sudam, a CTI não funcionou mais desde a saída de Tourinho. O ex-superintendente afirmou ser amigo do presidente do Senado.[85]

Um dos exemplos de desvios e fraudes com recursos da Sudam, nessa seara, foi a fraude de R$22 milhões para o projeto de investimento apresentado pela empresa Usimar Componentes Automotivos. O empreendimento, no valor total de R$1,3 bilhão, deveria ter sido realizado em São Luís, capital do estado do Maranhão. No entanto, não saiu do papel, embora tenha ocorrido a disponibilização de grande parte do valor previsto no projeto.

Apesar de a Sudam ter liberado R$22 milhões para o projeto Usimar, a empresa nada aplicou no projeto. No entanto, a Sudam registrou em seus controles ter ocorrido a contrapartida de R$102 milhões por parte da Usimar. Essa contrapartida teria sido realizada mediante aquisição de equipamentos. Apesar de os equipamentos não terem sido encontrados pelos fiscais da Sudam, aceitou-se a justificativa, apresentada pela Usimar, de que teria ocorrido atraso na entrega das máquinas. Em depoimento à Polícia Federal, o empresário que supostamente arcaria com a metade dos custos de implantação da Usimar acabou admitindo que nunca pretendeu investir no projeto Usimar.

Suspeitas sobre a fraude foram apontadas inicialmente pela *Revista Veja*[86]:

> De imponente mesmo o projeto Usimar tem o preço. Como mostra a placa ainda fincada diante do terreno onde ela se ergueria, a fábrica de São Luís do Maranhão custaria, numa primeira fase, 1,38 bilhão de reais. O investimento total seria de 1,7 bilhão. É dinheiro demais para uma empresa que se propunha a fabricar peças de automóveis, especialmente aquelas mais brutas, pesadas, como os blocos de motor, cabeçotes e cubos de roda. Isso sem que se encontre uma única indústria de automóveis nas redondezas. A mais próxima fica em Camaçari, na Bahia, a 1.600 quilômetros de distância. (...).

---

[85] Disponível em: <http://www1.folha.uol.com.br/folha/brasil/ult96u18626.shtml>. Acesso em: 9 set. 2007.

[86] A FRAUDE está até na placa. *Revista Veja on-line*, 13 mar. 2002. Disponível em: <http://veja.abril.com.br/130302/p_052.html>. Em: 9 set. 2007.

2.5.2 Fatores que propiciaram a ocorrência de esquemas de corrupção na Sudam

2.5.2.1 Falhas e deficiências na estrutura da Sudam e na legislação que regia a atuação da autarquia

As diversas fraudes cometidas contra a Sudam evidenciaram quão débil era a estrutura daquela autarquia para o gerenciamento e o controle dos projetos de fomento que lhe eram apresentados. As deficiências da Sudam se revelaram em todo o processo de análise, aprovação, fiscalização e acompanhamento de resultados dos projetos. O ambiente de deficiência e de fragilidade estrutural da Sudam fez-se propício à ação premeditada de grupos criminosos integrados por políticos, empresários, despachantes e agentes públicos.

A predisposição para favorecimentos já contaminava os projetos de fomento desde o início do processo. Difícil imaginar que algo funcionaria a contento no âmbito da Sudam se a própria cúpula da autarquia funcionava como parte integrante de uma máfia montada justamente para avançar sobre os cofres da entidade. Num ambiente assim montado, era de se esperar que a Sudam não contasse, e de fato não contava, com legislação adequada, que se prestasse ao estabelecimento de critérios e requisitos objetivos para a seleção dos projetos de fomento. Isso trouxe como consequência atuação inadequada da Sudam no exame e triagem de projetos de fomento, tendo-se evidenciado, naquelas fases, entre tantas outras anomalias:

a) a ocorrência de inadequadas aferições da capacidade econômico-financeira das empresas proponentes;

b) a deficiência ou até mesmo a inexistência de estudos de viabilidade técnica, econômica e financeira dos projetos de empreendimento;

c) a falta de mecanismos para apurar a ocorrência de sobrepreços nos projetos empresariais;

d) a aprovação de projetos apresentados por empresas inadimplentes com a Seguridade Social e com a Fazenda Pública;

e) a aprovação de uma grande quantidade de projetos de uns poucos grupos empresariais; e

f) a alta frequência de aprovação de projetos provenientes de grupos empresariais sediados nos estados do Pará e do Mato Grosso, em detrimento de projetos oriundos de outros estados, como Roraima, Acre e Amapá.

EXAME DE CASOS | 113

2.5.2.2 Falhas e deficiências de controle

Se as fases de exame e aprovação dos projetos de fomento empresarial revelaram-se caóticas, situação diferente não se viu nas fases seguintes. Em regra, ocorria na Sudam frontal desrespeito aos cronogramas de liberação dos recursos financeiros. Na realização dos repasses, as prioridades eram determinadas não em função de critérios imparciais e objetivos, mas de acordo com os interesses dos grupos criminosos que manipulavam a autarquia. Não bastasse esse tipo de favorecimento, as liberações financeiras em favor das empresas que compunham os esquemas de corrupção na Sudam eram levadas a efeito ainda que não houvessem sido realizadas as etapas previstas nos cronogramas de desembolso dos empreendimentos.

A falta de controle da execução dos projetos de financiamento era, pois, evidente. Não dispunha a Sudam de estrutura de auditoria interna que pudesse acompanhar o desenvolvimento dos projetos aprovados. Sem dúvida, essa enorme brecha facilitou a atuação das máfias. As poucas fiscalizações *in loco* promovidas pela autarquia se direcionavam, em sua maioria, a empresas que não faziam parte dos esquemas de corrupção.

Ressalte-se que, uma vez que se constatava a inadimplência de determinada empresa, pouco ou nada se fazia no âmbito da Sudam com vistas à recuperação dos recursos desviados ou à apuração das responsabilidades administrativas, civis e criminais.[87]

2.5.3 Medidas adotadas pelo Poder Público ante os esquemas de corrupção na Sudam

Não obstante diversos órgãos de controle – Secretaria Federal de Controle, Ministério Público Federal e Tribunal de Contas da União – terem atuado de forma a apurar as fraudes ocorridas na Sudam, as medidas adotadas não resultaram, pelo menos até o momento, na efetiva punição dos responsáveis pelas fraudes nem na recuperação dos recursos públicos desviados.

---

[87] "Uma década após a série de escândalos envolvendo a Superintendência de Desenvolvimento da Amazônia (Sudam) e a Superintendência de Desenvolvimento do Nordeste (Sudene), o saque promovido por fraudadores e maus administradores nas autarquias regionais ganhou uma proporção nunca imaginada: R$ 16,6 bilhões, quatro vezes mais do que o estimado na época dos escândalos, segundo o Ministério de Integração Nacional." Disponível em:<https://oglobo.globo.com/economia/fraude-em-fundos-de-sudene-sudam-pode-chegar-r-166-bilhoes-diz-ministerio-3025590#ixzz4zN7R6y1N>. Notícia publicada em 01/11/2011. Acesso em: 1 nov. 2011.

Cite-se, por exemplo, o caso de José Artur Guedes Tourinho,[88] que, conforme acima mencionado, de 1996 a 1999, ocupou o cargo de superintendente da Sudam por indicação de Jader Fontenelle Barbalho. Órgãos de controle já haviam expedido diversas recomendações no sentido de que aquele superintendente fosse afastado de suas funções. As recomendações, no entanto, não surtiram efeito, já que foram fortes as reações para preservar o grupo político que comandava a Sudam. Contudo, Guedes Tourinho acabou afastado por meio de decisão judicial ante evidências levantadas pela Secretaria Federal de Controle de que o então superintendente da Sudam havia-se envolvido em ações que resultaram em desfalque de R$250 milhões nos cofres da autarquia.

Quanto ao projeto Usimar, a que anteriormente também se referiu, nos anos de 2001 e 2002, o Ministério Público Federal denunciou mais de 20 pessoas sob a acusação de fraude causadora de prejuízo de cerca de R$1,2 bilhão à Sudam.

Em dezembro de 2000, a representação judicial da Sudam deixou de ser feita pela procuradoria da autarquia, passando às mãos da Advocacia-Geral da União (AGU). A medida se justificou por se considerar a inoperância e a ineficiência da procuradoria da Sudam ante sua obrigação de zelar pelos cofres da entidade e de buscar a punição dos responsáveis pelos consecutivos desvios constatados. Ao assumir as funções da procuradoria da Sudam, a AGU procedeu ao reexame de centenas de projetos apresentados à autarquia.

Em suma, a Sudam, diferentemente do que se propunha, nunca se prestou a elevar os indicadores sociais e econômicos da região amazônica. Ao contrário, esteve sempre a Sudam, ao longo de sua existência, a serviço de grupos políticos que incrementaram suas fortunas e seu poder político à custa dos recursos públicos oriundos do Finam, fundo mantido com tributos federais. Tudo isso em detrimento do povo desvalido da Amazônia – ribeirinhos, pescadores, índios, seringueiros, colonos da reforma agrária, entre outros –, que nunca se beneficiaram com a atuação daquela autarquia. Em 2001, a Sudam e o Finam foram extintos, ao mesmo tempo em que se criaram a Agência de

---

[88] "O governo federal converteu em destituição a exoneração, a pedido, do ex-superintendente da extinta Superintendência do Desenvolvimento da Amazônia (Sudam) José Arthur Guedes Tourinho. A medida faz parte de uma série de punições a funcionários públicos federais envolvidos nas fraudes da Agropecuária Santa Júlia e da Companhia de Mecanização da Amazônia (CMA), uma empresa fantasma, usadas para desviar recursos da superintendência (...)." Disponível em: <http://politica.estadao.com.br/noticias/geral,ex-superintendente-da-sudam-e-destituido,20020130p55074>. Notícia publicada em: 30.1.2002. Acesso em: 27 fev. 2018.

EXAME DE CASOS | 115

Desenvolvimento da Amazônia (ADA) e o Fundo de Desenvolvimento da Amazônia (FDA).

Como se costuma afirmar no Brasil: mudam-se os nomes das instituições; as irregularidades continuam as mesmas.

2.6 Corrupção e *impeachment*: o caso Collor

2.6.1 Apresentação do caso

2.6.1.1 Área em que se verificou a fraude

As eleições para presidente do Brasil, realizadas em 1989, foram vencidas por Fernando Affonso Collor de Mello, candidato do Partido da Renovação Nacional (PRN) – hoje extinto. O candidato vencido, no segundo turno, foi o ex-presidente Luiz Inácio Lula da Silva.[89]

Aos 21 anos, com rápida experiência como prefeito de Maceió, governador do estado de Alagoas e deputado federal, Fernando Collor ascendeu ao maior posto da República brasileira de forma meteórica.

A receita utilizada foi, basicamente, o discurso de caçador de marajás (termo utilizado no Brasil para indicar funcionário público que recebe elevada remuneração), e a postura de "super-homem", capaz de: correr 8 km (com sorriso no rosto); pilotar *jet-ski*, ultraleve, moto Kawasaki Ninja ou uma Ferrari; lutar caratê; mergulhar no mar em um criadouro de mexilhões e ostras; passear de avião de guerra e tanque militares; jogar vôlei e futebol, entre outras peripécias.[90]

Como lembrado por Roberto Pompeu de Toledo, conscientemente ou não, Collor seguia a máxima ensinada por Maquiavel: "Um príncipe não precisa possuir todas as qualidades, o que precisa é parecer possuí-las".[91]

No exercício do mandato presidencial, entretanto, não chegou a completar dois anos, pois, em 29.12.1992, Fernando Collor renunciou, pressionado pela aprovação, no Senado Federal, do pedido de *impeachment* fundamentado em delitos como corrupção passiva, prevaricação, advocacia administrativa, formação de quadrilha e estelionato.

---

[89] Disponível em: <https://pt.wikipedia.org/wiki/Processo_de_impeachment_de_Fernando_Collo>. Acesso em: 27 fev. 2018.

[90] O SUPER-FERNANDINHO – no poder, Collor posou de Rambo, Indiana Jones, atleta, intelectual e homem sensível. Só não foi o presidente que o país precisava. *Revista Veja*, edição histórica extra nº 1.255, p. 22-25, 30 set. 92.

[91] NAS ASAS da ética – A bandeira da moralidade que acabou por derrubar um presidente reacende o antigo debate dos limites entre moral e política. *Revista Veja*, nº 1.256, 7 out. 1992.

O Caso Collor ficou conhecido também como "Esquema PC Farias", em referência ao tesoureiro da campanha, Paulo César Farias, identificado como o principal mentor do esquema de venda de favores a empresários, entre outras negociatas. Ele arrecadou milhões de dólares para financiar a campanha, em troca de promessas de benesses junto ao governo.[92]

Os valores arrecadados foram bastante superiores às despesas efetuadas, dando surgimento às chamadas "sobras de campanha", cuja destinação não se pode precisar. O que se sabe é que PC Farias, de empresário medíocre em Alagoas, passou a ser milionário, com negócios internacionais.[93]

2.6.1.2 Como o escândalo se tornou conhecido

O responsável pela revelação do escândalo foi Pedro Collor – irmão do presidente Fernando Collor – que interpretou como ameaça ao jornal da família, sob sua direção, a fundação em Maceió, por PC Farias, do *Jornal Tribuna de Alagoas*.[94] Segundo consta, Pedro Collor também ficou ressentido com o irmão, que dava sinais de apoio a PC Farias.

Especula-se, ainda, que a motivação para a revelação do escândalo tenha sido ciúmes de Pedro Collor, cuja mulher teria sido assediada pelo presidente Fernando Collor.[95]

Estão presentes, desse modo, ingredientes para a ocorrência de escândalo que o mais criativo escritor de novelas brasileiras (ou mexicanas – acredito que as novelas brasileiras são muito melhores que as congêneres mexicanas) não seria capaz de imaginar.

2.6.2 Indicação das razões que propiciaram a ocorrência da fraude

2.6.2.1 Falhas na legislação

A legislação eleitoral brasileira, não obstante extensa, não evitou as fraudes que ocorreram na campanha presidencial de 1989, especialmente

---

[92] O SINDICATO do poder – As denúncias contra PC Farias encostam em Collor, e o Planalto manobra para garantir sua própria sobrevivência – custe o que custar. *Revista Veja*, nº 1.222, 8 jul. 1992.

[93] O IMPOSTO de renda de PC Farias de 1987 a 1991 – O choque entre a riqueza aparente e os ganhos declarados. *Revista Veja*, nº 1.235, 20 maio 1992.

[94] RAIO X na renda – As exóticas declarações de PC Farias ao Fisco vêm a público e Pedro Collor intensifica seus ataques ao irmão presidente. *Revista Veja*, nº 1.235, 20 maio 1992.

[95] O IRMÃO que joga no ataque – Por que Pedro briga com Fernando? *Revista Veja*, nº 1.235, 20 maio 1992.

EXAME DE CASOS | 117

no que diz respeito ao financiamento da campanha presidencial. Foram arrecadadas quantias elevadíssimas junto a empresários para o financiamento da campanha mediante a promessa de favorecimentos em contratações públicas do futuro governo. O montante arrecadado foi direcionado para o nefasto "caixa dois".[96]

Nenhuma dessas "contribuições" foi declarada, inclusive por falta de exigência legal nesse sentido, à época.

Esse procedimento foi utilizado acintosamente pelo tesoureiro da campanha, que contando com o prestígio que detinha perante o futuro Presidente, praticava toda sorte de negociatas e de tráfico de influência.

Desde o caso Collor, têm sido feitas tentativas de aprimoramento legislativo dessa matéria. As eleições presidenciais de 1992 foram regidas pela Lei nº 8.713/93, que trouxe dispositivos com o intuito de controlar o abuso do poder econômico nas campanhas, entre outros vícios. Exigiu-se, por exemplo, a constituição de comitês financeiros; previu-se a responsabilidade objetiva do candidato pela prestação de contas de sua campanha; estabeleceu-se, ademais: limites de doações e de uso de recursos próprios do candidato, uso de bônus eleitorais, cassação do registro de candidato que infringisse as normas sobre a administração financeira de sua campanha e destinação obrigatória das sobras de campanha aos partidos.

Essa legislação possibilitou que qualquer eleitor realizasse gastos não contabilizáveis até determinado limite em favor de seu candidato preferencial. Apesar das críticas, a Lei nº 9.502/97, conhecida como "Lei das Eleições", repetiu-o. Essa norma foi editada para regular de maneira geral todas as eleições, evitando a edição de uma norma específica para cada eleição. A crítica que se fazia era a de ser inócua a exigência de recibos de doações e registros de gastos, ao mesmo tempo que se permitiam doações sem recibos e gastos sem registro. Apesar dos avanços trazidos pela Lei nº 9.502/97, ela não foi capaz de evitar o escândalo do "Mensalão", a ser examinado adiante, e que muito se assemelhou ao esquema "PC Farias".

Em 2006, foi editada a Lei nº 10.300, a chamada minirreforma eleitoral. Essa lei teve como objetivo a contenção dos gastos nas campanhas eleitorais, bem como o controle dos objetos publicitários utilizados na divulgação dos candidatos. Essa norma é criticada por não ser capaz de suprimir as vantagens dos candidatos que concorrem

---

[96] ARQUIVOS do assalto – A memória do computador do esquema Collor-PC registra como o governo paralelo cobrava comissões, liberava verbas e roubava os cofres públicos. *Revista Veja*, p. 20-27, 2 nov. 1992.

à reeleição e também por ter sido editada de forma açodada, em decorrência de pressão da opinião pública.

Entre as inovações dessa Lei pode-se mencionar, por exemplo:

- estabeleceu a responsabilidade solidária do tesoureiro de campanha;
- as doações em pecúnia somente poderão ser efetuadas na conta do partido ou do candidato, de forma específica para a campanha eleitoral;
- as doações de pessoas jurídicas apenas são possíveis por meio de cheques cruzados e nominais ou por transferência eletrônica de depósitos;
- apenas para as pessoas físicas remanesce a possibilidade de doação em dinheiro, porém o depósito em espécie deve ser devidamente identificado até o limite de dez por cento dos rendimentos brutos auferidos no ano anterior à eleição;
- algumas pessoas jurídicas estão impossibilitadas de doar a partidos e candidatos;
- as doações por candidatos estão impedidas: "quaisquer doações em dinheiro, bem como de troféus, prêmios, ajudas de qualquer espécie feitas por candidato, entre o registro e a eleição, a pessoas físicas ou jurídicas";
- estabeleceu a obrigatoriedade de prestação de contas na internet;
- mudou-se a relação de gastos eleitorais sujeitos a registro;
- possibilitou-se à Justiça Eleitoral cassação do registro do candidato ou do diploma do candidato já empossado, caso haja comprovação de captação ou de gastos ilícitos de recursos relacionados a fins eleitorais.

2.6.2.2 Falhas estruturais

Conforme adiantado acima, a legislação existente, naquele momento, não previa a obrigatoriedade da declaração das contribuições para a campanha eleitoral. Isso permitiu que PC Farias negociasse com os interessados em obter vantagens junto ao futuro governo.

Infelizmente, essa prática é comum no Brasil e remonta de longa data.

Inclusive, alguns empresários contribuíam, indiscriminadamente, para a campanha de mais de um candidato, para se assegurarem de que, qualquer que fosse o resultado das eleições, seus interesses estariam garantidos.

EXAME DE CASOS | 119

Com a edição da Lei nº 9.502/97, alguns dispositivos legais foram previstos na tentativa de coibir essa práxis. Contudo, essa Lei não foi capaz de impedir que, na eleição presidencial de 2002, os fatos ora comentados se repetissem. Como é notório, a reeleição do ex-presidente Lula contou com recursos oriundos de esquema semelhante ao de PC Farias. Por mais absurdo que possa parecer, o próprio presidente admitiu que o "caixa dois" sempre existiu, em todas as eleições. E, neste caso, quase nada aconteceu.[97]

Assim, não se pode atribuir a ocorrência dos fatos relacionados à eleição de 1989 exclusivamente à ausência de normas sobre contribuições a campanhas. O componente ético e moral tanto da elite política quanto da empresarial – e mesmo do próprio povo brasileiro – também favorece a disseminação de procedimentos escusos para influenciar o resultado de eleições.

2.6.2.3   Carência de pessoal qualificado

O prestígio da Justiça eleitoral brasileira vem crescendo diante da população, principalmente em virtude da maciça informatização dos pleitos, que tem contribuído para a rapidez nas votações e apurações.

As fraudes ocorridas no Caso Collor não podem ser atribuídas à carência de pessoal qualificado, na medida em que derivam de um desvio de conduta de difícil coibição.

2.6.3   Medidas adotadas pelo Poder Público após a divulgação do escândalo

2.6.3.1   Ações propostas

Em 26.5.1992, foi instalada Comissão Parlamentar de Inquérito (CPI) para apurar as denúncias feitas por Pedro Collor contra o então presidente e o tesoureiro de campanha, Paulo César Farias.[98] O Relatório da CPI, finalizado em agosto de 1992, concluiu pela incriminação de Fernando Collor.[99]

---

[97] LULA nega "mensalão", mas admite caixa 2 no PT. *Folha Online*, 8 maio 2005. Disponível em: <http://www1.folha.uol.com.br/folha/brasil/ult96u73772.shtml>. Acesso em: 11 set. 2007.

[98] O BRASIL renuncia a Collor – a voz do povo chega ao Congresso. A VOZ da CPI: no epílogo dos trabalhos, surge uma grande fraude. Collor e PC fugiram do confisco dos cruzados novos com 260.000 dólares. *Revista Veja*, nº 1.229, 26 ago. 1992.

[99] CAIU! – Página virada: Collor perde por 221 votos e anuncia, através de Célio Borja, que não renuncia e que irá colaborar na transição para Itamar Franco. *Revista Veja*, edição histórica extra nº 1.255, 30 set. 1992.

Em setembro de 1992, o jornalista Barbosa Lima Sobrinho protocolou na Câmara dos Deputados pedido de *impeachment*, redigido por renomados juristas brasileiros, quais sejam: José Eduardo Faria, José Carlos Dias, Dalmo Dallari, Antônio Carlos Penteado de Moraes, Miguel Reale Júnior, Márcio Thomaz Bastos, Evandro Lins e Silva, Antônio Carlos de Almeida Castro, Luís Francisco de Carvalho Filho, Fernando Lottenberg, Sérgio Bermudez, Eduardo Seabra Fagundes e Benedito Patti.[100]

A despeito de Collor ter renunciado em 27.12.1992, o Senado Federal aprovou o pedido de *impeachment*, o que resultou em seu afastamento da Presidência e na sua inabilitação para o exercício de funções públicas por um período de 8 (oito) anos.

O *impeachment* não é processo judicial, mas político, por meio do qual se busca retirar do cargo o agente acusado da prática de crimes contra a ordem constitucional. No caso do presidente da República, os arts. 85 e 86 da Constituição Federal regem a matéria.

Sinteticamente, inicia-se com a instauração pela Câmara dos Deputados de uma Comissão Parlamentar de Inquérito para a apuração das denúncias contra o titular do Poder Executivo. A investigação feita pela CPI deve ser lançada em um relatório conclusivo, a ser aprovado pelos parlamentares daquela Casa. As acusações contra o presidente contidas nesse relatório, caso sejam admitidas por 2/3 (dois terços) dos deputados, o levarão a julgamento perante o Supremo Tribunal Federal, nas infrações penais comuns, ou perante o Senado Federal, nos crimes de responsabilidade, nos termos do art. 86 da Carta Magna.

Quanto ao afastamento do presidente, este ocorrerá, nas infrações penais comuns, se o STF receber a denúncia ou queixa-crime. Nos crimes de responsabilidade, após a instauração do processo pelo Senado Federal. O Senado Federal é o órgão competente para julgar os crimes de responsabilidade do presidente da República, devendo apreciar o pedido de *impeachment*.

Para a aprovação do *impeachment*, são necessários os votos de 2/3 do total dos senadores.

Muitas ações judiciais foram propostas contra o presidente Fernando Collor e o tesoureiro Paulo César Farias.[101] Entre os envolvidos

---

[100] A GUERRA do *impeachment* – O caminho das pedras – há muitas dúvidas jurídicas sobre as regras a serem seguidas no processo de *impeachment*, mas o consenso pode levar a atalhos rápidos e seguros. *Revista Veja*, nº 1.250, 2 set. 1992.

[101] A GUERRA do *impeachment* – Delitos presidenciais – A CPI realiza um trabalho antológico e indica o envolvimento de Collor em crimes que podem somar dezoito anos de prisão. *Revista Veja*, nº 1.250, 2 set. 1992.

EXAME DE CASOS | 121

no "Caso Collor", apenas PC foi condenado em última instância, mas mesmo assim por crimes cujas penas são baixas.

De acordo com o Relatório da CPI, o presidente Fernando Collor teria incorrido nos seguintes crimes tipificados no Código Penal brasileiro:

- *corrupção passiva* (Art. 317 – Solicitar ou receber, para si ou para outrem, direta ou indiretamente, ainda que fora da função ou antes de assumi-la, mas em razão dela, vantagem indevida, ou aceitar promessa de tal vantagem): o presidente teria sido corrompido por PC Farias, para deixar de denunciar a expressiva movimentação nas contas bancárias de[102] Rosane Collor (primeira dama) e de Ana Acioli[103] (secretária);
- *prevaricação* (Art. 319 – Retardar ou deixar de praticar, indevidamente, ato de ofício, ou praticá-lo contra disposição expressa de lei, para satisfazer interesse ou sentimento pessoal): por ter, na qualidade de presidente da República, deixado de denunciar ilegalidades, mesmo que não tenha obtido vantagens pessoais;
- *advocacia administrativa* (Art. 321 – Patrocinar, direta ou indiretamente, interesse privado perante a Administração Pública, valendo-se da qualidade de funcionário): Fernando Collor teria transmitido a PC Farias informações sobre atos do governo, as quais possibilitaram negociações favoráveis ao tesoureiro. Ou seja, o presidente patrocinou interesses privados no governo;
- *formação de quadrilha* (Art. 288 – Associarem-se mais de três pessoas, em quadrilha ou bando, para o fim de cometer crimes): segundo o relatório da CPI, ficou evidenciado o nexo entre o "esquema PC" e o presidente, descrito como uma espécie de sociedade;[104]
- *estelionato* (Art. 171 – Obter, para si ou para outrem, vantagem ilícita, em prejuízo alheio, induzindo ou mantendo alguém em erro, mediante artifício, ardil, ou qualquer outro meio fraudulento): PC Farias recebeu pagamento de Antônio

---

[102] A GUERRA do *impeachment* – Uma fogueira de crimes – Rosane terá de devolver dinheiro desviado. *Revista Veja*, nº 1.250, 2 set. 1992.

[103] AS PROVAS bancárias – cheques de três bancos paulistas mostram uma ligação direta entre o esquema PC e a conta milionária da assessora do presidente; ANA ACIOLI: depósitos milionários em conta corrente. *Revista Veja*, nº 1.250, 2 set. 1992.

[104] TRAMA ligadíssima – Os 20.000 cheques da CPI documentam um consórcio monetário entre o presidente Collor e PC. *Revista Veja*, p. 20-26, 29 jul. 1992.

Ermírio de Moraes, em razão da influência junto ao presidente. O empresário afirma que não se beneficiou desse pagamento, não tendo tentado reaver a quantia paga com receio dessa mesma influência; (...)

Não obstante as acusações acima, o presidente Fernando Collor foi absolvido de todas elas, inclusive da acusação de corrupção. O Superior Tribunal de Justiça absolveu-o da acusação de corrupção, e o Supremo Tribunal Federal, por falta de provas, absolveu-o da acusação de formação de quadrilha.[105]

Conforme já informado, o presidente Collor foi inabilitado para o exercício de funções públicas por período de 8 (oito) anos. Passado esse período, foi derrotado na eleição para a Prefeitura de São Paulo e na de 2002 para o governo de Alagoas. Em 2006, foi eleito senador da República pelo seu Estado de origem, Alagoas. Ocupa o cargo de Senador da República pelo Estado de Alagoas, para o qual foi reeleito em 2014.

Ao tesoureiro PC Farias foram atribuídos, além dos crimes de estelionato e formação de quadrilha, os seguintes:

- *corrupção ativa* (Art. 333 – Oferecer ou prometer vantagem indevida a funcionário público, para determiná-lo a praticar, omitir ou retardar ato de ofício): por ter feito pagamentos a servidores públicos, com o intuito de facilitar negócios junto a Administração Pública;
- *sonegação fiscal* (Lei nº 2.729/65, que define o crime de sonegação fiscal e dá outras providências): por omitir a propriedade de contas e empresas no exterior;
- *falsidade ideológica* (Art. 299 – Omitir, em documento público ou particular, declaração que dele devia constar, ou nele inserir ou fazer inserir declaração falsa ou diversa da que devia ser escrita, com o fim de prejudicar direito, criar obrigação ou alterar a verdade sobre fato juridicamente relevante): pela utilização de documentos falsos e nomes fantasmas no sistema bancário;
- *evasão de divisas* (Lei nº 7.292/86, que define os crimes contra o sistema financeiro nacional e dá outras providências): por efetuar operações de câmbio não autorizadas em negócios internacionais;[106]

---

[105] STF – Ap 307 / DF – Ação Penal, julgamento 13.12.1992 – Plenário (doc. 18).

[106] TENTÁCULOS DE PC – O dossiê de Pedro Collor revela que Paulo César Farias movimenta contas em paraísos fiscais e tem pelo menos sete empresas no exterior. *Revista Veja*, nº 1.232, 13 maio 1992.

– *exploração de prestígio* (Art. 357 – Solicitar ou receber dinheiro ou qualquer outra utilidade, a pretexto de influir em juiz, jurado, órgão do Ministério Público, funcionário de justiça, perito, tradutor, intérprete ou testemunha): por invocar o nome do presidente para a realização de negócios próprios.

O tesoureiro PC Farias foi condenado apenas por falsidade ideológica e evasão de divisas, crimes cujas penas são pequenas.

Em junho de 1996, foram encontrados mortos na casa do tesoureiro em Alagoas, PC Farias e sua namorada, Suzana Marcolino. Essas mortes geraram grande polêmica e até hoje não se sabe exatamente o que aconteceu. Acredita-se que os homicidas simularam cenário de crime passional seguido de suicídio, mas a hipótese mais provável é a de "queima de arquivo".

2.6.3.2   Recursos recuperados

Não se tem notícia de que algum recurso financeiro tenha sido recuperado. Deve-se lembrar que as fraudes relacionadas ao "Esquema PC" são de difícil quantificação porque envolvem "caixa dois", tráfico de influência, privilégios em contratações públicas, entre outras vantagens de complexa mensuração.

2.6.3.3   Prisões decretadas

A única prisão decorrente do "Caso Collor" foi a de PC Farias, que somente ocorreu porque ele fugiu do Brasil, enquanto respondia a ações criminais. Permaneceu dois anos preso.

2.6.3.4   Melhoria na legislação

A Lei nº 9.502/97, conhecida como Lei das Eleições, trouxe regras mais claras e moralizadoras no que concerne às contribuições para campanha. Do mesmo modo, a Lei nº 11.300/2006 trouxe aperfeiçoamentos à outra norma, já que dispõe sobre propaganda, financiamento e prestação de contas das despesas com campanhas eleitorais, alterando a Lei nº 9.502, de 30 de setembro de 1997.

Várias alterações na legislação eleitoral vêm sendo debatidas pelos três Poderes, desde 1995, compreendendo o que se tem denominado reforma política. Todavia, ainda não se conseguiu aprovar os projetos examinados pela Comissão Especial de Reforma Política e Eleitoral.

Um dos temas constantes da proposta de reforma política refere-se ao financiamento público de campanha, que é um procedimento de captação de recursos a serem utilizados nas disputas eleitorais. Pode ser público, quando o governo financia a campanha de todos os candidatos, por meio de fundo partidário, por exemplo. Pode ser também particular quando o financiamento provém de contribuições de filiados, simpatizantes ou de empresas privadas.

O Brasil adota o sistema misto, ou seja, financiamento público e privado.

O sistema privado tem-se mostrado falho, na medida em que favorece a ocorrência de abusos do poder econômico, tráfico de influência, além de ser de difícil controle. Para a eleição de 2018, não será permitida a doação de pessoas jurídicas.

No caso em exame, observa-se que as irregularidades verificadas guardam forte ligação com o financiamento privado de campanha, mas com o agravante de que as contribuições não foram declaradas e, na maioria das vezes, vinculadas a promessas de benefícios futuros junto à Administração Pública.

2.6.4 Outros comentários

Passadas mais de duas décadas desde o *impeachment* de Fernando Collor, é possível fazer uma análise mais imparcial dos fatos. Pode-se, inclusive, compará-lo com os recentes acontecimentos que envolveram o governo do Partido dos Trabalhadores, denominados Mensalão.

Não se pode olvidar a existência de posicionamentos no sentido de que esse *impeachment* foi orquestrado pelas mesmas forças que levaram Collor à Presidência da República. Ou seja, a mesma elite política e empresarial que o ajudou a eleger-se presidente foi responsável por sua retirada do Poder.

Uma abordagem que se contrapõe ao senso comum foi apresentada pelo historiador Charles Antonio Kieling, em *O Golpe de 1992: uma retrospectiva histórica de 1962 até 1997*. Nesse trabalho, o autor defende firmemente a tese de que a destituição de Collor, em verdade, decorreu de um golpe. Segundo ele:

> (...) A CPI limitou-se em construir a verdade. Com um objetivo particular, levou os políticos a exaustivas articulações, jamais vistas no Brasil, e a organizar questões que conduzissem as acusações e as investigações, ocultando interesses políticos que estavam sendo perturbados. Pois o presidente estava mexendo demais; representava o fim dos altos salários, o fim dos carros públicos à disposição dos políticos, o fim dos

EXAME DE CASOS | 125

apartamentos gratuitos ocupados por Deputados, Senadores e Ministros, o fim das altas aposentadorias dos políticos e por aí afora. (...) A CPI foi instalada alegando querer investigar as finanças de Paulo César Farias que, em sua defesa, dizia que o dinheiro era oriundo de sobra de campanha. Esse dinheiro foi dado por empresários que apoiavam a candidatura de Fernando Collor, não era o dinheiro público que estava sendo usado de forma indiscriminada como os parlamentares e senadores estão acostumados a fazer. A propósito, era contra esses abusos do dinheiro público que Collor vinha combatendo. Falou-se que Paulo César Farias era "testa de ferro" de Fernando Collor e que ele sabia de tudo o que PC Farias fazia e que, ainda, algumas coisas só eram feitas com autorização do Presidente. Pois bem, nisso tudo, se for verdadeiro, pode-se ver um grau avantajado de insensatez por parte do Presidente, pois com a Medida que bloqueava os saldos das contas bancárias, estipulando um limite para retirada, Collor estava matando sua "galinha dos ovos de ouro", estava limitando as operações do suposto "testa de ferro". (...) Desta forma, vemos que a CPI foi instalada para legitimar o golpe contra o presidente Collor. Seu objetivo não era investigar a veracidade ou vilania das denúncias, mas, a partir delas, consolidar a condução da opinião pública contra o presidente e, ao mesmo tempo, exaltar os políticos de direita, os mesmos que articularam o *impeachment* utilizando-se do apoio da esquerda e amparados pela pequena e média burguesia, passando a falsa imagem de que estavam fazendo isso em benefício do povo brasileiro e da moralização do país. Como um tribunal inquisitorial, a CPI objetivou levantar, única e exclusivamente, acusações contra o presidente. E como a população já estava massificada ideologicamente pela mídia, não soube distinguir o que era absurdo do que era real, servindo, perfeitamente, aos interesses da "elite política", uma minoria que não quer perder suas regalias e privilégios que foram, e são, adquiridos por meio da espoliação do mesmo povo usado como massa de manobra. Era contra essa "elite" que Collor representava um perigo, uma ameaça aos privilégios adquiridos. Quanto ao povo, este não tinha nada a perder. Collor estava promovendo uma revolução, pois tentava diminuir a distância entre a "elite política", que domina o país com o amparo da Constituição, e o povo, os verdadeiros construtores do Brasil. Um dos erros de Collor foi ter convocado o povo a ir às ruas com as cores verde e amarela, pois o povo já estava preparado pela mídia para ficar contra o presidente. (...) Com Collor, a situação social e econômica do Brasil sofreu alterações de impacto. Estava claro que Collor pretendia romper com essa elite e seu modelo de exploração que sacrificam a população brasileira. Acabar com a concentração de riqueza e com as regalias de funcionários públicos e empresas estatais. Collor não representava os interesses desses velhos políticos, dos militares e da pequena burguesia ascendente. Mas antes de ter Lula na Presidência, que teria o amparo de boa parcela de trabalhadores e representava a antítese ao sistema, esses militares, políticos e empresários preferiram apoiar Fernando Collor, que apesar de ter um expressivo número de votos da população, esse eleitorado não era coeso. Não existiam, nos estados e municípios, centrais do PRN que pudessem mobilizar a população, o cabo eleitoral de Collor em todo o país foi a mídia, mas sempre servindo os interesses da burguesia. E, apesar de Collor ocupar o Poder Executivo, os militares, a burguesia e os políticos poderiam exercer, de forma mais tranquila, pressão por meio do Congresso e do Senado, a fim de garantirem o seu domínio sobre o Brasil. Collor não aceitou essa dependência e perdeu o cargo e os direitos políticos temporariamente. Esses segmentos mostraram que, amparados por uma população manobrada e protegidos por uma Constituição, eles exercem o arbítrio de acordo com os seus interesses. Foi a burguesia quem colocou Collor na Presidência, mas como ele não a serviu, ela mesma providenciou em tirá-lo. Não foi o desejo da população, nem da esquerda, nem de "cara-pintada" que provocou o impedimento do Presidente, mas sim dos "velhos políticos" que souberam manobrar muito bem a esquerda, "caras-pintadas" e a população em benefício próprio. A propósito, "cara-pintada" só surgiu depois que a Rede Globo transmitiu a série *Anos Rebeldes* (...)

Por tudo isso, é preciso que o povo tome cuidado com esses políticos que promoveram a CPI, pois, na verdade, o povo brasileiro foi utilizado como massa de manobra de forma indigna, injusta e criminosa. Faz tempo que o povo não tece o fio da História de forma autônoma. Collor corrupto foi um fetiche criado pelos conservadores e manipuladores da opinião pública, desejosos de recuperar o poder Executivo. Políticos que mantêm a Administração Pública como propriedade pessoal, colocando seus interesses pessoais acima dos interesses da população.[107]

Por último, cabe mencionar a afirmação feita pelo então juiz federal Pedro Paulo Castelo Branco, responsável pelo mandado de prisão de PC Farias, de que nos autos dessa prisão não havia qualquer documento que estabelecesse ligação entre Collor e PC Farias. Em seu despacho afirmou o magistrado que "analisamos peça a peça, colhemos documentos e tomamos muitos depoimentos. Em nenhum momento, encontramos qualquer coisa que envolvesse o ex-presidente com ilícitos penais". O ex-juiz também é de opinião de que as elites empresariais e políticas que negociaram com PC Farias foram as mesmas que procuraram incriminar o ex-presidente para retirá-lo do poder.

Infelizmente, forçoso é admitir que a corrupção está incrustada fortemente em várias esferas da sociedade brasileira, podendo ser

---

[107] KIELING. *O Golpe de 1992*: uma retrospectiva histórica de 1962 até 1997. Caxias do Sul-RS: Editora Maneco, 1998.

EXAME DE CASOS | 127

identificada em todos os poderes da república, no meio empresarial e mesmo entre o povo. Sonegação de impostos, contrabando, descaminho, tráfico de drogas, roubos, fraudes em licitações, vendas de sentença e de apoio político nos parlamentos são exemplos das mazelas que assolam o Brasil. Nesse sentido, pode-se observar, entre os algozes de Fernando Collor, a presença de figuras ilustres que, posteriormente, também se viram envolvidas em escândalos políticos similares aos atribuídos ao "esquema PC Farias".

Em 1992, o ex-governador de São Paulo, Paulo Maluf, ex-aliado de Collor, vangloriava-se de ter puxado o "bloco do *impeachment*".[108] Em 2005, esse mesmo político ficou mais de 30 dias preso em cela da superintendência da Polícia Federal em São Paulo, em decorrência de acusações de crimes contra o sistema financeiro, lavagem de dinheiro, corrupção passiva e formação de quadrilha. Isso sem contar as inúmeras suspeitas que sempre pairaram sobre as administrações de Maluf.

O ex-deputado federal e ex-ministro da Casa Civil, José Dirceu, foi autor, com o senador Eduardo Suplicy, do requerimento que deu origem à CPI que investigou o "esquema PC Farias". Como representante do PT na CPI, destacou-se nas investigações das denúncias sobre o "esquema PC" e das demais irregularidades que levaram o ex-presidente Collor ao *impeachment*.

Em 2005, José Dirceu foi obrigado a deixar a chefia da Casa Civil devido às acusações de que era o mentor intelectual e comandante de um esquema, também envolvendo sobras de campanha, que se tornou conhecido como Mensalão. Ao que parece, soube como utilizar os conhecimentos obtidos durante a CPI do "esquema PC Farias".

Renan Calheiros, quando presidente do Senado Federal, afirmou que advertiu Fernando Collor várias vezes acerca do tráfico de influência feito pelo ex-tesoureiro e sobre as falcatruas do governo paralelo montado por PC Farias.[109]

Os fatos envolvendo diversos dos acusadores do ex-presidente Collor bem demonstram a dificuldade de identificar irregularidades e corrupção nas elevadas esferas políticas, sobretudo no que diz respeito

---

[108] NA HORA certa, na forma certa – (...) Maluf teria rompido com Collor só para faturar votos na eleição municipal. *Revista Veja*, nº 1.250, p. 21, 2 set. 1992.

[109] EU AVISEI o presidente; O ex-líder do governo Collor na Câmara conta as vezes em que falou com o presidente para denunciar as traficâncias de PC Farias; Eu disse ao presidente que sua única saída para não se meter em fria era mandar PC para fora do país. *Revista Veja*, nº 1.220, 22 jun. 1992.

à separação entre o que são fatos apresentados pelos acusadores e o que são interesses políticos escusos.

2.7 Operação Curupira

2.7.1 Apresentação do escândalo

Esta seção tem por finalidade descrever as origens e os resultados da Operação Curupira levada a efeito no ano de 2002 pela Polícia Federal, em parceria com o Ministério Público Federal e com o próprio Instituto Brasileiro do Meio Ambiente (IBAMA), autarquia federal responsável pela fiscalização ambiental no Brasil, e entidade onde a operação se processou.

A Operação Curupira teve por finalidade desmontar esquema de corrupção oriundo de fraudes ocorridas nas Autorizações para Transporte de Produtos Florestais (ATPF). A operação concentrou suas ações na Gerência Executiva do IBAMA do estado de Mato Grosso, onde aquela autarquia já vinha, há 20 (vinte) meses, sendo investigada por diversas irregularidades. As fraudes eram praticadas por quadrilha formada por funcionários do IBAMA, por despachantes e por madeireiros.

A atuação da quadrilha abrangia, principalmente, o estado de Mato Grosso, além de outros estados como Pará e Rondônia. Somente do IBAMA, estiveram envolvidos na prática das fraudes 52 (cinquenta e dois) funcionários daquela autarquia federal.

A CPI da Biopirataria foi instaurada pela Câmara dos Deputados, em 25.8.2002, com a finalidade de averiguar, entre outros casos relacionados ao uso ilegal dos recursos florestais brasileiros, os crimes associados à extração, ao transporte e à comercialização ilegal de madeira.

O trabalho da CPI foi de cunho investigativo e, para tanto, valeu-se, principalmente, de depoimentos e de testemunhos para obtenção dos resultados por ela almejados. Por essa razão, a maior parte dos dados fornecidos neste trabalho é oriunda do depoimento e do testemunho de particulares, de empresários, de agentes públicos, enfim, de pessoas que, de uma forma ou de outra, estiveram envolvidas nas fraudes descobertas ou, no mínimo, tinham algum conhecimento relevante sobre os fatos.[110]

---

[110] No caso da Operação Curupira, a CPI ouviu o Sr. Marcus Luiz Barroso Barros – presidente do IBAMA; o Sr. Sebastião Azevedo – Procurador-Geral do IBAMA; o Sr. Flávio Montiel da Rocha – Diretor de Proteção Ambiental do IBAMA; o Sr. Hugo José Scheuer Werle – Gerente

Os procedimentos e resultados da Operação Curupira encontram-se detalhados no Relatório Final da CPI da Biopirataria. Além disso, verifica-se, na prática, que outras fontes, tais como jornais, revistas, páginas de sítios na internet, retiram dos resultados da CPI da Biopirataria as informações que prestam a seus leitores. Destarte, considerando que os dados e relatos acerca do tema serão mais fiéis à realidade dos fatos se extraídos da fonte primária utilizada pelos periódicos mencionados, qual seja, do Relatório Final da Comissão de Inquérito, revela-se mais adequado que se utilizem as informações contidas em tal Relatório como a base deste trabalho, tal como se procede adiante.

2.7.2 Área em que se verificou a fraude

A fraude se verificou na área de extração e transporte ilegais de madeira. Mais especificamente, tratou-se de amplo esquema de corrupção ativa e passiva, em que atuavam, em regra, agentes públicos e particulares, desde servidores e despachantes até autoridades de diversas esferas governamentais, além de empresas do ramo madeireiro, mediante a prática de crimes diversos envolvendo a extração e o transporte ilegais de madeira na região de Mato Grosso. Tudo isso mediante formação de quadrilha, cuja finalidade precípua era a de angariar fundos, mediante desvio de recursos públicos, para o financiamento de campanhas eleitorais de candidatos a cargos públicos.

O esquema de fraude executado por dirigentes e técnicos do IBAMA revela uma situação extremamente paradoxal, uma vez que aquela autarquia federal tem por objetivo institucional precípuo a proteção do meio ambiente. Segundo consta de sua própria página na internet, "a atividade de fiscalização do IBAMA objetiva garantir que os recursos naturais do país sejam explorados racionalmente, em consonância com as normas e os regulamentos estabelecidos para a sua sustentabilidade, visando diminuir a ação predatória do homem sobre a natureza".[111]

Executivo do IBAMA no estado de Mato Grosso; o Sr. Elielson Ayres de Souza – Interventor do IBAMA no estado de Mato Grosso; o Sr. Mário Lúcio Avelar – Procurador da República no estado de Mato Grosso; e o Sr. Nelson Rezende – Gerente do Centro Especializado de Informática do IBAMA. (CÂMARA DOS DEPUTADOS. Disponível em: <http://www2.camara.gov.br/comissoes/temporarias/cpi/encerradas.html/cpibiopi/relatoriofinal.pdf>, p. 327. Acesso em: 20 ago. 2007).

[111] IBAMA/Paraná. Disponível em: <http://br.geocities.com/ibamapr/atuacao.htm>. Acesso em: 20 ago. 2007.

Ao contrário disso, no entanto, permitiu a extração e o transporte ilegais de madeira, em atendimento a interesses particulares de autoridades e políticos com poder de influência sobre a condução do próprio IBAMA. Dados revelam um prejuízo em torno de 2 milhões de metros cúbicos de madeira explorada ilegalmente, correspondente a, aproximadamente, R$900 milhões,[112] além de dano ambiental incalculável.

Quanto às ilegalidades praticadas, as principais foram: entrega de ATPF a empresas que, posteriormente, não prestavam contas; concessão de crédito ilegal de reposição florestal a reflorestadoras; concessão para o desmate; laudos falsos de vistoria de inspeção industrial; recebimento de propina em conta pessoal referente à venda de ATPF para empresas; exigência de propina para liberação de caminhões no Trevo do Lagarto.

No que tange aos empresários do ramo madeireiro, as irregularidades por eles praticadas foram as seguintes: pagamento de propina para aprovação irregular de planos de manejo florestal e projetos de reflorestamento para cumprimento de reposição florestal; aquisição de ATPF de empresas fantasmas, visando regularizar volume de produtos e subprodutos florestais no sistema computadorizado de controle de tráfego de madeira, denominado Sismad; extração irregular de madeira em unidade de conservação, em terras indígenas e em áreas não autorizadas.

Por sua vez, os despachantes cometeram as seguintes irregularidades: uso de procurações falsas para representar firmas perante o IBAMA; introdução de dados na primeira via da ATPF não condizentes com a segunda via; criação e utilização das empresas fantasmas; pagamento de propina a servidores do IBAMA no Mato Grosso e adulteração e falsificação de ATPF.

2.7.3 Como o escândalo se tornou conhecido

A *Revista Veja*, no ano de 2005, publicou reportagem sobre o esquema de fraude em questão. Todavia, muito antes disso, a Câmara dos Deputados já discutia abertamente sobre a biopirataria (*lato sensu*),[113] por meio de comissões parlamentares criadas com esse propósito.

---

[112] CÂMARA DOS DEPUTADOS. Disponível em: <http://www2.camara.gov.br/comissoes/temporarias/cpi/encerradas.html/cpibiopi/relatoriofinal.pdf>, p. 172. Acesso em: 20 ago. 2007.

[113] Em sentido amplo (*lato sensu*), o termo biopirataria foi usado pela CPI em comento para identificar, ao mesmo tempo, três elementos, a saber: a exploração e o comércio ilegais de madeira, o tráfico de animais e plantas silvestres e a biopirataria *stricto sensu*, entendida

EXAME DE CASOS | 131

Entre essas, pode-se citar a "Comissão Externa Criada para Apurar Denúncias de Exploração e Comercialização Ilegal de Plantas e Material Genético na Amazônia – Comissão da Biopirataria da Amazônia". Além dessa, houve ainda a "Comissão Parlamentar de Inquérito Destinada a Investigar o Tráfico Ilegal de Animais e Plantas Silvestres da Fauna e da Flora Brasileiras (CPITRAFI)", criada em 7.11.2003. Por meio de tal Comissão foram realizadas relevantes investigações e produzido relatório final, que foi encaminhado a diversas instâncias administrativas e judiciárias brasileiras para a adoção das providências cabíveis.

A "Comissão Parlamentar de Inquérito Destinada a Investigar o Tráfico de Animais e Plantas Silvestres Brasileiros, a Exploração e Comércio Ilegal de Madeira e a Biopirataria no País (CPIBIOPI)", ou CPI da Biopirataria, como é mais comumente conhecida, deu continuidade e ampliou o campo de investigação das comissões anteriores, em especial o da CPITRAFI.

A CPI da Biopirataria foi instalada em 25.8.2002 e, um ano e meio mais tarde, em 28.3.2006, divulgou o relatório final de seus trabalhos. Ao longo de sua atuação, a sociedade discutiu e tomou conhecimento dos inúmeros fatos investigados pela Comissão e divulgados pela Imprensa.

Em reportagem extraída da internet,[114] a *Revista Veja* consigna como chefe do esquema de desmatamento ilegal no Pará o então gerente executivo do IBAMA naquele estado, Marcílio Monteiro.

Em consulta ao Relatório da CPI, é possível confirmar o conteúdo da reportagem de *Veja*. Conforme aquele Relatório,[115] o então presidente do Sindfloresta/PA, Mário Rubens Rodrigues, em depoimento à CPI da Biopirataria, ressaltou que uma das principais beneficiárias do esquema teria sido a senadora Ana Júlia Carepa, à época candidata à Prefeitura de Belém, cargo para o qual não foi eleita. Porém, veio a ser eleita governadora e senadora pelo estado do Pará. Ocupa, neste momento (novembro de 2017), o cargo de Senadora.[116] Segundo ele, o dinheiro dos madeireiros era depositado em conta corrente da Sra. Maria Joana da Rocha Pessoa, coordenadora financeira da campanha da senadora, em troca de ADM (Autorizações de Desmatamento) concedidas irregularmente pelo IBAMA. Foi a própria Sra. Maria Joana, assessora da

---

esta última como o acesso irregular ao patrimônio genético nacional e aos conhecimentos tradicionais associados.

[114] REVISTA VEJA. Disponível em: <http://veja.com.br>. Acesso em: 20 ago. 2007.

[115] CÂMARA DOS DEPUTADOS. Disponível em: <http://www2.camara.gov.br/comissoes/temporarias/cpi/encerradas.html/cpibiopi/relatoriofinal.pdf>, p. 361. Acesso em: 20 ago. 2007.

[116] Disponível em: <https://pt.wikipedia.org/wiki/Ana_J%C3%BAlia_Carepa>.

senadora, quem apresentou os extratos de sua conta corrente, revelando indícios de uma movimentação bancária estranha e extremamente excessiva em comparação a seus ganhos mensais.

Por fim, é importante que se mencione que o processo de fraude recebia, dos fraudadores, o nome de Plano Safra Legal, identificado, inclusive, mediante adesivos plásticos que eram afixados nas janelas dos caminhões transportadores de madeira ilegal, por meio do qual seus integrantes eram identificados e reconhecidos pelos fiscais corruptos do IBAMA, que lhes possibilitava transitar pelas estradas à margem de qualquer fiscalização por parte daquela entidade.

2.7.4 Indicação das razões que propiciaram a ocorrência da fraude

2.7.4.1 Falhas no sistema de controle do transporte de madeira

O órgão responsável por manter o controle e a supervisão do transporte de madeira, IBAMA, permitiu diversas formas de burla ao correspondente sistema, o que ensejou a proliferação da ilegalidade.

O controle da extração e do transporte de madeira é realizado diretamente pelo IBAMA, o que era feito, à época das fraudes, por meio de ATPF, autorização consistente em documentos autorizativos, regionalizados, dotados de informações pertinentes ao transporte de madeira, tais como volume transportado e identificação da madeireira. Sem a ATPF, o explorador de madeira não poderia transportá-la ou comercializá-la.

A ATPF, hoje extinta, foi instituída pela Portaria SEMAN nº 139, de 5.6.1992, e, posteriormente, passou a ser regulada pela Portaria do IBAMA nº 22-N, de 6.2.1993. A sigla significa "Autorização para Transporte de Produto Florestal" e, fisicamente, era dotada de características que lhe deveriam conferir segurança suficiente contra eventuais fraudes e falsificações. As ATPF eram numeradas, impressas em papel-moeda e cobertas com marcas exclusivas de segurança. Apesar disso, foram verificadas falsificações bastante convincentes.

Da forma como as ATPF vinham sendo então processadas e controladas, os fiscais de campo do IBAMA, ao abordarem um caminhão de transporte com um carregamento de madeira, não tinham como saber se a numeração da ATPF era verdadeira ou falsa, nem se o que estava expresso na autorização correspondia ao que ficou registrado junto ao

EXAME DE CASOS | 133

IBAMA, ou mesmo se a ATPF estava sendo utilizada ilegalmente por mais de uma vez, pela mesma madeireira.

Em depoimento à CPI da Biopirataria, o então diretor de Proteção Ambiental do IBAMA, Flávio Montiel, declarou que, no ano de 2003, 23.700 ATPFs foram subtraídas de dentro da Gerência do IBAMA localizada em Belém, e admitiu, ainda, a existência de ATPFs clonadas, calçadas e falsificadas no estado do Mato Grosso.

O preenchimento irregular das ATPFs foi outro problema que se verificou por ocasião da Operação Curupira da Polícia Federal. Informações importantes, tais como volume da madeira transportada, prazo de validade e data de emissão, ora não se encontravam preenchidas, ora se mostravam adulteradas.

O IBAMA concentrou todos seus esforços investigativos no fluxo das ATPFs, tendo em vista que, além das fraudes já anteriormente citadas, restou constatado que as empresas portadoras de ATPF não prestavam as respectivas contas ao IBAMA, além de que servidores do próprio IBAMA aceitavam propina nas transações ilegais de compra e venda de ATPF (tem-se afirmado que, no mercado paralelo, uma ATPF não custava menos de R$2 mil) e diversos adquirentes aparentemente legais das ATPFs eram, na verdade, empresas fantasmas (estima-se que, de todas as empresas madeireiras que obtiveram ATPF junto ao IBAMA, 231 eram empresas apenas de fachada, que eram desconstituídas tão logo obtinham as respectivas Autorizações de Transporte).

2.7.4.2   Carência de pessoal qualificado

De acordo com depoimentos prestados à CPI da Biopirataria, era patente a ausência de uma adequada infraestrutura do IBAMA. Os recursos humanos e os materiais e equipamentos que possuía aquela autarquia, à época dos fatos, era deveras insuficiente para fazer face às necessidades de fiscalização da entidade, que sofria, especialmente, de uma grande carência de pessoal qualificado.[117]

Segundo o depoente José Sales de Sousa, Chefe do Parque Nacional da Amazônia, o IBAMA precisaria de, pelo menos, 30 técnicos para fiscalizar sua área de 992 mil hectares, em que se concentram 14 (quatorze) comunidades vivendo no entorno. Entretanto, aquele Parque Nacional só possui 5 (cinco) fiscais em sua unidade.

---

[117] CÂMARA DOS DEPUTADOS. Disponível em: <http://www2.camara.gov.br/comissoes/temporarias/cpi/encerradas.html/cpibiopi/relatoriofinal.pdf>, p. 390. Acesso em: 20 ago. 2007.

Não é diferente a opinião da Chefe da Estação Ecológica do Rasa da Catarina, Kilma Raimundo Manso, que, também em depoimento à CPI, afirma que "o número de pessoas atuando em campo ainda está muito aquém do necessário e esse problema não está restrito às unidades de conservação: atinge todas as atividades de controle e fiscalização do IBAMA". Ela se baseia, principalmente, na área de 100 mil hectares de floresta que fiscaliza, para a qual conta com o apoio de apenas 3 (três) fiscais e um único veículo.

Além da carência de pessoal, a CPI verificou também, por via de depoimentos, que a entidade não tem realizado os devidos investimentos em infraestrutura, nem em equipamentos necessários ao relevante mister fiscalizatório da autarquia, tais como botes deslizadores, barcos, veículos, entre outros.

Para fazer face à carência de pessoal qualificado, o IBAMA já realizou concursos públicos para reforçar os quadros da entidade. O que ocorre, entretanto, é a transferência dos fiscais contratados para seus estados e cidades de origem, deixando novamente a descoberto a fiscalização nos locais carentes de pessoal. Em números, tem-se que, dos 79 (setenta e nove) fiscais concursados para atuarem no estado do Amazonas, apenas 13 (treze) permaneceram naquela região. O restante retornou para seus locais de origem.

Sobre a questão,[118] relacionada com o número de fiscais da entidade na região, vale a pena ver a menção feita pelo sítio eletrônico G1:

> A extensão territorial do Amazonas – que tem uma área de 1.759.159,148 km² – é apontada como um dos fatores que dificultam o combate a crimes ambientais no estado. "Há muitos rios e igarapés no Amazonas. Não é fácil fiscalizar diante dessa complexidade", disse o superintendente do Ibama.(...)

Outro problema detectado por essa CPI foi a falta de treinamento dos servidores do IBAMA para o desenvolvimento das tarefas que desempenham como fiscais da entidade. Um exemplo é que, nos meses de março e abril de 2005, a unidade do IBAMA situada no estado de Pernambuco realizou diversas apreensões, recuperando dezenas de milhares de metros cúbicos de madeira. Nessa operação, denominada Picapau I, realizada na região de Anapu, nenhum dos fiscais que dela participou tinha curso de reconhecimento de anatomia de madeira, provocando, em consequência, situação inusitada, em que os próprios

---

[118] Disponível em: <http://g1.globo.com/am/amazonas/noticia/2014/07/ibama-tem-apenas-47-servidores-para-fiscalizar-crimes-ambientais-no-am.html>. Acesso em: novembro de 2017.

EXAME DE CASOS | 135

autuados foram obrigados a identificar e informar aos fiscais os tipos de madeira que estavam sendo apreendidos, configurando situação vergonhosa e indigna para aquela corporação autárquica.

2.7.5 Ineficácia da administração na fiscalização e na punição dos responsáveis

A carência de pessoal qualificado também se reflete diretamente na capacidade de atuação da entidade, que prescinde de servidores, tanto para iniciar novos procedimentos quanto para dar continuidade aos processos de fiscalização já existentes. De forma contrária ao quantitativo idealizado por aquela autarquia, o que se tem é uma situação de quase completa ausência do Poder Público no combate às fraudes.

No que concerne às denúncias dirigidas ao IBAMA, dados demonstram que, do total das denúncias apresentadas à entidade, apenas 18% são efetivamente apuradas. Em nível regional, o número de apurações se reduz, muitas vezes, de forma drástica. No estado do Pará, por exemplo, apenas 7% das denúncias levadas à entidade são processadas. No estado do Rio de Janeiro e de São Paulo, a situação é ainda mais crítica. Naquelas unidades da federação, o índice se reduz para 2% e 6%, respectivamente. O estado do Tocantins praticamente empata com o estado do Pará. Naquele estado, o percentual é de meros 8%.[119]

Outros dados dizem respeito à capacidade do IBAMA para fazer valer a obrigação de pagamento das multas impingidas pela autarquia aos infratores. Segundo esses dados, adiante transcritos, existe uma grande disparidade entre o valor das multas aplicadas e o valor pago em cada ano:

Ano	Qtd. Autos de infração	Valores autos de infração (R$)	Valores pagos (R$)
2001	11.320	31.080.771,12	5.610.899,72
2002	17.606	52.338.286,68	9.825.171,88
2003	5.935	23.308.793,67	2.352.215,60
2002	2.999	12.252.752,71	3.722.771,16
Total	39.860	120.982.602,20	23.535.258,38

---

[119] CÂMARA DOS DEPUTADOS. Disponível em: <http://www2.camara.gov.br/comissoes/temporarias/cpi/encerradas.html/cpibiopi/relatoriofinal.pdf>, p. 391. Acesso em: 20 ago. 2007.

Tabela elaborada com base em dados da Coordenação Geral de Arrecadação do IBAMA, Diretoria de Administração e Finanças, relativos aos estados de Sergipe, Bahia, Minas Gerais, Espírito Santo, Rio de Janeiro, Paraná, Santa Catarina, Paraíba, Pernambuco, Mato Grosso do Sul, Piauí, São Paulo e Alagoas.

Na tabela anterior, verifica-se que o valor de multas efetivamente pagas, a cada ano, não ultrapassa 30% do total de multas aplicadas, no mesmo ano. E, mesmo assim, tal percentual somente se verifica no exercício de 2002. Nos anos anteriores, o percentual ficou em não mais de 19%.

É certo que a tabela supratranscrita não serve, exatamente, para estabelecer uma relação direta entre as multas aplicadas e as multas pagas, se for observada tal relação ano a ano, tendo em vista que seu pagamento não necessariamente ocorre no mesmo ano da aplicação, seja por consequência da interposição de recursos administrativos pelos infratores que, pela própria essência do processo recursal, costumam postergar a realização da obrigação; seja pela própria mora do IBAMA no processamento da cobrança, provocando atraso no adimplemento.

Tais dados, no entanto, servem para demonstrar que, do total de multas aplicadas em todos esses quatro anos (R$120.982.602,20), apenas 19,25% (R$23.535.258,38) foram efetivamente recolhidos pelo Poder Público. Trata-se de um percentual tão pequeno de arrecadação, que é capaz de gerar o indesejado sentimento de impunidade generalizada, o qual, ao se difundir pelos infratores, funciona como grande incentivo à proliferação do mal praticado.

Dados mais recentes[120] apontam no mesmo sentido:

> Entre 2011 e 2016, as multas aplicadas pelo Ibama somaram R$ 23 bilhões – só R$ 604,9 milhões foram pagos, 2,62% do total. O Ibama aplica uma média 8 mil multas por ano, somando cerca de R$ 4 bilhões anuais de punições. Os pagamentos, porém, nunca ultrapassam 4% desse valor. No ano passado, foram emitidos R$ 4,812 bilhões em multas, mas só R$ 104,4 milhões foram pagos.
>
> Estimativas dos técnicos do Ibama apontam que pelo menos R$ 4,6 bilhões do passivo total teriam boas chances de ser convertidos em programas ambientais, no curto prazo. O orçamento deste ano do Ibama para ações de fiscalização e programas é de R$ 243 milhões, mesmo valor de 2016.

---

[120] MULTA do Ibama poderá ser trocada por ação ambiental. Disponível em: <https://istoe.com.br/multa-do-ibama-podera-ser-trocada-por-acao-ambiental/>. Acesso em: 1º março 2018.

EXAME DE CASOS | 137

2.7.6 Medidas adotadas pelo Poder Público após a divulgação do escândalo

2.7.6.1 Ações propostas

Diante do quadro que se lhe apresentava, o IBAMA, na época das investigações, como medidas preliminares, fez uma intervenção na Gerência de MT por 60 dias; suspendeu o fornecimento de ATPF por 30 dias; descredenciou todos os servidores que operavam sistemas de controle; retirou o código de todos os sistemas para que ninguém mais os operasse; ordenou a realização de auditoria em todos os planos de manejo florestal em vigor e nas autorizações de desmatamento concedidas, no prazo de 90 dias.

Por fim, a entidade constituiu comissão de processo disciplinar para apurar, no âmbito da Gerência do Mato Grosso, a emissão indevida de laudo de vistoria; homologação, aprovação e expedição de autorização indevida de planos de manejo florestal e recebimento de propina. Em nível macro, assinou um convênio visando a uma ação permanente com a Polícia Federal, para apuração de denúncias junto ao IBAMA em todo o Brasil, com foco inicial na Amazônia.

Outra atuação foi o ajuizamento de ação civil pública contra a Fundação Estadual do Meio Ambiente do Estado do Mato Grosso (FEMA), para que fosse suspensa a emissão de autorização para desmatamento, tendo como referência área de reserva legal de 50% nas propriedades rurais situadas em áreas de transição de floresta. Essa ação desencadeou a criação da Secretaria Estadual de Meio Ambiente, em substituição à FEMA.

O Tribunal de Contas da União realizou trabalho de fiscalização junto ao IBAMA na área de extração ilegal de madeira, onde tratou da destinação das madeiras que, uma vez apreendidas, vinham sendo queimadas pelo próprio IBAMA como forma de evitar seu reapossamento pelos infratores.

De forma diversa do procedimento adotado pelo IBAMA, o TCU, nos autos do processo TC-012.307/2003-5,[121] determinou àquela autarquia que promovesse a doação das madeiras apreendidas a entidades sem fins lucrativos, que pudessem proporcionar ao bem doado uma destinação compatível com o interesse público e, caso isso não fosse possível, que promovesse a venda da madeira mediante leilão, deixando expresso

---

[121] TRIBUNAL DE CONTAS DA UNIÃO. Acórdão 601/2002 – Plenário – Ata 16/2002 – Sessão 19 maio 2002 – DOU 27 maio 2002 – Relator: Ministro Humberto G. Souto.

em sua decisão que, das licitações que o IBAMA fizesse promover para a venda das madeiras apreendidas, não deveriam participar as madeireiras que fossem infratoras contumazes.

No âmbito estadual, houve a responsabilização da Fundação do Meio Ambiente do Estado do Mato Grosso, em face do descumprimento, por aquela entidade, de norma geral federal relativa à exploração florestal ilegal. Assim, foram ajuizadas três ações de improbidade administrativa e uma ação civil pública.[122] As condenações ainda estão pendentes de julgamento de recursos e, portanto, não houve prisão, conforme indica a citação[123] a seguir:

> A juíza da 7ª Vara Criminal de Cuiabá Selma Rosane Arruda julgou procedente denúncia do Ministério Público do Estado e condenou os advogados Fabrina Ely Gouvea Finochio Junqueira e Alcides Batista de Lima Neto, pelos crimes de advocacia administrativa e corrupção passiva. Os juristas ainda podem recorrer.
>
> De acordo com a sentença, as provas anexadas ao processo, como documentos, dados telefônicos, arquivos de computador e depoimentos, revelaram que Fabrina Ely exercia cargos comissionados na Fema e, nessa condição, tinha informações sobre as autuações que eram feitas pelas equipes de fiscalização do órgão.
>
> Segundo a magistrada, de posse desses dados e em conluio com Alcides, Fabrina entrava em contato com os autuados e oferecia a eles seus "serviços" visando promover suas defesas no âmbito administrativo, perante o próprio órgão ambiental. Após a contratação dos "serviços", a dupla preparava as defesas dos "clientes" e as apresentava na Fema, constando, apenas, a assinatura de Lima Neto. Depois disso, com a influência de Fabrina, as defesas e recursos administrativos eram julgados e as multas aplicadas eram reduzidas.
>
> No computador, que era utilizado pela servidora, foram encontrados modelos de cartas oferecendo serviços de advocacia, encaminhadas às pessoas que eram autuadas pelo órgão ambiental, bem como várias defesas e recursos administrativos em nome dos infratores.
>
> Selma consignou na decisão que "restou comprovado que a ré, na condição de funcionária pública e conhecedora dos trâmites no órgão administrativo quanto à redução do valor da multa, juntamente com o réu Alcides, advogado militante na seara administrativa/ambiental, encaminhavam o documento, cuja cópia consta às fls. 142/143, propondo

---

[122] CÂMARA DOS DEPUTADOS. Disponível em: <http://www2.camara.gov.br/comissoes/temporarias/cpi/encerradas.html/cpibiopi/relatoriofinal.pdf>, p. 328. Acesso em: 20 ago. 2007.

[123] ADVOGADOS são condenados por corrupção em processo de Curupira. Disponível em: <http://www.rdnews.com.br/judiciario/advogados-sao-condenados-por-corrupcao-em-processo-da-curupira/70862>. Acesso em: 1º mar. 2018.

EXAME DE CASOS | 139

aos autuados pela Fema, a confecção de defesa administrativa para a obtenção da multa em até 90%".

De forma a corrigir e prevenir as fraudes verificadas contra o meio ambiente, o IBAMA criou sistema de ajustamento de conduta mediante a utilização da já conhecida TAC (Termo de Ajustamento de Conduta), também denominada Termo de Compromisso. Tal sistema de adequação da conduta do infrator é aplicado posteriormente ao cometimento da infração. Por meio de tal sistema, o infrator se sujeita a determinada obrigação, imposta pelo IBAMA e, em contrapartida, tem direito à redução da penalidade antes aplicada pela entidade.

O Termo de Ajustamento de Conduta revelou-se, sob determinados aspectos, positivo. Entretanto, a CPI da Biopirataria identificou inúmeras controvérsias na opinião das pessoas ouvidas por aquela Comissão Parlamentar, quanto às vantagens e desvantagens obtidas a partir da aplicação de tal instituto corretivo. Pode-se dizer que a maior dessas controvérsias girou em torno da legitimidade e da legalidade da aplicação de tal instituto.

Há quem se mostrasse favorável e também aqueles que se posicionaram contra o uso das TACs. Na opinião daqueles que defendem sua aplicação, a utilização do instituto foi autorizado pelo legislador pátrio para todos aqueles que sejam legitimados a propor a ação civil pública. Por ser uma competência legal, uma medida autorizada pela lei, deve ser respeitada. É meio mais prático e eficaz de obtenção da reparação civil, em comparação com a aplicação das vias ordinárias judiciais. Segundo, ainda, seus defensores, é o meio mais eficiente de obrigar o interessado a se adequar às exigências legais. Por meio do Termo de Compromisso, o agente público tem nas mãos a possibilidade de adequar o modo, o prazo e o lugar da obrigação de ajuste às condições pessoais do infrator, de forma a facilitar o cumprimento da obrigação.

Por seu turno, aqueles que combatem o uso dos Termos de Ajuste de Conduta, alegam que tem havido grave desvirtuamento da finalidade precípua do instituto, haja vista que vários dos termos têm extrapolado a competência legal detida pela entidade para firmar tais termos.

Ocorre que os Termos de Ajuste/Compromisso não podem dispor sobre outros aspectos senão sobre o modo, o prazo e o lugar da obrigação ajustada. Por se tratar de direito difuso, o objeto principal tutelado por esse direito jamais poderá ou deverá compor acordos de ajustamento. Além disso, a finalidade da avença não poderá jamais fugir à finalidade precípua do acordo, qual seja, à de viabilizar a prevenção e a reparação efetiva do dano por meio de solução consensual. Em outras palavras, os termos, em hipótese alguma, podem ser usados pela Administração Pública para fazer qualquer forma de concessão sobre o direito ambiental objeto de tutela. Os acordos firmados são, em suma, garantias mínimas em proveito da sociedade, jamais podendo ser confundidos com concessões de direito material em prol do infrator.

2.7.6.2 Prisões decretadas

A CPI da Biopirataria não dá notícias sobre as prisões efetuadas pela Polícia Federal, quando da execução da Operação Curupira. Informações sobre prisões havidas em tal operação policial são, em regra, obtidas a partir de revistas e jornais. Assim, a Agência Folha, em Campo Grande/MS dava notícia, em 29.11.2005, sobre a prisão de mais de 80 infratores detidos pela Polícia Federal, dentro da Operação Curupira. Entre os presos encontram-se, inclusive, diretores do IBAMA e da Secretaria do Meio Ambiente do estado de Mato Grosso.

O número de prisões efetuadas, no entanto, se mostra menor do que os 129 mandados de prisão expedidos pela Justiça. Nessa época, o então ministro da Justiça, Márcio Thomaz Bastos, declarou à imprensa que "O Governo Federal está trabalhando fortemente, como nunca se trabalhou no Brasil contra a corrupção (...) Eu não conseguiria, por melhor memória que tivesse, enumerar todas as operações da Polícia Federal contra a corrupção nos últimos dois anos e meio".

As operações efetuadas pela Operação Curupira foram ainda complementadas por ações da Polícia Federal que podem ser consideradas como uma extensão daquela primeira operação. Um exemplo é que, em ação posterior, o juiz federal Julier Sebastião da Silva, da circunscrição judiciária de Cuiabá, decretou mais 75 prisões temporárias, incluindo empresários, madeireiros, grileiros de terras públicas, loteadores de terras indígenas, pistoleiros, entre outros, num desdobramento da Operação Curupira. As prisões foram efetuadas não apenas em Mato Grosso, mas também em Mato Grosso do Sul, em Goiás e no estado de São Paulo. Entre os presos, incluiu-se o Secretário Municipal de Habitação de Cuiabá, Oscar Soares Martins.

Conforme demonstra a citação, foram decretadas várias prisões e, em seguida, os réus liberados[124]:

---

[124] PRISÕES da Operação Curupira chegam a 78. Disponível em: <http://ciencia.estadao.com.br/noticias/geral,prisoes-da-operacao-curupira-chegam-a-78,20050602p580>. As prisões ocorreram em junho de 2005. Acesso em: 1º março 2018.

EXAME DE CASOS | 141

Agentes da Polícia Federal já prenderam em Mato Grosso, até o fim da manhã, 78 pessoas acusadas de envolvimento numa das maiores organizações criminosas do País para a extração ilegal de madeira. Entre os acusados, foram detidos o gerente-executivo do Ibama, Hugo José Scheuer Werle, e o chefe de fiscalização do órgão no Estado, Marcos Pinto Gomes. A ministra do Meio Ambiente, Marina Silva, decretou intervenção federal do Ibama em Mato Grosso. De acordo com a PF, a quadrilha especializada em crimes ambientais desmatou 43 mil hectares de floresta nos últimos dois anos. A madeira retirada daria para encher 66 mil caminhões e foi avaliada em R$ 890 milhões de reais. A Justiça Federal expediu 130 mandados de prisão e 180 mandados de busca e apreensão. Além de MT, foram decretadas prisões no Pará, Rondônia, Amazonas, Paraná, Santa Catarina e no Distrito Federal. Segundo a Polícia Federal, é a maior quadrilha especializada em crimes ambientais do País. As prisões foram decretadas pelo juiz da 1ª vara Federal em Cuiabá, Julier Sebastião da Silva, depois de nove meses de investigação. (...) Entre os detidos em Mato Grosso, 45 funcionários são do Ibama, madeireiros, despachantes, funcionários da Fundação Estadual do Meio Ambiente (Fema). A operação mobilizou 430 policiais federais que chegaram de avião vindos de outros Estados. Segundo a PF, a quadrilha está envolvida em desmatamentos clandestinos e na negociação de madeira extraída de forma irregular em terras da União e reservas indígenas, principalmente na região amazônica. Além das prisões, quatro madeireiras foram fechadas pelos agentes federais em Cuiabá. Uma delas, a American Import, exportava madeira para a Ásia e não tinha licença ambiental.

Não obstante, várias pessoas presas anteriormente tiveram sua prisão revogada mediante concessão de *habeas corpus* pelo Supremo Tribunal Federal. O argumento do ministro Gilmar Mendes, relator do processo, para fundar sua decisão, se baseou no fato de que o ato de decretação das prisões não apontava, de forma concreta e minimamente individualizada, o risco que os investigados trariam à instrução criminal, nem o potencial lesivo que os mesmos deteriam em desfavor da ordem pública, o que fazia confundir tais prisões com uma clara antecipação de julgamento do mérito.

Ainda em uma terceira operação, também complementar à Operação Curupira, a Justiça de Mato Grosso decretou 82 (oitenta e duas) novas prisões, desta feita contra a quadrilha que fraudava o sistema de informática da Secretaria Estadual do Meio Ambiente do estado de Mato Grosso (SEMA) com o intuito de "esquentar" madeira extraída ilegalmente. Pelos menos 58 madeireiras estiveram envolvidas no esquema. Segundo a Polícia Federal, o novo esquema de fraude foi montado para substituir o esquema desmantelado pela Operação Curupira.[125]

2.7.6.3 Melhoria na legislação e na estrutura

Em face das inúmeras fraudes cometidas pelas madeireiras contra as ATPF, o IBAMA, há muito, vinha anunciando a extinção desse mecanismo e a sua substituição por instrumentos mais modernos de controle.

Era quase um consenso entre as autoridades atuantes na área de preservação ambiental que o sistema de controle de transporte de produtos florestais por meio de ATPF precisava ser abandonado o mais rapidamente possível e que deveriam ser realizados estudos com o propósito de, futuramente, implementar sistema específico de controle que possibilitasse o acompanhamento de todo o processo de transporte de madeira por meio de equipamentos idealizados com essa finalidade.[126]

No segundo semestre de 2005, o IBAMA anunciou a extinção das ATPFs, as quais seriam substituídas pelo Documento de Origem Florestal (DOF), que permitiriam acompanhar todo o trajeto de transporte da madeira, desde a origem até o pátio das indústrias, por meio de um processo *on-line*. O novo sistema seria implantado, gradualmente, a partir de projetos-pilotos.

Em consulta à página do *site* do IBAMA,[127] é possível constatar que aquela autarquia já substituiu, efetivamente, a então polêmica ATPF, objeto de tantas fraudes, pelo hoje denominado Documento de Origem Florestal (DOF), como já mencionava o Relatório da CPI da Biopirataria.

De acordo com aquele sítio da internet, o DOF foi instituído pela Portaria nº 253, de 18 de agosto de 2006, do Ministério do Meio Ambiente (MMA), e representa a nova licença obrigatória para o controle do transporte de produto e subproduto florestal de origem nativa – em regra, madeira extraída – em substituição à ATPF.

O DOF acompanha, obrigatoriamente, o produto ou subproduto florestal nativo, da origem ao destino nele consignado, por meio de

---

[125] MT prende acusados de roubar madeira. *Agência Folha*, Campo Grande. Disponível em: <www.folha.com.br>.

[126] CÂMARA DOS DEPUTADOS. Disponível em: <http://www2.camara.gov.br/comissoes/temporarias/cpi/encerradas.html/cpibiopi/relatoriofinal.pdf>, p. 388. Acesso em: 20 ago. 2007.

[127] Disponível em: <http://www.ibama.gov.br/cogeq/home.php>.

EXAME DE CASOS | 143

transporte individual, seja ele rodoviário, aéreo, ferroviário, fluvial ou marítimo.

Para sua utilização, é disponibilizado pelo IBAMA o Sistema DOF, cujo acesso é feito pela pessoa física ou jurídica cadastrada em uma das atividades controladas pelo IBAMA, classificadas como Indústria de Madeira, Indústria Química ou, ainda, como Uso de Recursos Naturais, tais como Serraria e Desdobramento de madeira.

Em relação a todas essas atividades, o IBAMA ainda exige como condição para a concessão do DOF, que a pessoa física ou jurídica esteja em situação regular junto àquela autarquia. Tal situação de regularidade passou, recentemente, a ser verificada por meio do Certificado de Regularidade, recém-instituído pela Instrução Normativa IBAMA nº 96, de 30/03/2006.[128]

A mudança principal está na base tecnológica: enquanto a ATPF só existia no papel, o DOF consiste de uma autorização de origem eletrônica. Os usuários imprimem o documento por meio da internet e o IBAMA passa a contar com um banco de dados atualizado em tempo real sobre toda a movimentação legal de madeira na Amazônia. O sistema ainda depende de uma autorização impressa, para fins de fiscalização, mas o controle é feito de forma eletrônica.

2.7.7 Conclusão

A Operação Curupira revelou-se uma ação conjunta da Polícia Federal com outros órgãos de combate à corrupção na área de polícia ambiental. Não fosse a cooperação do próprio IBAMA, onde ocorreram efetivamente as fraudes, muito provavelmente o trabalho do órgão policial seria, no mínimo, bastante dificultado.

Os resultados da operação foram, em termos numéricos, expressivos, tendo em vista o grande número de prisões efetuadas inicialmente e a expressiva mudança nas rotinas de trabalho da entidade. A ATPF era, até então, instituto de controle bem consolidado dentro do órgão,

---

[128] Os requisitos necessários à emissão do Certificado de Regularidade, como condição de obtenção do DOF, constam do art. 8º, da Instrução Normativa IBAMA nº 96/2006, *verbis*: "Art. 8º A partir de 01 de junho de 2006 fica instituído o Certificado de Regularidade com validade de três meses no qual constará o número do cadastro, o CPF ou CNPJ, o nome ou razão social, as atividades declaradas que estão ativas, a data de emissão, a data de validade e chave de identificação eletrônica.
§1º O Certificado de Regularidade será disponibilizado para impressão, via internet, desde que verificado o cumprimento das exigências ambientais previstas em Leis, Resolução do CONAMA, Portarias e Instruções Normativas do IBAMA e a ausência de débitos provenientes de taxas e multas administrativas por infrações ambientais."

com o qual os funcionários e dirigentes já estavam habituados e habilitados ao seu manuseio.

Por fim, o estudo da Operação Curupira e de seus desdobramentos, infelizmente, dá notícias da continuidade das infrações no setor de exploração ilegal de madeira, em que pesem as ações de combate a esse tipo de ilícito. As fraudes antes observadas no IBAMA são, agora, praticadas no âmbito da Secretaria Estadual de Meio Ambiente do Mato Grosso (SEMA), revelando clara dificuldade do Poder Público de conter a demanda de grandes grupos de infratores, que insistem em fraudar os sistemas de controle ambiental, à margem de maiores temores das consequências legais advindas de suas infrações.

2.8   O escândalo dos bancos Marka e FonteCindam

2.8.1   Apresentação do caso

2.8.1.1   Área em que se verificou a fraude

A fraude ocorreu no Banco Central do Brasil em operações envolvendo dois bancos até então absolutamente desconhecidos do grande público, o Marka e o FonteCindam, realizadas em 12 janeiro de 1999, quando a autoridade monetária brasileira assumiu a posição dessas duas instituições em contratos futuros de câmbio na Bolsa de Mercadorias e Futuro (BM&F), causando prejuízo aos cofres públicos de milhões de reais.

Escândalos financeiros ocorridos no Brasil, nos últimos anos, causaram prejuízos aos cofres públicos e à sociedade, segundo levantamento feito pelo jornal O Globo,[129] de pelo menos R$50,9 bilhões – mais de US$3 bilhões, na época. Segundo a matéria publicada no jornal:

Por um levantamento em nove dos principais casos – Coroa-Brastel, Nacional, Econômico, Bamerindus, Marka e Fontecindam, Precatórios, Papatudo e Banco Santos –, chega-se a uma conclusão assustadora: além de bilhões de dinheiro público usados para sanar as fraudes, nenhuma prisão aconteceu depois da condenação. A exceção é Cacciola, mas não pela condenação, e sim por ter fugido do país.[130]

---

[129]   CRIMES de R$ 50 bilhões. O Globo, p. 33, 23 set. 2007.

[130]   Atualmente, em 2017, o Sr. Cacciola, que tem nacionalidade italiana, reside naquele país. Disponível em: <https://pt.wikipedia.org/wiki/Salvatore_Cacciola>. Acesso em: 2 mar. 2018. Salvatore Alberto Cacciola (Milão, 7 de janeiro de 1944) é um banqueiro ítalo-brasileiro, proprietário do falido Banco Marka, que foi condenado em primeira instância no Brasil por crimes contra o sistema financeiro, juntamente com diretores e funcionários do Banco

Os fatos a seguir apresentados evidenciam, de forma gritante, a importância e os impactos que uma única decisão do Banco Central pode ter para os cofres públicos. Um deslize, uma medida tomada no momento errado pela autoridade monetária, pode custar – e custou – meses de arrocho fiscal e sacrifício de toda a sociedade brasileira na busca por superávits primários.

2.8.1.2 Ambiente em que se deu a fraude

À época dos acontecimentos, a conjuntura macroeconômica brasileira era de turbulência. O Brasil passava por crise de credibilidade, o que propiciava especulações sobre os riscos de ataque contra a moeda brasileira, o real (nos moldes das crises da Ásia e da Rússia), na medida em que as reservas internacionais vinham-se deteriorando de maneira expressiva desde agosto de 1998.

A necessidade de manter a estabilidade cambial, uma das "âncoras" da política monetária do Plano Real, obrigava o Banco Central a atuar diretamente no mercado de câmbio, inclusive, na compra e venda de contratos futuros de dólar.

Fato é que as intervenções da autoridade monetária para sustentar a taxa de câmbio superficialmente valorizada já não mais se sustentavam. Meses antes da crise, analistas de mercado sinalizavam para a forte pressão sobre a moeda norte-americana, antevendo a desvalorização do real ante o dólar, que viria a ocorrer em janeiro de 1999.

Na contramão das expectativas do mercado, o banco Marka, às vésperas da desvalorização, estava "carregado" em contratos futuros

---

Central do Brasil, após seu banco ter sido socorrido em 1999, então governo de FHC, por ocasião da flutuação cambial. Segundo a colunista Helena Sthephanowitz: "O caso é um dos mais emblemáticos escândalos do governo FHC (PSDB) e custou aos brasileiros R$ 1,5 bilhão à época. Era 1998, e o presidente concorria à reeleição. A moeda brasileira estava sobrevalorizada, mas FHC não a desvalorizava, alegando que a medida desestabilizaria a economia e a população poderia perder a confiança no governo. Houve fuga de capitais, e o país foi pedir socorro ao FMI, alegando crise internacional". Cacciola responde a diversos processos criminais, todos ainda sem sentença definitiva. Após ter ficado foragido na Itália por quase seis anos, país que negou o pedido de extradição do governo brasileiro, Cacciola foi extraditado ao Brasil pelo Principado de Mônaco em julho de 2008 e recolhido ao presídio Bangu 8, no Rio de Janeiro, em regime de prisão preventiva, onde ficou preso por cerca de três anos. Em agosto de 2011 foi beneficiado pela revogação da prisão preventiva e passou a responder aos processos em liberdade. Em 16 de abril de 2012, a juíza Roberta Barrouin Carvalho de Sousa, da Vara de Execuções Penais (VEP) do Rio de Janeiro-Comarca da Capital, decidiu conceder um indulto com base no artigo 1º, inciso III do Decreto 7648/2011, expedido pelo presidente da República, em 21 de dezembro de 2011. Considerando o disposto no inciso II do artigo 107 do Código Penal, o apenado teve a sua punibilidade extinta em decorrência dessa decisão, que não mais admite qualquer recurso.

de câmbio na BM&F, que totalizavam negócios de R$1,26 bilhão, em que o banco se comprometia a vender dólar à cotação de US$1,00 para R$1,22, em 1º de fevereiro de 1999.

O Banco Marka apresentava patrimônio líquido de R$68 milhões e posição vendida no mercado futuro de 11.300 contratos, de maneira que cada centavo de desvalorização real representava prejuízo de R$11,3 milhões. Para ter-se ideia do que a situação representava em termos de risco, basta dizer que seis centavos (R$ 0,06) de desvalorização do real seriam suficientes para pulverizar o patrimônio líquido da instituição.[131]

Em 13 de janeiro de 1999, a política de controle rígido sobre o câmbio foi abandonada, o que, na prática, provocou a oscilação do preço do dólar para R$1,32. Com a forte desvalorização da moeda nacional, a aposta na política cambial do governo, que tantos lucros haviam gerado no passado, revelou-se equivocada, fulminando com a possibilidade de o Marka continuar em operação.

Em atuação totalmente atípica, o Bacen assumiu os contratos de dólar futuro do Marka à taxa de R$1,2750, quando a cotação do mercado à vista, no dia da operação de "socorro", já estava próxima de R$1,32. Ajustou-se uma taxa de câmbio bem abaixo da cotação do mercado.[132]

Essa ajuda também se estendeu ao banco igualmente desconhecido do público denominado FonteCindam, tendo o Banco Central negociado o dólar em patamar pouco mais elevado do que no caso do Marka, à cotação de R$1,32, mas ainda abaixo do preço de venda utilizado para outras instituições financeiras.

Para a diretoria do Bacen, essa forma de atuação era necessária porque qualquer abalo no mercado financeiro, naquele momento, não importaria na simples necessidade de liquidação das referidas instituições financeiras, mas poderia desencadear o chamado "efeito dominó", com a possibilidade de propagação da crise para todo o sistema financeiro do País ("risco sistêmico").

O raciocínio era de que, se a autoridade monetária não tivesse assumido a posição daquelas instituições, o País seria atingido por uma corrida generalizada por dólar em espécie, o que poderia levar a consequências traumáticas, como a moratória externa.

Informações extraídas do Relatório da CPI dos Bancos dão conta, todavia, de que o sistema financeiro do País possuía características que afastavam completamente os indicativos de risco sistêmico, a saber:

---

[131] PATRIMÔNIO do Marka dobrou com o Real. *Folha de S. Paulo*, 11 abr.1999.
[132] *Idem.*

EXAME DE CASOS | 147

– os bancos privados estavam fortemente capitalizados, inexistindo ameaça para o conjunto das instituições. O resultado excepcional do setor, no primeiro semestre, comprova a afirmação;
– os bancos que "quebrariam" não atuavam determinantemente na área do varejo, correspondendo a soma de seus patrimônios a menos de 0,10% do patrimônio líquido do setor;
– as operações especulativas dos referidos bancos não teriam efeito sobre as atividades reais da economia, considerando que as perdas ocorreriam nos mercados de derivativos;
– a crise que os países da Ásia sofreram em seus sistemas bancários após a desvalorização não tem nenhuma relação com o Brasil, na medida em que aqueles países possuíam nos grandes bancos problemas de liquidez e de ativos sobrevalorizados, questões que aqui foram solucionadas anteriormente pelas diversas políticas governamentais desde 1992.[133]

Outro ponto relacionado pela CPI que também atenuaria a possibilidade de contaminação das demais instituições, a partir do ocorrido com o Marka e o FonteCindam, refere-se à verificação de que a maioria das instituições já havia se antecipado à desvalorização do real que se anunciava, invertendo suas posições em dólar, havendo poucos bancos em situação arriscada.

2.8.1.3 Elementos da fraude

Diante desse ambiente de instabilidade econômica, a opção do Bacen foi a mais estranha possível. Em vez de ter procedido à liquidação extrajudicial dos bancos Marka e FonteCindam, a autoridade monetária simplesmente assumiu os compromissos dessas instituições na BM&F, negociando o dólar à taxa que lhes era extremamente favorável, amargando, com isso, prejuízo estimado de R$1,567 bilhão.[134]

O que faz dessa operação de socorro particularmente nebulosa e inusitada são os elementos de que se valeu o Bacen para atuar no mercado, revelando a prática de favorecimento pessoal, tráfico de influência e falta de transparência na gestão de política pública.

A negociação dos contratos de dólar não foi via pregão na BM&F, onde prevalece o tratamento impessoal. O que realmente aconteceu foi uma negociação pontual e dirigida, em que se sabia exatamente quem eram as instituições vendedora e compradora.

---

[133] RELATÓRIO Final da Comissão Parlamentar Mista de Inquérito, novembro de 1999.
[134] CPI encerra investigação sobre socorro a bancos. *Folha de S. Paulo*, 12 maio 1999.

Não foram observados os trâmites legais que a situação exigia.[135] A falta de liquidação dos bancos favorecidos, por exemplo, resultou na impossibilidade de imediato bloqueio dos bens dos controladores e administradores do Marka e do FondeCindam. Segundo apurado na CPI dos Bancos, a descuidada atuação da autoridade monetária permitiu que o Sr. Salvatore Alberto Cacciola, controlador do Marka, enviasse ilegalmente recursos para o exterior[136] em pleno período de crise.

Também pairam sobre o caso fortes indícios de existência de esquema de pagamento de propinas a dirigentes do Banco Central em troca de informações privilegiadas.[137]

O escândalo contou, ainda, com episódios mal explicados de envolvimento do Sr. Francisco Lopes, então presidente do BC, com agentes privados. É o caso do encontro que Lopes teve com o Sr. Luiz Bragança, amigo de infância e irmão de seu ex-sócio na empresa de consultoria Macrométrica, na manhã do dia 12 de janeiro (quando ocorreram as operações de socorro), ocasião em que Bragança teria intercedido junto ao ex-presidente do Banco Central em favor de Salvatore Alberto Cacciola.[138]

2.8.1.4 Como o escândalo se tornou conhecido

Por meio da imprensa foram veiculadas diversas reportagens revelando o socorro velado aos bancos Marka e FonteCindam.

2.8.2 Indicação das razões que propiciaram a ocorrência da fraude

2.8.2.1 Falhas na legislação

Muito embora a Lei nº 6.022/72 trate dos efeitos legais para a hipótese de gestão temerária, este instrumento legal carece de

---

[135] a) Liquidação extrajudicial (art. 15, inciso I, alínea "a" da Lei nº 6.022/72); b) intervenção (art. 2º, inciso I, da Lei nº 6.022/72); c) Regime de Administração Especial Temporária (RAET) (art. 1º do Decreto-Lei nº 2.321/87; d) empréstimo de liquidez.

[136] RELATÓRIO Final da Comissão Parlamentar Mista de Inquérito, novembro de 1999.

[137] LOPES "aceitou promessa" diz denúncia. *Folha de S. Paulo*, 10 jan. 2000. Nessa reportagem, consta que "A denúncia do Ministério Público Federal contra os envolvidos no caso Marka afirma que o ex-presidente do BC (Banco Central) Francisco Lopes 'aceitou promessa de vantagem' em troca do socorro ao Banco Marka para que este não quebrasse em consequência da desvalorização cambial de janeiro de 1999".

[138] BRAGANÇA diz ter intercedido pelo Marka. *Folha de S. Paulo*, 22 mar. 1999.

EXAME DE CASOS | 149

aperfeiçoamentos em virtude das modernas formas e mecanismos de operação do sistema financeiro do país. Pode-se igualmente criticar a legislação pela falta de parâmetros que podem ser adotados pela autoridade financeira em momentos de crise, fazendo valer o argumento de que, na iminência de risco para o sistema bancário, qualquer medida, ainda que não prevista em lei, ainda que possa importar em favorecimento a determinadas instituições, é legítima.

2.8.2.2 Falhas estruturais

A causa de dois bancos pequenos – poder-se-ia mesmo dizer insignificantes – terem adquirido potencial para provocar prejuízo de grandes proporções está relacionada à fiscalização do Bacen no tocante às operações com derivativos, aí incluído o mercado futuro de câmbio.

Tanto isso é verdade que o valor negociado pelo banco Marka em contratos futuros de câmbio na BM&F correspondia a 20 (vinte) vezes o patrimônio líquido da instituição, o que denota grau de "alavancagem" extremamente incomum.

A situação do FonteCindam era bem menos desastrosa. A "alavancagem" do banco correspondia a 3 (três) vezes o seu patrimônio líquido.

Está claro que a autoridade monetária negligenciou o acompanhamento da exposição ao risco das instituições bancárias que operavam no mercado futuro de câmbio. Ademais, não existiam mecanismos de controle interno da Autarquia, de modo a evitar o excesso de "alavancagem" das instituições socorridas.

2.8.2.3 Carência de pessoal qualificado

O corpo técnico do Banco Central é reconhecidamente um dos mais bem qualificados da Administração Pública federal. Ao que tudo indica, o problema não ocorreu por falta de profissionais especializados.

2.8.3 Medidas adotadas pelo Poder Público após a divulgação das fraudes

2.8.3.1 Recomendações da CPI

Em março de 1999, foi constituída Comissão Parlamentar Mista de Inquérito para apuração das fraudes e identificação dos responsáveis.

Oportuno destacar, neste tópico, as recomendações proposta pela CPI ao Ministério Público:

Considerando ser o Ministério Público o titular da ação penal, no curso do que se forma a convicção do juiz, cumpre lhe enviar o presente relatório para que promova a responsabilização civil e criminal dos seguintes envolvidos:

a) Diretoria do Banco Central, em virtude dos Votos BCB nºs 6 e 15, de 1999, que se mostraram ilegais e ilegítimos. Tais Votos serviram de justificativa para as operações em exame, que ensejaram prejuízos injustificados de R$1.572,805 milhões de ajustes, em benefício das contrapartes, e R$285 mil de corretagem, em favor de intermediários;

b) Servidores da fiscalização do Banco Central e os procuradores, que agiram em desconformidade com a obrigação legal de liquidar o Banco Marka, aceitaram passivamente a transferência de recursos para o exterior, deixaram de examinar adequadamente a situação do Banco FonteCindam e se prestaram a conferir aparência de legalidade e legitimidade a operações que manifestamente não o eram, bem como patrocinaram interesses privados perante a Administração, do que resultou prejuízo ao erário;

c) Diretoria do Banco Marka, que agiu de forma temerária – ao permitir tamanha exposição cambial –, contrária aos interesses nacionais – ao possibilitar a transferência de recursos para o exterior e falseamento da sua destinação –, além de tentar fraudar a Receita Federal, pela manipulação das demonstrações contábeis;

d) Diretoria do Banco FonteCindam, que deu margem ao erro dos servidores da fiscalização do Banco Central e propiciou a transferência de renda para os cotistas de fundos privados;

e) presidente do Banco Marka e acompanhantes, que vieram a Brasília declaradamente com o fito de traficar influência.

O Ministério Público Federal promoveu ações de improbidade administrativa contra dirigentes do Bacen e dos bancos Marka e FonteCindam.[139]

Os principais envolvidos foram denunciados pela Procuradoria da República do Rio de Janeiro pelo cometimento dos crimes de corrupção passiva, peculato e prevaricação.[140]

Conforme reportagem da Folha de S. Paulo,[141] o ex-presidente do Banco Central também foi indiciado pela Polícia Federal por evasão de dividas "(...) em um inquérito que investiga um envelope encontrado na casa dele com informações sobre um depósito de US$1,67 milhão que ele teria no exterior em uma conta do seu ex-sócio, Luiz Bragança".

---

[139] EX-PRESIDENTE do BC é acusado em processo. *Folha de S. Paulo*, 25 jun. 1999.

[140] LOPES é indiciado pela PF sob acusação de peculato. *Folha de S. Paulo*, 3 fev. 2000.

[141] *Idem.*

EXAME DE CASOS | 151

Foram ajuizadas ações populares objetivando a anulação das operações de venda de dólares aos bancos Marka e FonteCindam. O Tribunal de Contas da União também instaurou investigação própria para apurar as irregularidades do caso.

2.8.3.2 Recursos recuperados

Não se tem notícia da recuperação dos valores despendidos com a atuação do Banco Central para socorrer os bancos Marka e FonteCindam. Sabe-se apenas que Cacciola "recebeu nova condenação da Justiça por má gestão do fundo de investimento Marka Nikko. Além dele, a juíza Lecília Ferreira Lemmertz, da 33ª Vara Cível do Tribunal de Justiça do Rio, condenou a administradora Marka Nikko Asset Management e seu ex-presidente, Francisco de Assis Moura de Melo, a pagar indenizações por danos morais de R$13 mil divididos entre 13 investidores do fundo. Os condenados ainda terão que devolver aos investidores os recursos aplicados no fundo com juros e correção monetária".[142]

2.8.3.3 Prisões decretadas

Em abril de 2005, a Justiça Federal do Rio de Janeiro proferiu as primeiras sentenças sobre as operações de socorro aos bancos Marka e FonteCindam.[143] Eis a situação dos principais acusados:

– Francisco Lopes – ex-presidente do Bacen – foi condenado a 10 (dez) anos de prisão.
– Cláudio Ness Mauch – ex-diretor de Fiscalização – foi condenado a 10 (dez) anos de prisão e a multa no valor de R$93,6 mil.
– Demóstenes Madureira de Pinho Neto – diretor de Assuntos Internacionais à época – foi condenado a 10 (dez) anos de prisão e a multa no valor de R$156 mil.
– Tereza Grossi – foi condenada a 6 (seis) anos de prisão e a multa no valor de R$56,16 mil, na condição de chefe do Departamento de Fiscalização quando as operações foram aprovadas.

---

[142] JUSTIÇA volta a condenar Cacciola, ex-dono do banco Marka. *Valor online*, 6 set. 2006. Disponível em: <http://www.valoronline.com.br>
[143] JUSTIÇA condena 8 por socorro ao Marka e ao FonteCindam. *Folha de S. Paulo*, 5 abr. 2005.

- Salvatore Alberto Cacciola – ex-presidente do Marka – foi condenado a 13 (treze) anos de prisão e a multa no valor de R$202,8 mil.
- Luiz Antônio Gonçalves – servidor aposentado do Bacen – foi condenado, na qualidade de presidente do FonteCindam, a 10 (dez) anos de prisão e multa no valor de R$156 mil.

As últimas notícias sobre o caso dão conta de que a todos os condenados foi reconhecido o direito de apelar em liberdade. A única prisão decretada foi a do Sr. Salvatore Alberto Cacciola, que, em razão da dupla nacionalidade – brasileira e italiana –, encontrava-se foragido da Justiça, tendo vivido na Itália desde o ano 2000.[144] Cacciola, a rigor, chegou a ficar 37 (trinta e sete) dias preso, mas ainda em 2000 obteve *habeas corpus* do Supremo Tribunal Federal para responder ao processo em liberdade. Aproveitou a oportunidade, e a dupla cidadania, e fugiu para a Itália. No dia 15 de setembro de 2007, ao viajar a Mônaco, o Sr. Cacciola foi detido pela alfândega do principado que o identificou como pessoa procurada pela Interpol.[145] Como Brasil e Mônaco não mantinham tratado de extradição, foi feito acordo bilateral.

2.8.3.4 Melhoria na legislação

A principal alteração legislativa motivada pelos acontecimentos de janeiro de 1999 foi a edição da Lei nº 10.212/01, que trata da reforma do Sistema de Pagamentos Brasileiro.[146]

Essa legislação tem por objetivo atenuar a exposição do sistema financeiro nacional aos riscos relacionados à atuação de cada instituição que o integra nas diversas câmaras e serviços de compensação e de liquidação, prevenindo situações de risco sistêmico.

Sobre o assunto, seguem as considerações do Banco Central:

---

[144] CONSULTOR JURÍDICO Disponível em: <http://conjur.estadao.com.br/static/text/27807,1>.

[145] INTERPOL prende Salvatore Caccionla em Mônaco. *O Globo*, 16 set. 2007.

[146] "O Sistema de Pagamentos Brasileiro foi complementado por diversas medidas, introduzidas pela Lei nº 10.212, de 27 de março de 2001, que 'dispõe sobre a atuação das câmaras e dos prestadores de serviços de compensação e de liquidação, no âmbito do sistema de pagamentos brasileiros e dá outras providências'; pela Resolução nº 2.882, do Conselho Monetário Nacional, que 'dispõe sobre o sistema de pagamentos e as câmaras e os prestadores de serviços de compensação e de liquidação que o integram' e pelas Circulares nº 3.057 e 3.101, ambas do Banco Central do Brasil" (Trecho extraído da manifestação do Deputado Federal Luiz Carreira sobre o projeto de Lei Complementar nº 122/2000. Disponível em: <http://www.camara.gov.br/sileg/integras/161201.pdf>.

A Lei 10.212, o marco legal da reforma do sistema de pagamentos brasileiro, estabelece, entre outras coisas, que:
– compete ao Banco Central do Brasil definir quais sistemas de liquidação são considerados sistemicamente importantes;
– é admitida compensação multilateral de obrigações no âmbito de um sistema de compensação e de liquidação;
– nos sistemas de compensação multilateral considerados sistemicamente importantes, as respectivas entidades operadoras devem atuar como contraparte central e adotar mecanismos e salvaguardas que lhes possibilitem assegurar a liquidação das operações cursadas;
– os bens oferecidos em garantia no âmbito dos sistemas de compensação e de liquidação são impenhoráveis; e
– os regimes de insolvência civil, concordata, falência ou liquidação extrajudicial, a que seja submetido qualquer participante, não afetam o adimplemento de suas obrigações no âmbito de um sistema de compensação e de liquidação, as quais serão ultimadas e liquidadas na forma do regulamento desse sistema.

Os grandes avanços que podem ser creditados à Lei nº 10.212/01 dizem respeito à maior responsabilidade que as operadoras do sistema passam a ter sobre a gestão de seus riscos e a previsão de mecanismos de salvaguarda e garantias que buscam minimizar a ocorrência de risco sistêmico.

Destaca-se, ainda, a promulgação da Emenda Constitucional nº 20/2003, que alterou por completo a redação do art. 192 da Constituição Federal, retirando do texto constitucional a regulamentação de diversos assuntos afetos ao sistema financeiro nacional, passando a disciplina de tais matérias para a competência de leis complementares.

Essa alteração constitucional atende a uma das recomendações da CPI dos Bancos dirigida ao Congresso Nacional, no sentido de aprovar "projeto de emenda constitucional oriundo do Senado Federal, que contempla a regulamentação do art. 192 da Constituição Federal por leis complementares distintas".[147]

Com isso, tornam-se mais ágeis e eficazes alterações legislativas que se fizerem necessárias para acompanhar as transformações do mercado financeiro.

Também merece destaque a edição da Lei Complementar nº 105/2001, que trouxe importante inovação sobre as hipóteses de quebra do sigilo bancário. Um dos dispositivos mais relevantes desta lei possibilita o acesso de autoridades fiscais às informações de contribuintes

---

[147] RELATÓRIO Final da Comissão Parlamentar Mista de Inquérito, novembro de 1999.

sob processo de investigação, sem a necessidade de prévia autorização judicial.

2.8.3.5 Melhoria nas estruturas

Como reflexo do episódio envolvendo os bancos Marka e FonteCindam, a reformulação do Sistema de Pagamentos Brasileiro[148] representa significativo avanço em termos de melhoria estrutural. Essa também corresponde a mais uma providência derivada de recomendação da CPI, no sentido de o Banco Central providenciar a "remodelagem do sistema de pagamentos, elidindo a contribuição do atual lapso temporal no processamento das transações para a exacerbação do risco moral e da crise sistêmica".[149]

2.9 O escândalo dos precatórios

2.9.1 Apresentação do caso

2.9.1.1 Definição de precatório judicial

Em virtude da impenhorabilidade dos bens públicos definida pela Constituição Federal brasileira de 1988 (art. 100), a execução por quantia certa contra a Fazenda Pública se processa por meio de sistema diferenciado, em que não há apreensão forçada de bens.

Neste caso, a execução se opera pela emissão de precatório judicial,[150] que consiste na requisição feita pelo Juízo da Execução, por meio do presidente do Tribunal competente, com vistas a que a

---

[148] "O Sistema de Pagamentos Brasileiro implantou o Sistema de Transferência de Reservas (STR), operado pelo Banco Central do Brasil, em que as transferências de fundos interbancários são liquidadas em tempo real, em caráter irrevogável e incondicional, e somente são liquidadas se houver saldo suficiente de recursos na conta de liquidação da instituição emitente da ordem."
"Esse sistema encontra-se interligado também ao Sistema Especial de Liquidação e de Custódia (Selic), que opera com títulos públicos federais, o que permite a liquidação imediata dessas operações. Portanto, tanto as transferências de fundos entre instituições financeiras quanto as negociações com títulos, as duas formas de negociação que mais sensibilizam as contas de reservas bancárias, passaram a ficar sob permanente vigilância do Banco Central". (Trechos extraídos da manifestação do Deputado Federal Luiz Carreira sobre o projeto de Lei Complementar nº 122/2000. Disponível em: <http://www.camara.gov.br/sileg/integras/161201.pdf>).

[149] RELATÓRIO Final da Comissão Parlamentar Mista de Inquérito, novembro de 1999.

[150] A norma geral sobre pagamento de precatórios judiciais encontra-se no art. 100 da Constituição Federal, nos seguintes termos: "Os pagamentos devidos pelas Fazendas Públicas Federal, Estaduais, Distrital e Municipais, em virtude de sentença judiciária, far-se-ão exclusivamente na ordem cronológica de apresentação dos precatórios e à conta dos créditos respectivos,

EXAME DE CASOS | 155

entidade de Direito Público adote as providências necessárias para a inclusão no orçamento de crédito resultante de condenação judicial a ela imposta. Em outras palavras, o precatório é o título emitido pelo Poder Público por meio do qual são pagas as dívidas das entidades de Direito Público decorrentes de decisões judiciais.

2.9.1.2 Área em que ocorreu a fraude

A fraude dos precatórios foi detectada inicialmente no município de São Paulo, na gestão do ex-prefeito Paulo Salim Maluf (atualmente, deputado Federal)[151] e do seu secretário de Finanças, Celso Pitta – que veio a se eleger prefeito de São Paulo, tendo sido cassado do cargo –, em que se verificou a formação de esquema de desvio de dinheiro dos cofres públicos a partir da emissão de títulos públicos para o pagamento de precatórios judiciais.

A Emenda Constitucional nº 03/93, no seu artigo 5º, vedou a possibilidade de emissão de títulos públicos por parte de estados e municípios[152] até o dia 31 de dezembro de 1999. Essa vedação importou na extinção de importante forma de obtenção de receita por referidos entes federados brasileiros. A própria Emenda Constitucional, todavia, previu exceção para a hipótese contida no art. 33, parágrafo único, do Ato das Disposições Constitucionais Transitórias,[153] o que abriu a possibilidade para que estados e municípios voltassem ao mercado mobiliário e ampliassem suas respectivas dívidas públicas por meio da

---

proibida a designação de casos ou de pessoas nas dotações orçamentárias e nos créditos adicionais abertos para este fim. (*Redação dada pela Emenda Constitucional nº 62, de 2009)"*.

[151] Paulo Salim Maluf (São Paulo, 3 de setembro de 1931) é um político, engenheiro e empresário brasileiro, filho de pais de origem libanesa. Foi governador do Estado de São Paulo (1979-1982), além de duas vezes prefeito de São Paulo (1969-1971; 1993-1996), secretário dos transportes do Estado (1971-1975), presidente da Caixa Econômica Federal, presidente e vice-presidente da Associação Comercial de São Paulo, e candidato à Presidência da República. Atualmente, é deputado federal em quarto mandato, sendo o terceiro consecutivo. Disponível em: https://pt.wikipedia.org/wiki/Paulo_Maluf. Acesso em: 3 mar. 2018.

[152] Art. 5.º "Até 31 de dezembro de 1999, os Estados, o Distrito Federal e os Municípios somente poderão emitir títulos da dívida pública no montante necessário ao refinanciamento do principal devidamente atualizado de suas obrigações, representadas por essa espécie de títulos, ressalvado o disposto no art. 33, parágrafo único, do Ato das Disposições Constitucionais Transitórias".

[153] Art. 33. "Ressalvados os créditos de natureza alimentar, o valor dos precatórios judiciais pendentes de pagamento na data da promulgação da Constituição, incluído o remanescente de juros e correção monetária, poderá ser pago em moeda corrente, com atualização, em prestações anuais, iguais e sucessivas, no prazo máximo de oito anos, a partir de 1º de julho de 1989, por decisão editada pelo Poder Executivo até cento e oitenta dias da promulgação da Constituição".

emissão de títulos públicos para a liquidação de precatórios pendentes de pagamento até o dia 5 de outubro de 1988. A fórmula desenvolvida pela prefeitura de São Paulo, e depois disseminada para outros municípios e estados, consistia basicamente no lançamento de títulos públicos "inflados", ou seja, emitidos em montante muito superior ao necessário para a finalidade a que deveriam se destinar: a liquidação de precatórios e consequente pagamento das dívidas dos estados e municípios decorrentes de condenações judiciais. Conforme veiculado pela *Revista Veja*:[154]

> (...) do dinheiro arrecadado, só uma fatia pequena foi usada de fato para pagar precatórios. O restante foi desviado para outras finalidades, incluindo financiamento de campanhas eleitorais. Apresentado em 1997, o relatório final da CPI estimou em quase 220 milhões de dólares o rombo nos cofres de oito governos estaduais e prefeituras. Dezessete pessoas e 161 instituições financeiras foram acusadas pelo golpe.

Em se tratando de lesão ao erário e de ofensa aos princípios basilares da Administração Pública, o escândalo atingiu o seu ápice no estado de Alagoas, onde, segundo as investigações da Comissão Parlamentar de Inquérito[155] instaurada no Congresso Nacional para apurar o caso, "nenhum centavo dos recursos arrecadados com a emissão de títulos foi utilizado para o pagamento de precatórios".

Também foi digno de nota o que ocorreu em Pernambuco na operação de venda de títulos do estado: "(...) para saldar precatórios no valor de R$26 milhões, foram vendidos R$280 milhões em títulos, pagando-se R$26 milhões em comissões ao Banco Vetor e ao BANDEPE, e concedendo-se deságio na venda dos títulos de R$100 milhões".[156]

A origem do esquema foi assim sintetizada pelo relatório da aludida CPI:[157]

> Até 1992 apenas o Estado e o Município de São Paulo haviam pedido autorização para emissão de títulos destinados ao pagamento dos precatórios judiciais, com fundamento no dispositivo constitucional do art. 33 do ADCT. (...)

---

[154] Disponível em: <http://veja.abril.uol.com.br/idade/corrupcao/precatorios/resultado.htm>.

[155] Neste ponto, veja a conclusão a que chegou a CPI: "Podemos concluir, portanto, que, no caso de Alagoas, houve desvio de 100% das verbas das emissões de precatórios. Os desvios aconteceram com a mais absoluta "transparência", sob a chancela de um Decreto governamental." (Texto extraído do Relatório Final da CPI dos Títulos Públicos, agosto de 1997).

[156] RELATÓRIO Final da CPI dos Títulos Públicos, agosto de 1997.

[157] RELATÓRIO Final da CPI dos Títulos Públicos, agosto de 1997.

As provas e os depoimentos apontam unicamente para a equipe da Secretaria de Finanças da Prefeitura de São Paulo, que, detentora de vasta experiência em inflar precatórios do Município, montou uma verdadeira "fábrica de falcatruas". A "Equipe" era composta por:
a) Wagner Baptista Ramos, antigo servidor de carreira de uma empresa pública municipal, Comissionado como Chefe da Coordenadoria da Dívida Pública e detentor da "tecnologia" de inflar precatórios;
b) Pedro Neiva Filho, ex-funcionário do Banco Vetor, ex-vizinho e amigo do então Secretário de Finanças do Município, Sr. Celso Roberto Pitta do Nascimento, que o nomeou para cargo em comissão na Secretaria;
c) Nivaldo Furtado de Almeida, ex-funcionário da Eucatex, contemporâneo na empresa de Celso Pitta, conhecedor de informática e igualmente nomeado para cargo em comissão na Secretaria em 08.06.95; e
d) Maria Helena Moreira Cella, contadora de Carreira desde março de 1985.
Quanto ao patrocínio para preparação dos documentos das emissões, comprovou-se a participação do Banco Vetor nos casos de Osasco, Pernambuco, Santa Catarina e Goiânia, e do Banco Maxi-Divisa, em Alagoas. Há, ainda, indícios de patrocínio de empreiteiros paulistas nas emissões dos municípios da grande São Paulo. O início de todo o "Esquema" se deu quando o Sr. Wagner Baptista Ramos, que já havia preparado a instrução dos processos das diversas emissões do Município de São Paulo, passou a desenvolver "tecnologia de inflagem de precatórios", promovendo-a no Município de São Paulo, e, posteriormente disseminando-a para os estados e Municípios. (...)

Coordenava a referida "Equipe" o ex-secretário de Finanças Celso Pitta, que teve seu nome envolvido em várias operações com títulos públicos, claramente dirigidas para favorecer agentes privados em detrimento dos cofres públicos do município.

Um dos agentes beneficiados do esquema foi o Banco Vetor, importante operador de títulos públicos da prefeitura de São Paulo. À época da divulgação das fraudes, o nível de envolvimento existente entre o Banco Vetor e a "Equipe" da Secretaria de Finanças do município revelava o total descaso por parte dos gestores municipais com os limites entre o público e o privado, conforme se depreende de alguns episódios extraídos do relatório da CPI:

1º) durante o período compreendido entre 1995 e 1996, o Grupo Vetor e o Grupo da Secretaria de Finanças da Prefeitura do Município de São Paulo trocaram 2.223 ligações telefônicas entre si, em grande parte para aparelhos celulares de funcionários daquela Secretaria, conforme discriminação no Relatório da Subcomissão de Sigilo Telefônico (...); o fato demonstra profundo relacionamento entre as duas instituições;

2º) o Secretário das Finanças nomeou para cargo em confiança o Sr. Pedro Neiva Filho, que, além de já ter sido empregado do Banco Vetor (...), tem uma filha que trabalhava naquele Banco entre 95 e 96 e; 3º) nessa mesma oportunidade, em 27.09.95, de acordo com documento obtido junto ao Banco Vetor, foi enviado fax do Banco à casa de câmbio Made In Brazil, determinando a remessa de 260 mil dólares americanos aos Estados Unidos para a conta de PNF, junto ao Banco *Republic Intn'l Bank of New York*; observe-se que foram verificadas ligações telefônicas entre o Sr. Pedro Neiva e o referido Banco Americano; 2º) o Banco Vetor pagou, em março de 1996, o aluguel de veículo Tempra, da Empresa Localiza, para uso pela esposa do ex-Secretário da Fazenda do Município de São Paulo, Sra. Nicea Pitta (...). A contratação se deu por meio da empresa Fórmula Viagens e Turismo Ltda., pertencente à Sra. Ana Cristina Vilaça, esposa do Sr. Fábio Nahoum, presidente do Banco Vetor.

O "sucesso" na emissão fraudulenta dos títulos públicos para pagamento de precatórios, no Município de São Paulo, criou condições para o Sr. Wagner Ramos transferir a sua "tecnologia" a outros municípios e estados.

De acordo com o levantamento feito pela CPI dos Títulos Públicos, além da Prefeitura de São Paulo, o expediente de "inflagem" de precatórios para desviar recursos públicos também foi adotado pelos municípios de Guarulhos, Campinas, Osasco e Goiânia, e pelos estados de São Paulo, Rio Grande do Sul, Santa Catarina, Pernambuco e Alagoas.

Entre os muitos pontos em comum relacionados a todos esses casos de fraude, é de se destacar a participação do Banco Central do Brasil e do Senado Federal como responsáveis pela autorização das emissões de títulos públicos aos entes políticos solicitantes.

Nesse aspecto, o relatório da CPI em comento é esclarecedor ao apontar a atuação negligente, para dizer o mínimo, do Banco Central e do Senado Federal no tocante ao acompanhamento dos processos de emissão de títulos públicos e à observância dos requisitos legais inerentes a estas operações.

A Comissão apurou que, no trâmite dos processos junto ao Banco Central, em muitos casos, não eram observados procedimentos rotineiros de fiscalização. Verificaram-se falhas grosseiras na instrução dos pedidos de emissão de títulos para pagar precatórios, sobretudo quanto à regularidade documental.

A esse respeito, destaca-se a seguir trecho do relatório da CPI acerca da análise da emissão de títulos para o estado de Pernambuco:

EXAME DE CASOS | 159

Vale lembrar, ainda, que o Banco Central tem o poder, e o dever, de exigir, de estados e municípios, toda e qualquer documentação necessária à instrução do pleito e ao esclarecimento de pontos duvidosos (Resolução 69/95, art. 17). Apesar das inúmeras lacunas contidas nos documentos enviados pelo Estado de Pernambuco, a Autoridade Monetária não exigiu esclarecimentos adicionais.

No Senado Federal, pedidos de emissão foram aprovados mesmo diante de fortes indícios de irregularidades nas solicitações. Cita-se mais uma vez o caso do Estado de Alagoas, em que a CPI constatou que a atuação do Senado Federal "esteve longe de ser irrepreensível. (...) cabe observar a rapidez atípica com que foi elaborado e aprovado o Parecer pela Comissão de Assuntos Econômicos. No mesmo dia em que o pedido de Alagoas chegou à Comissão de Assuntos Econômicos, o Parecer foi redigido e aprovado".

A postura do Senado Federal de descaso com o endividamento público também foi registrada na apreciação do pedido de emissão de Santa Catarina. Segundo os termos do relatório da CPI dos Títulos Públicos:

> Fica claro que não houve qualquer consideração mais aprofundada sobre as questões técnicas ou jurídicas subjacentes ao pedido de autorização de Santa Catarina. O Senado foi omisso em seu papel de guardião do endividamento das unidades da Federação, permitindo uma brutal elevação da dívida mobiliária daquele Estado.

2.9.1.3 Principais envolvidos

a) Paulo Maluf – "Prefeito de São Paulo na época da emissão dos títulos, é acusado pelo Ministério Público de ter apresentado declarações falsas para obter do Senado e do Banco Central a autorização para o lançamento dos papéis. Depois de obter o aval, mandou colocar na praça Letras do Tesouro Municipal no valor de 600 milhões de dólares, mas usou menos de 22% do arrecadado para pagar precatórios, como mandava a lei".[158] O ex-prefeito Paulo Maluf responde a inúmeros processos na justiça por atos de improbidade, corrupção, má gestão e enriquecimento ilícito.[159] Todavia, o volume de denúncias e acusações contra Maluf não impediu a sua eleição para

---

[158] Disponível em: <www.veja.com.br>. Acesso em: 5 maio 2000.
[159] PITTA e Maluf devem mais de R$ 19 bi aos cofres públicos. *Jornal de Brasília*, 19 fev. 2006.

deputado Federal, o mais votado pelo estado de São Paulo em 2006.[160]

b) Celso Roberto Pitta do Nascimento[161] – "Secretário Municipal de Finanças da gestão Maluf, responde como corréu às ações contra o ex-prefeito. Assinou ofícios recomendando a venda e a compra dos títulos, em operações que envolveram corretoras de má reputação no mercado e deram à prefeitura prejuízo estimado de 1,7 milhões de dólares".[162]

c) Wagner Baptista Ramos[163] – as investigações da CPI indicam o Sr. Wagner Ramos como o mentor intelectual da indústria de fabricação de precatórios "inflados". A experiência à frente da Dívida Pública do município de São Paulo e o excelente relacionamento que mantinha com agentes do mercado financeiro renderam-lhe a possibilidade de obter bons rendimentos com a transferência da "tecnologia" que havia implantado em São Paulo para outros municípios e estados. "Considerado o inventor da fórmula para turbinar o valor dos precatórios, é acusado de trabalhar ao mesmo tempo para a prefeitura e para uma das instituições que mais lucraram com a compra e a venda dos títulos, o banco Vetor".[164]

d) Pedro Neiva – indicado por Celso Pitta, atuou ativamente nas negociações de transferência de tecnologia de precatórios superestimados junto às instituições financeiras. Acumulou patrimônio incompatível com a remuneração do cargo que ocupava na prefeitura de São Paulo, tendo sido beneficiado com depósitos consideráveis no exterior.[165]

---

[160] Disponível em: <www.vejaonline.abril.com.br>. Acesso em: 2 out. 2006.

[161] "Celso Pitta morreu no dia 20 de novembro de 2009, aos 63 anos, em decorrência de um câncer no intestino. Ele estava internado no Hospital Sírio-Libanês, em São Paulo, e havia se submetido a uma operação. Seu estado de saúde piorou nos últimos meses, de acordo com declarações de seu advogado, devido aos processos a que respondia." Disponível em: <https://pt.wikipedia.org/wiki/Celso_Pitta>. Acesso em: 3 mar. 1018.

[162] Disponível em: <www.veja.com.br>. Acesso em: 5 maio 2000.

[163] "O Tribunal de Justiça (TJ) de São Paulo terá de reavaliar decisão que manteve disponíveis os bens do ex-prefeito paulistano Paulo Maluf, do atual prefeito Celso Pitta e do ex-coordenador da Dívida Pública do Município, Wagner Baptista Ramos. Os três foram absolvidos em setembro de 1997, quando Pitta era secretário de Finanças, em ação movida pelo Ministério Público (MP), sob o argumento de que não haveria, na ocasião, razões para declarar a indisponibilidade dos bens dos acusados." Disponível em: <https://www.conjur.com.br/2000-mai-12/stj_anula_decisao_beneficiava_maluf_pitta_ramos>. Acesso em: 3 mar. 2018.

[164] Disponível em: <www.veja.com.br>. Acesso em: 5 maio 2000.

[165] "A CPI dos Precatórios recebeu documentos que demonstram que o ex-assessor da Prefeitura de São Paulo, Pedro Neiva, pode ter recebido do Banco Vetor depósito de US$ 460 mil em conta no Republic International Bank of New York, dos Estados Unidos. Os documentos são

EXAME DE CASOS | 161

e) Nivaldo de Almeida – também ingressou na Secretaria de Finanças de São Paulo por indicação de Celso Pitta, com quem havia trabalhado na empresa privada Eucatex.

f) Paulo Afonso Vieira – "Governador de Santa Catarina entre 1992 e 1998, patrocinou a emissão de papéis que renderam mais de 600 milhões de dólares, embora o estado não tivesse um único centavo de dívida judicial a pagar. Em 1997, escapou da cassação, em votação na Assembleia Legislativa catarinense, porque faltaram dois votos para aprovar o pedido de *impeachment*".[166]

Segundo informações constantes do relatório da CPI, "(...) as vendas de títulos eram autorizadas por meio de ofícios assinados pelo Sr. Secretário, sem a necessária publicação prévia de edital de oferta pública dos mesmos".

Notícia[167] sobre os resultados das medidas judiciais intentadas contra Paulo Maluf e Celso Pitta dá conta de que, após dez anos dos acontecimentos, a "(...) Justiça ainda não decidiu se Maluf e Pitta são culpados ou inocentes. O processo está no Superior Tribunal de Justiça (STJ),[168] que vai decidir se extingue a ação, como pede a defesa, ou se

---

um aviso de crédito para 'PNF', que o relator da CPI, senador Roberto Requião (PMDB-PR), acredita serem as iniciais de Pedro Neiva Filho, e anotações à mão com o número da conta na agência do banco em Miami." Disponível em: <http://www1.folha.uol.com.br/fsp/brasil/fc310516.htm>. Acesso em: 3 mar. 2018.

[166] Disponível em: <www.veja.com.br>. Acesso em: 5 maio 2000.

[167] ESCÂNDALO dos precatórios completa dez anos. Disponível em: <www.portalgrito.com.br>.

[168] "'Condenado, em primeira instância no escândalo dos precatórios, o prefeito de São Paulo, Celso Pitta. Ele não deverá perder o mandato, poderá continuar no cargo até o julgamento final, que pode demorar cinco anos. Mas, se a sentença for confirmada, Pitta pode ficar oito anos inelegível', informou o *Jornal Nacional* do dia 23 de dezembro de 1997.
Em março de 1998, Pitta e Maluf foram condenados à perda dos direitos políticos, acusados de improbidade administrativa. O prefeito de São Paulo ainda teve a perda do mandato acrescida à sua pena e os bens bloqueados pela Justiça. A condenação, no entanto, só seria aplicada quando o caso fosse julgado em última instância, o que poderia levar cinco anos – tempo suficiente para Celso Pitta terminar sua gestão na prefeitura de São Paulo.
Ambos os acusados recorreram da sentença, como noticiou o *Jornal Nacional* do dia 5 de março de 1998: 'Celso Pitta e Paulo Maluf contestam na justiça o relatório da Polícia Federal sobre os precatórios. Eles consideram o pedido de prisão temporária uma manobra política.'
Em 1999, por três vezes chegou-se a pedir a abertura do processo de *impeachment* de Celso Pitta, mas o prefeito conseguiu sair ileso em todas. Em julho do ano seguinte, a Câmara de Vereadores de São Paulo rejeitou mais um pedido de *impeachment*. Celso Pitta, que também se encontrava envolvido nas investigações da Máfia dos Fiscais foi afastado da prefeitura em duas ocasiões, em março e maio de 2000, em decorrência de denúncias feitas por sua ex-mulher, Nicéia Pitta, ao repórter Chico Pinheiro. Nos dois casos, no entanto, voltou ao cargo beneficiado por recursos judiciais." Disponível em: <http://historiagrupoglobo.globo.

determina o retorno dos autos para a primeira instância, como sentenciou o Tribunal de Justiça para perícia".

Prova disso foi a participação de Wagner Baptista Ramos na preparação de documentos para emissão de títulos nos estados de Pernambuco e Santa Catarina, em que prestou serviço ao Banco Vetor, trabalho que lhe rendeu "significativa participação nos ganhos das negociações e das taxas de sucesso decorrentes das emissões desses estados, chegando a cumular cerca de US$1,3 milhões depositados nos Estados Unidos".[169] Foi demitido, teve o sigilo telefônico quebrado, cofre de aluguel lacrado, e as contas bancárias e bens bloqueados pela CPI.

Pedro Neiva teve o sigilo telefônico quebrado pela CPI, mas conseguiu liminar no STF suspendendo a decisão.

Nivaldo de Almeida atuava com Wagner Ramos na elaboração de planilhas voltadas para a "inflagem" de precatórios judiciais. Era responsável pela preparação dos dados necessários aos processos de solicitação de emissão de títulos dos estados que firmaram contrato com o Banco Vetor.

2.9.1.4 Como o escândalo se tornou conhecido

O escândalo veio a público inicialmente com reportagem da *Revista Veja* que veiculou matéria sobre o pagamento efetuado por instituição financeira de aluguel de carro para a esposa do então Secretário das Finanças Municipais de São Paulo (Celso Pitta).

2.9.2 Indicação das razões que propiciaram a ocorrência da fraude

Atribui-se à deficiência do modelo atual de execução contra a Fazenda Pública um dos principais motivos para o cometimento de desvios. Na lição de Léo da Silva Alves, a ocorrência de fraude em precatórios é fruto do próprio procedimento a que se submetem os credores da Fazenda Pública. Ressalta o autor que:

> O cidadão espera, às vezes, 20 anos na Justiça para conseguir que transite em julgado uma decisão favorável. Depois, na prática, mais 15 anos para receber o que a Constituição garante que lhe é de direito. Mas não

---

com/programas/jornalismo/coberturas/escandalo-dos-precatorios/condenacao-de-maluf-e-pitta.htm>. Acesso em: 3 mar. 2018.

[169] RELATÓRIO Final da CPI dos Títulos Públicos, agosto de 1997.

recebe: já morreu. Morreu de desgosto. Morre, talvez, à mingua. (...) A alternativa para muitos é entrar num esquema de verdadeiros bandidos de gravata, que operam milagrosamente nos meandros do poder e conseguem arrancar uma parte do que é devido ao credor legítimo, ficando com a porção maior. E, geralmente, muito maior.

2.9.3 Medidas adotadas pelo Poder Público após a divulgação das fraudes

2.9.3.1 Ações propostas

Foi constituída Comissão Parlamentar Mista de Inquérito para apuração das fraudes e identificação dos responsáveis. Entre as sugestões apresentadas pela CPI, na conclusão dos trabalhos, merece destaque a proposta de mudança na legislação penal para tipificar "(...) como crime qualquer prática que, de alguma forma, contribua para a 'lavagem ou ocultação de bens, direitos e valores', cominando severa e desestimuladora penalidade, indicando como agravante a manipulação de recursos que tragam prejuízo a qualquer erário ou que sejam oriundos do tráfico de drogas".

No relatório da CPI consta a orientação de que "a legislação relativa ao crime organizado permita à Secretaria da Receita Federal, ao Banco Central do Brasil e ao Departamento de Polícia Federal a constituir FORÇA TAREFA, formada por profissionais especializados dos referidos órgãos, para atuação em casos concretos de relevância, que exijam trabalho integrado e harmônico bem como a troca de informações entre os setores envolvidos".

Ressalta-se também a proposta de alteração legislativa para possibilitar à Secretaria da Receita Federal o acesso a informações bancárias de correntistas de instituições financeiras, fixando-se, inclusive, a obrigação, para estas entidades e para as Centrais de Liquidação e Custódia de Títulos e as Bolsas de Valores e de Mercadorias e Futuros, de encaminharem à Receita Federal dados relativos a movimentações financeiras de interesse do órgão, na forma da lei.

2.9.3.2 Prisões decretadas

Não obstante a instauração de diversos inquéritos e a propositura pelo Ministério Público de ações penais e civis por ato de improbidade administrativa, não se tem notícia de que algum dos envolvidos esteja cumprindo pena pelos ilícitos praticados à época.

2.9.3.3 Recursos recuperados

Não se tem notícia sobre qualquer ressarcimento aos cofres municipais e estaduais lesados pelo esquema aqui apresentado.

2.9.3.4 Melhoria na legislação

Um dos importantes avanços em termos de alteração legislativa derivados do escândalo dos precatórios foi a edição da Lei nº 9.613/98,[170] que tipifica os crimes de ocultação e lavagem de dinheiro, direitos e valores. Convém assinalar que a elaboração da referida lei é resultado de proposta específica consignada no relatório da CPI dos Títulos Públicos. Certo é que:[171]

> (...) escândalos de proporções nacionais que vieram à tona na última década (esquema PC/Collor, as grandes fraudes contra o INSS ocorridas no Rio de Janeiro, o esquema criminoso do Orçamento da União, dentre outros, descortinaram uma realidade sórdida de movimentação expressiva de recursos provenientes de crimes contra a Administração Pública, o que justificou sua inclusão no inc. V do art. 1º da Lei nº 9.613. O mesmo se diga com relação às grandes fraudes operadas no sistema financeiro nos últimos anos, das quais o assim chamado "escândalo dos Precatórios" é o exemplo mais recente, razões suficientes para a inclusão dos crimes contra o sistema financeiro no inc. VI do mesmo artigo.

Outra medida motivada pelo escândalo dos precatórios que pretende evitar futuras ocorrências de fraudes se refere a dispositivo da Lei de Responsabilidade Fiscal (Lei Complementar nº 101/2000),

---

[170] Destaca-se o art. 1º da Lei nº 9.613/98: "Ocultar ou dissimular a natureza, origem, localização, disposição, movimentação ou propriedade de bens, direitos ou valores provenientes, direta ou indiretamente, de crime:
I – de tráfico ilícito de substâncias entorpecentes ou drogas afins;
II – de terrorismo;
II – de terrorismo e seu financiamento;
III – de contrabando ou tráfico de armas, munições ou material destinado à sua produção;
IV – de extorsão mediante sequestro;
V – contra a Administração Pública, inclusive a exigência, para si ou para outrem, direta ou indiretamente, de qualquer vantagem, como condição ou preço para a prática ou omissão de atos administrativos;
VI – contra o sistema financeiro nacional;
VII – praticado por organização criminosa.
VIII – praticado por particular contra a administração pública estrangeira
Pena: reclusão de três a dez anos e multa".
[171] NASCIMENTO, Silvana Batini do. *Sonegação fiscal e "lavagem" de dinheiro*: uma visão crítica da Lei n. 9.613/98. Disponível em: <www.cjf.gov.br/revista/numero5>.

EXAME DE CASOS | 165

que proíbe que títulos sejam emitidos sem registro numa central de custódia.[172]

Também merece destaque a edição da Lei Complementar nº 105/2001, que trouxe importante inovação sobre as hipóteses de quebra do sigilo bancário. Um dos dispositivos mais relevantes desta lei possibilita o acesso de autoridades fiscais às informações de contribuintes sob processo de investigação, sem a necessidade de prévia autorização judicial.

2.9.3.5 Melhoria nas estruturas

A criação do Conselho de Controle de Atividades Financeiras (COAF) talvez seja a principal alteração estrutural voltada para a identificação de transações financeiras relacionadas a atos de corrupção.

Além do COAF, outras autoridades, tais como a Polícia Federal, a Receita Federal, a Controladoria-Geral da União e o Ministério Público, têm-se engajado de forma sistemática e progressiva no combate à lavagem de dinheiro, o que pode ser visto no aumento do número de investigações e condenações. Essas autoridades têm ampliado suas capacidades de atuação, quer seja ampliando recursos, quer seja cooperando com outros órgãos para intercâmbio de informações e experiências. Além disso, os tribunais especializados recém-criados para julgar estes processos também aumentaram os esforços na luta contra o crime de lavagem de dinheiro.

2.10 Escândalo da construção do fórum trabalhista de São Paulo[173]

2.10.1 Apresentação do caso

2.10.1.1 Área em que se verificou

A história do Brasil tem sido marcada, como se pode verificar pelo exame de diversos escândalos relacionados ao mau uso dos recursos

---

[172] Art. 61. "Os títulos da dívida pública, desde que devidamente escriturados em sistema centralizado de liquidação e custódia, poderão ser oferecidos em caução para garantia de empréstimos, ou em outras transações previstas em lei, pelo seu valor econômico, conforme definido pelo Ministério da Fazenda".

[173] Referência especial devo fazer ao aluno da Universidade de Brasília, Carlos Maurício Lociks de Araújo, servidor do TCU, pela imensa ajuda de pesquisa acerca desse escândalo de corrupção.

públicos e pela descoberta de complexos esquemas de corrupção que ganharam expressiva divulgação na mídia.

Certamente, um dos casos de maior repercussão, ocorrido no início da década de 1990, tornou-se conhecido como o escândalo do Tribunal Regional do Trabalho (TRT) de São Paulo, ocorrido na construção do edifício Sede do Fórum Trabalhista da cidade de São Paulo. A importância deste escândalo pode ser medida pelo fato de que sua divulgação levou o Senado Federal a instaurar uma Comissão Parlamentar de Inquérito (CPI). Nesse sentido, são esclarecedoras as palavras do senador Paulo Souto,[174] relator do caso na CPI do Judiciário:

> (...) estou absolutamente convicto de que mesmo num País onde são relativamente comuns os episódios narrando irregularidades em obras públicas, dificilmente pode ter acontecido um caso tão gritante como este, relacionado à obra do Tribunal Regional do Trabalho de São Paulo.

Trata-se de hipótese importante para os fins propostos neste trabalho, haja vista ter ocorrido em área considerada historicamente vulnerável à fraude e à corrupção: licitações e execução de contratos de obra pública.

O esquema, que redundou, em números oficiais, no desvio de cerca de R$170 milhões em recursos públicos federais da época – valores que, devidamente atualizados pela moeda norte-americana, representam aproximadamente US$250 milhões –, envolveu irregularidades desde a elaboração do edital de licitação destinado à contratação do empreendimento até crime de lavagem de dinheiro, sendo merecedores de destaque os seguintes aspectos: fixação, no edital, de objeto contratual impreciso, incomum e inadequado à natureza do empreendimento; elaboração de projeto básico falho e incompleto das obras; conluio entre os licitantes; contratos simulados para habilitação de empresas no certame; superfaturamento da obra por intermédio de medições superestimadas de quantitativos de serviços realizados; falhas graves na fiscalização da execução física da obra.

O exame deste caso se revela de alta importância porque permite identificar, de modo evidente, os pontos vulneráveis nas estruturas da Administração Pública voltados para a execução de contratos públicos. Trata-se, a rigor, de verdadeira lição de fraude em que o despudor e

---

[174] Relatório final específico sobre as ilegalidades e superfaturamento na obra do TRT de São Paulo, no âmbito da CPI do Judiciário, apresentado pelo Senador Paulo Souto, em 17/11/1999, constante do documento intitulado "Notas da Comissão Parlamentar de Inquérito Referente a 60ª Reunião Ordinária de 17.11.1999 da CPI: Justiça".

EXAME DE CASOS | 167

a forma ostensiva com que atuaram os agentes envolvidos somente podem ser explicados pela certeza da impunidade.

As informações analisadas acerca deste escândalo foram basicamente retiradas do Relatório Final da Comissão Parlamentar de Inquérito, CPI instalada no Congresso Nacional para apurar irregularidades no Poder Judiciário brasileiro; de processos conduzidos pelo Tribunal de Contas da União (TCU) sobre o tema, em especial os proferidos no âmbito do processo de número TC 001.025/1998-8, referentes a Relatório de Auditoria nas obras em referência –posteriormente convertido em Tomada de Contas Especial –, e em notícias veiculadas na internet, por veículos jornalísticos.

2.10.1.2 Como o escândalo se tornou conhecido

Chamou a atenção da mídia, e do Ministério Público, a demora na conclusão de imensa obra na mais importante cidade do Brasil. Os fatos se tornaram especialmente turbulentos quando trabalhos de fiscalização realizados pelo Tribunal de Contas da União revelaram que, não obstante a obra se encontrasse ainda na fase de conclusão de sua estrutura, já haviam sido liberados recursos que importariam na liquidação de praticamente 100% (cem por cento) do valor estimado do empreendimento. Para apurar este e outros possíveis escândalos ocorridos no âmbito do Poder Judiciário, foi instalada Comissão Parlamentar de Inquérito (CPI) no Senado Federal, que confirmou a ocorrência da fraude e obteve dados acerca da atuação dos envolvidos.

A partir do ano de 1998, pode-se afirmar que a construção do edifício sede do TRT de São Paulo ganhou o *status* de escândalo nacional.

2.10.2 Razões que propiciaram a ocorrência da fraude – Esquema de desvio de recursos

As apurações das irregularidades envolveram o esforço conjunto de diversos órgãos, com destaque para a Comissão Parlamentar de Inquérito do Senado Federal, destinada a apurar as irregularidades praticadas por integrantes do Poder Judiciário (CPI do Judiciário), pelo Tribunal de Contas da União (TCU), pelo Ministério Público Federal (MP) e pelos veículos jornalísticos.

Ao longo das apurações, foi possível identificar os aspectos vulneráveis na estrutura da Administração Pública do Poder Judiciário e em que aspectos os responsáveis pelo desvio dos recursos atuaram para tornar possível a ocorrência da fraude.

Indicaremos, em seguida, onde ocorreram as distorções que permitiram a ocorrência da fraude.

2.10.2.1 Edital de licitação impreciso e vago

Conforme apurado pela CPI do Judiciário, o esquema de corrupção que envolveu as obras de construção do Fórum Trabalhista de São Paulo se iniciou logo na elaboração do edital de licitação. Em janeiro de 1992, foi publicado o edital cujo objeto era "a aquisição de imóvel, em construção ou a construir, adequado para a instalação de, no mínimo, 79 juntas de conciliação e julgamento na cidade de São Paulo, podendo permitir a ampliação para a instalação posterior de mais 32 juntas".

Tratava-se de definição imprecisa, que não delimitava as especificações mínimas necessárias à execução do contrato (construção de juntas de conciliação e julgamento para a Justiça de Trabalho). As empresas que atuavam no setor, acostumadas com os tão frequentes favorecimentos, souberam identificar, na descrição imprecisa e vaga do objeto indicado no edital da licitação, a existência de informação privilegiada e de que o contrato foi definido de modo a favorecer grupo empresarial específico. Ou seja, o nível de imprecisão do objeto era forte indicativo de que a licitação era tão somente jogo de cartas marcadas, em que somente apresentaria proposta a empresa que tivesse obtido informação privilegiada dos funcionários do referido Tribunal do Trabalho sobre o que de fato seria executado. Além disso, definiu-se preço fixo para a obra, sem parâmetros consistentes. Foi igualmente estipulado que os pagamentos decorrentes do futuro contrato dependeriam de repasses de recursos do Tesouro Nacional, fato que criaria total incerteza por parte da empresa contratada acerca do recebimento dos pagamentos.

Segundo o Tribunal de Contas da União,[175] que investigou a execução do contrato, o objeto licitado foi inadequado, pois o caso exigia "dois certames distintos: um para a aquisição do terreno, outro para a realização das obras propriamente ditas. Desse erro inicial, originaram-se diversas outras impropriedades decorrentes da elaboração do contrato, uma vez que esse fora redigido como se a operação fosse uma simples 'aquisição' (contrato de promessa de compra e venda), e não uma contratação de obra pública, como realmente era".

---

[175] Trecho do Relatório que integra o Acórdão 25/99-TCU-Plenário, proferido no processo TC 001.025/1998-8, referente a Relatório de Auditoria realizada nas obras do Fórum Trabalhista de São Paulo, em 1992.

EXAME DE CASOS | 169

Além dos fatores anteriormente indicados, relacionados às condições do edital, os elevados índices de inflação verificados no Brasil no período em que foi divulgada a licitação (1992) igualmente contribuíram para afastar a maioria dos licitantes. Das trinta empresas que procuraram o Tribunal do Trabalho para obter cópia do edital, apenas duas participaram efetivamente do certame: Incal – Indústria e Comércio de Alumínio e Construtora Augusto Veloso em consórcio com o Grupo OK.

Pode-se inferir, portanto, que o primeiro passo para conformar o esquema de fraude foi exatamente a elaboração de edital com características que afastariam eventuais empresas desconhecedoras – ou excluídas – do esquema de fraude que se perpetrava. Essa conclusão é compartilhada no citado Relatório Final da CPI,[176] que assim consignou: "É evidente que, no momento da assinatura do contrato, muitas das cláusulas que afastaram alguns concorrentes foram retiradas do contrato. Isso é algo extremamente grave porque muitas empresas não participaram da licitação por causa daquelas cláusulas".

2.10.2.2 Falta de qualificação técnica e econômica da empresa contratada

Não obstante a licitação tivesse sido vencida pela empresa Incal – Indústria e Comércio de Alumínio, em razão de arranjos societários, o contrato para a execução da obra – que compreendia, além da construção do edifício, a venda do imóvel onde ocorreria a construção – acabou por ser adjudicado a uma empresa que sequer participou da concorrência, a Incal Incorporações. Deve-se ressaltar, ademais, que o objeto do contrato, de aproximadamente US$120 milhões, foi adjudicado à referida empresa, cujo capital social era de cerca de US$70. Ainda segundo o Relatório da CPI do Judiciário, havia indícios de que a Incal Alumínio foi constituída como instrumento de participação indireta dos Grupos Monteiro de Barros e Grupo OK na licitação.

2.10.2.3 Pagamentos sem a contrapartida em serviços

Segundo apontado nas investigações conduzidas pelo TCU, pactuou-se "a liberação de parcelas em datas específicas, independentemente da realização de medições físicas dos serviços realizados,

---

[176] Trecho do Relatório que integra o Acórdão 25/99-TCU-Plenário, proferido no processo TC 001.025/1998-8, referente a Relatório de Auditoria realizada nas obras do Fórum Trabalhista de São Paulo, em 1992.

contrariando praxe comum nos contratos de obras públicas, o que estaria a caracterizar o pagamento antecipado dos serviços".

Com efeito, tão logo foi assinado o contrato, principiaram os pagamentos, feitos de forma antecipada, sem que houvesse a devida contraprestação prévia dos serviços. Desses pagamentos, cerca de R$36 milhões foram antecipados para a compra do terreno. Não obstante, apenas pouco mais de sete milhões de dólares foram necessários à aquisição do terreno. Na escritura de compra e venda do terreno, constaram apenas cerca de US$2 milhões. As apurações feitas pelo TCU, concluíram, mediante pesquisa de mercado, que o custo do imóvel adquirido foi cerca de 20% superior ao dos níveis de mercado. Esses números já bastariam para dar ideia do total descontrole que iria ser a marca da execução do contrato.

2.10.2.4 Lavagem do dinheiro

Outra verificação importante, efetuada pela CPI do Judiciário, foi o complexo esquema de lavagem do dinheiro ilegalmente montado.

Para uma boa compreensão desse esquema, transcrevem-se as seguintes passagens do Relatório apresentado pelo senador Paulo Souto, na CPI do Judiciário:

> O ponto que considero importante é que começamos a rastrear as primeiras ordens de pagamento, objeto dessa entrada. Qual foi o destino dessas ordens de pagamento feitas antes que a obra tivesse começado? (...) Rastreamos desde a chamada OB, que saiu do Tribunal Regional do Trabalho para a empresa construtora, e vamos ver o que acontece, claro que não vou fazer isso em todas, em alguma dessas, insisto, entre os primeiros pagamentos feitos pelo Tribunal ao Grupo Monteiro de Barros. Essa ordem de pagamento do mês de junho de 1992, portanto naquela fase de pagamento do sinal, em torno de US$2,8 milhões. Isso foi depositado no Banco do Brasil. E, no Banco do Brasil (...) ela passeava entre diversas contas da empresa. Uma parte disso (...), US$1,76 milhões, foi utilizada para um dos pagamentos do terreno. Cerca de US$3 milhões foram para as contas do Banco Cidade. A conta inicial do Banco do Brasil era uma só, as contas do Banco Cidade eram várias, e eles simplesmente transferiam de uma conta para outra. E aí começou a haver o destino desse dinheiro. Nessa ordem que está mostrada aí, cerca de US$2 milhões, ou seja, 22,8%, foi transferência, mediante a compra de cheque administrativo e emissão de documentos para o Grupo OK. Cerca de US$200 mil para diversos bancos paraguaios. Isso era feito de que forma? Eram feitas transferências para contas CC-5,[177] do

---

[177] Conta especial transitória, definida pelo Banco Central do Brasil, destinada à transferência de recursos para o exterior.

EXAME DE CASOS | 171

Grupo Monteiro de Barros para a conta CC-5, de instituições financeiras paraguaias em Foz do Iguaçu, um esquema muito semelhante a tudo que aconteceu com lavagem de dinheiro em diversos outros casos já focalizados. Esse dinheiro, então, foi para diversos bancos paraguaios e cerca de oitocentos mil, ou seja, 16%, para pessoas físicas e jurídicas que não conseguimos observar nenhuma vinculação com a construção. O que é importante nisso? É que há uma certa premeditação do desvio do dinheiro. Então, as primeiras transferências, a obra não havia sido iniciada, e começa a ter uma destinação de recursos, objeto absolutamente estranho à obra.

Do trecho acima, percebe-se que uma das formas utilizadas para ludibriar os órgãos de controle foi a promoção de frequentes movimentações bancárias dos recursos que se pretendia "lavar", dispersando-os em diversas contas e, por fim, repassando-os a bancos no exterior.

Neste ponto, cumpre explicar o que sejam as contas CC5 – já referidas em escândalos anteriores.

Em sua origem, tratava-se de contas bancárias em moeda nacional, cujo titular era pessoa não residente no Brasil. Em vista dessa peculiaridade, o titular podia converter livremente seus saldos em dólares até o limite do valor internalizado, também em dólares. Seu nome – CC5 – deriva da Carta Circular número 5 do Banco Central do Brasil. Em regra, as contas CC5 possuem, como titulares, bancos estrangeiros. Tais contas podem receber depósitos em reais de pessoas brasileiras, que são convertidos, pelo titular da CC5, em disponibilidades em dólares no exterior. É uma forma de transferir recursos para outros países. Atualmente, não mais existe limite às transferências.

O Tribunal de Contas da União realizou auditoria específica para aferir o controle do Banco Central do Brasil sobre as transferências efetuadas por meio das contas CC5 (processo TC 928.358/1998-2). Na ocasião, detectaram-se falhas de controle, principalmente quanto à identificação dos responsáveis pelas transferências. Em termos mais específicos, o Tribunal de Contas[178] apurou a existência de:

(...) concessões especiais, autorizadas pelo então Diretor de Assuntos Internacionais do Banco Central do Brasil, para que determinadas agências de cinco Bancos na cidade de Foz do Iguaçu/PR, pudessem acolher nas contas CC5, ou seja, contas de não-residentes, depósitos em espécie em valores superiores a R$10.000,00 (dez mil reais), a partir do final de

---

[178] Trecho do Voto do Ministro Adylson Motta, relator do Acórdão 130/2001 – Plenário, proferido em 30.5.2001. *DOU*, 12 jun. 2001.

abril de 1996, sem a obrigatoriedade de identificação da proveniência e destinação dos recursos e da natureza dos pagamentos.

Segundo o ministro Adylson Motta, do TCU, um dos exemplos de fiscalização inadequada do uso das contas CC5 foi exatamente o caso das obras do TRT de São Paulo, em que 30 bilhões de dólares, dos recursos desviados, foram retirados do País pelas contas CC5, conforme apurado pelo TCU e pela CPMI do Banestado.[179]

Para mais considerações acerca do sistema de controle de lavagem de ativos no Brasil, remetemos o leitor ao Capítulo 2, na parte em que se examina o órgão encarregado de fiscalizar as movimentações financeiras suspeitas. Aqui, observamos que os atos foram praticados antes da implantação, no Brasil, de qualquer sistema de lavagem de ativos e antes da vigência da lei que tipificou como crime os atos de encobrimento e lavagem de capitais, que foi promulgada em 1998.

2.10.2.5 Pagamentos a agentes públicos

A CPI do Judiciário, acessando informações bancárias dos envolvidos, apurou diversos pagamentos inexplicados feitos pela Corretora Split ao juiz Nicolau dos Santos Neto, então presidente do TRT/SP, e vice-versa. Segundo o Relatório do senador Paulo Souto:

> Essa mesma empresa fez pagamentos, não explicados, ao juiz Nicolau, essa empresa que recebia esses depósitos – aí estão cheques da Split para o juiz Nicolau, cheques que não estão absolutamente explicados. E uma primeira relação já entre o juiz Nicolau e a empresa é que ele também, numa das contas que obtivemos, fez um depósito de um milhão de dólares para essa empresa. Através de uma das contas que ele tinha, ele depositou, através desse banco, o Commercial Bank of New York, à ordem da Real State Investment, um milhão de dólares. Só estou falando isso para vocês verem que começa a aparecer a relação do juiz com empresas que de alguma forma tinham operações com a empresa do Grupo Monteiro de Barros.

A CPI do Judiciário, por meio do seu relatório final, informou, ainda, o envolvimento do "Grupo Monteiro de Barros na compra de um apartamento em Miami, que hoje não temos nenhuma dúvida de

---

[179] Informação prestada por ocasião de depoimento do Ministro Adylson Motta na Sub-relatoria de Normas de Combate à Corrupção da CPMI dos Correios, em 9.2.2006. Presidente do TCU reclama de falta de verba e informações. *Agência Câmara*. Disponível em: <www.camara.gov.br/internet/agencia/materias.asp>. Acesso em: 12 nov. 2006.

EXAME DE CASOS | 173

que é um apartamento que pertence a uma empresa (...) do juiz Nicolau dos Santos Neto".

Outra prova obtida pela CPI, sobre os pagamentos feitos ao juiz Nicolau dos Santos relacionados às obras do TRT/SP são os depósitos feitos em contas do magistrado na Suíça. Vale reproduzir o seguinte trecho do multicitado relatório:

> Sem dúvida nenhuma, uma das coisas mais importantes é essa tabela de ordem bancárias do Tesouro Nacional e os depósitos feitos na conta da Suíça, na conta do Dr. Nicolau.
> Vejam bem, na primeira, à esquerda, estão as ordens bancárias e o valor depositado nas contas do juiz na Suíça. Um fato extremamente importante é que aquele primeiro grupo mostra as datas das ordens bancárias, que vão do mês 2 ao mês 7 – isso foi mais ou menos em 1992 –, quando são paralisadas, ou seja, no mês 7, de 1992, elas desaparecem; até o mês 7, de 1993, desaparecem completamente os depósitos feitos na conta da Suíça. Um ano depois, quando os pagamentos do TRT de São Paulo são retomados, no dia 12/07, são retomados os depósitos das ordens bancárias na Suíça.
> O objetivo disso é realmente mostrar uma relação muito forte entre o recebimento das ordens bancárias pelo Grupo Monteiro de Barros e os depósitos feitos na conta do juiz Nicolau Santos Neto, na Suíça. O total dessa conta da Suíça é aproximadamente 7 milhões, 6 milhões e 900 e tantos.

Obtiveram-se provas de enriquecimento ilícito do citado juiz durante a execução da obra em exame. Um dos exemplos marcantes foi a aquisição de apartamento em Miami. Segundo a CPI, verificou-se a transferência de dinheiro da Suíça para Miami para pagar o que seria 90% do montante do referido apartamento, cujo valor total seria US$800 mil.

A CPI do Judiciário obteve, ainda, outras informações que incriminaram o juiz Nicolau dos Santos Neto, valendo destacar a coleta de informações junto a órgãos governamentais dos Estados Unidos.

2.10.2.6 Fraude na fiscalização da obra (superfaturamento de serviços)

Somente após determinação do TCU, o TRT da 2ª Região (ou TRT/SP) contratou, em 1993, o engenheiro Antônio Carlos Gama e Silva, para fazer as medições da obra, previamente aos pagamentos.

Essa medida não se mostrou, todavia, suficiente para evitar o desvio. As medições reputadas a esse engenheiro indicavam, em janeiro de 1998 – quando a obra foi paralisada –, cerca de 98% de conclusão da obra. No entanto, levantamentos periciais, *in loco*, demonstraram que aquele percentual era muitíssimo superior ao efetivamente executado. Fato agravante foi a verificação, pela CPI do Judiciário, por meio do acesso a extratos bancários, de depósitos diversos feitos pelo Grupo Monteiro de Barros em conta bancária do Engenheiro Gama e Silva. Segundo o Relatório da CPI, foram pagos cerca de "US$ 22 mil dólares [ao engenheiro] ao longo de toda essa obra, nos anos de 1992 e 1993, demonstrando que, ao mesmo tempo que ele fiscalizava uma empresa, ele recebia recursos dessa empresa".

Outra fraude apurada nas medições dos serviços executados foi a falsificação de rubricas do engenheiro Gilberto Morand Paixão em laudos referentes às obras do TRT/SP, fato noticiado nos Acórdãos 163/2001 e 301/2001, ambos do Plenário do TCU.

2.10.2.7 Aditivos contratuais indevidos

Outro meio de fraude apurado no esquema, desta feita pelo TCU, foi a realização de aditivos contratuais para a elevação dos valores devidos à contratada, sob o pretexto de busca de reequilíbrio econômico financeiro da avença sem que tivesse sido evidenciado o desequilíbrio necessário à repactuação.

2.10.2.8 Falhas graves nos projetos de construção e dificuldades para a mensuração do real valor da obra

Também relevante foi o reflexo da ausência ou da insuficiência do projeto básico, e da ausência de projeto executivo, sobre a possibilidade de medir-se o real valor da obra. Com isso, seria difícil quantificar o débito a favor do Erário. Não obstante esse obstáculo, o TCU, com o auxílio da Caixa Econômica Federal (empresa pública que atua fortemente na área de construção imobiliária), apurou o real valor da obra, no estado em que se encontrava, subtraindo-o do somatório dos valores pagos pelo TRT/SP no bojo do malsinado contrato. Obteve, assim, um valor histórico de R$169 milhões, a configurar o débito imputado aos responsáveis.

2.10.2.9 Resumo das falhas que propiciaram a fraude

Entre os possíveis fatores que permitiram o desenvolvimento do esquema, pode-se citar:

EXAME DE CASOS | 175

- ausência ou insuficiência de controle prévio ou concomitante do procedimento licitatório, eivado das seguintes anomalias: elaboração de edital impreciso e com cláusulas desvantajosas ao futuro contratado, que afastaram concorrentes, reduzindo-os ao grupo de empresas em conluio; definição de objeto inadequado e obscuro, contrário às disposições legais e ao interesse público (confusão entre licitações para aquisição de terreno e de obra pública); incompletude do projeto básico;
- ausência ou insuficiência de fiscalização concomitante da obra, ensejando medições fraudulentas, pagamentos indevidos e antecipados, desvio de recursos etc.;
- falhas no controle de remessas de divisas ao exterior, mediante a sistemática das contas CC5, facilitando a lavagem do dinheiro desviado;
- impossibilidade de acesso, pelo TCU, a informações protegidas por sigilo, em especial às referentes a extratos bancários, tendo em vista que a fiscalização efetuada em 1992 chegou a apontar várias irregularidades na licitação, no contrato e na execução contratual; porém, em face da complexidade da obra e da ausência de provas mais contundentes, a fiscalização não atingiu a eficácia esperada.

2.10.2.10 Agentes envolvidos

A CPI do Judiciário concluiu pela responsabilização dos seguintes agentes:

- juiz Nicolau dos Santos Neto[180] (presidente do TRT/SP – responsável pela licitação, contratação e pagamentos efetuados);
- membros da Comissão de Licitação e da Comissão de Construção (responsáveis pela licitação);

---

[180] "No início de 1992, o então presidente do TRT de São Paulo, Nicolau dos Santos Neto, abriu licitação para a construção do futuro fórum trabalhista da capital, que iria se transformar em um dos maiores escândalos de desvio de dinheiro público da história do país. (...) No início de 1992, o então presidente do TRT de São Paulo, Nicolau dos Santos Neto, abriu licitação para a construção do futuro fórum trabalhista da capital, que iria se transformar em um dos maiores escândalos de desvio de dinheiro público da história do país. (...) Em abril de 2013, o Supremo Tribunal Federal (STF) emitiu certidão para declarar que transitou em julgado a condenação do ex-juiz pela prática do crime de lavagem de dinheiro cometido durante a construção do Fórum Trabalhista de São Paulo." Disponível em: <http://www.valor.com.br/legislacao/3901860/tst-mantem-cassacao-de-aposentadoria-do-ex-juiz-nicolau-dos-santos>. Acesso em: 4 mar. 2018.

- engenheiros Antônio Carlos da Gama e Silva e Gilberto Paixão Morand[181] (responsabilizados pelas medições falsas);
- juiz Délvio Buffulin (presidente do TRT/SP, sucessor do juiz Nicolau, que assinou aditivo e autorizou pagamentos, de forma indevida);
- Fábio Monteiro de Barros e José Eduardo Ferraz (representantes da contratada).

A CPI propugnou, ainda, pelo enquadramento penal de diversos agentes, conforme demonstrado a seguir:

No art. 312, peculato, o juiz Nicolau dos Santos Neto, os Srs. Fábio Monteiro de Barros Filho, José Eduardo Ferraz e Antônio Carlos Gama e Silva. No emprego irregular de verbas públicas, o juiz Délvio Buffulin, e indícios também da participação do juiz Nicolau e do engenheiro Gilberto Morand Paixão nesse ilícito.
Nos arts. 333 e 317, corrupção ativa e corrupção passiva, o juiz Nicolau dos Santos Neto e os representantes das empresas do Grupo Monteiro de Barros, Fábio Monteiro de Barros e José Eduardo Ferraz.
No art. 171, estelionato, Fábio Monteiro de Barros e José Eduardo Ferraz e indícios que devem ser vistos da participação do engenheiro Antônio Carlos Gama, que produziu, dolosamente, relatórios que não correspondem à realidade com o intuito de justificar esses pagamentos.
No art. 299, falsidade ideológica, o Grupo Monteiro de Barros, através do Sr. Fábio Monteiro de Barros, pelos documentos que assinou e pelos depoimentos que foram colocados em dúvida por esta Comissão Parlamentar de Inquérito.
Ademais, há indícios de que Nicolau Santos Neto também pode ter praticado crime do Código Penal ao declarar o pagamento de aluguéis, que efetivamente não existiram, do apartamento nos estados Unidos. Por outro lado, há indícios de que o engenheiro Antonio Carlos Gama e Silva falseou os seus pareceres com o fim de subsidiar pagamentos à empresa contratada. E também de que o Sr. Pedro Rodovalho assinou recibos falsos como procurador da *International Real State Investments S/A* na operação relacionada como "Operação Panamá".

Também foram apontados diversos indícios de relações ilícitas entre o Grupo Monteiro de Barros e o Grupo OK Construções e Incorporações S.A., controlado pelo então senador da República, Luiz Estevão de Oliveira Neto. Tais registros são mais bem compreendidos a partir da seguinte passagem do citado relatório:

---

[181] Posteriormente, o engenheiro Gilberto Moran Paixão comprovou sua inocência, demonstrando que suas assinaturas em documentos que o incriminavam eram falsas.

EXAME DE CASOS | 177

A quantidade de documentos recebidos pela esta Comissão atingiu um volume bastante expressivo e não foi possível averiguar de forma final a autenticidade ou não de todos eles. Para tanto, estamos chamando a atenção do Ministério Público para o fato de que foram apresentados documentos particulares sem registro público para comprovar vultosos negócios entre os Grupos OK e Monteiro de Barros, para que aquele órgão verifique a licitude desses documentos e, a partir daí, resolva pelo enquadramento, ou não, dos Srs. Fábio Monteiro de Barros, Lino Martins Pinto, senador Luiz Estêvão, que assinaram alguns desses documentos ou, quando não assinaram, confirmaram o conteúdo desses depoimentos em declarações que prestaram a esta Comissão Parlamentar de Inquérito.

No âmbito do TCU, foi imputada responsabilidade à pessoa jurídica da contratada, Incal Incorporações S.A., e ao Grupo OK, além dos acima citados agentes públicos.

O desdobramento das investigações, a cargo do Ministério Público e do Tribunal de Contas da União, concluiu que o Grupo OK, controlado pelo então senador Luiz Estevão de Oliveira Neto envolveu-se também no esquema, tendo sido provada, entre outras irregularidades, a alteração dos livros contábeis do Grupo para justificar receitas decorrentes da execução da obra superfaturada do TRT/SP.

2.10.3 Medidas adotadas pelo Poder Público após a divulgação das fraudes

As apurações do caso, no Poder Legislativo, ocorreram no âmbito da CPI do Judiciário, que fiscalizou, além das irregularidades envolvendo a construção do edifício sede do TRT de São Paulo, outras irregularidades no Poder Judiciário.

O início das investigações decorreu de provocação feita pelo Ministério Público Federal e de processo de fiscalização feito pelo TCU sobre as referidas obras, noticiadas pela imprensa. A efetiva instalação da CPI ocorreu em 8.2.1999.

Para viabilizar os trabalhos, foram requeridos e analisados diversos documentos. Foram, ainda, colhidos diversos depoimentos, ouvindo-se agentes fiscalizadores e os agentes envolvidos, além de outras provas passíveis de requisição pela CPI, nos termos do art. 58, §3º, da Constituição Federal.[182]

---

[182] Art. 58, §3º, CF: "As comissões parlamentares de inquérito, que terão poderes de investigação próprios das autoridades judiciais, além de outros previstos nos regimentos das respectivas Casas, serão criadas pela Câmara dos Deputados e pelo Senado Federal, em conjunto ou

As apurações contaram, ainda, com o apoio de técnicos especializados do Tribunal de Contas da União, do Banco Central e da Secretaria da Receita Federal, entre outros órgãos públicos. Os trabalhos da CPI foram acompanhados, *pari passu*, pelos veículos jornalísticos, dando-se intensa cobertura aos atos da comissão e aos fatos por ela divulgados. Os resultados da investigação parlamentar foram encaminhados a diversos órgãos para as providências cabíveis, com destaque para o Ministério Público Federal e o Tribunal de Contas da União.

No caso específico do TCU, os achados da CPI do Judiciário foram utilizados como provas adicionais às apurações efetuadas no âmbito da Tomada de Contas Especial, instaurada em face do desvio de recursos verificado no escândalo do TRT de São Paulo (TC 001.025/1998-8). O Acórdão 25/1999-TCU-Plenário, proferido no citado processo, ordenou nova fiscalização nas obras em relevo, em virtude da "superveniência de fatos novos decorrentes da investigação da CPI do Judiciário, até então indisponíveis a este Tribunal em função do sigilo fiscal e bancário, fatos esses que têm apontado para danos superiores aos apurados por este Corte (...)".[183]

Também no Acórdão 163/2001-TCU-Plenário, exarado no mesmo processo, o Tribunal consignou a utilização de novas provas obtidas no âmbito da CPI do Judiciário em subsídio às apurações no âmbito da Corte de Contas. Isso é bem registrado nos *consideranda* do referido acórdão, *in verbis*:

> Considerando que a CPI do Judiciário demonstrou de forma exaustiva a sociedade de fato estabelecida entre o Grupo OK e o Grupo Monteiro de Barros, tendo em vista a transferência de volumosos recursos pelas empresas do Grupo Monteiro de Barros às empresas do Grupo OK, sem razão justificada;
>
> Considerando que a CPI do Judiciário concluiu pela responsabilização do Grupo OK, representada pelo Sr. Luiz Estêvão de Oliveira Neto, por atos lesivos ao patrimônio público e por enriquecimento ilícito; (...)

Como se vê, o acesso a informações protegidas por sigilo bancário, conferido à CPI, permitiu apurar o vínculo entre o Grupo OK, controlado pelo então senador Luiz Estêvão, e o escândalo em estudo.

---

separadamente, mediante requerimento de um terço de seus membros, para a apuração de fato determinado e por prazo certo, sendo suas conclusões, se for o caso, encaminhadas ao Ministério Público, para que promova a responsabilidade civil ou criminal dos infratores."

[183] Trecho da parte dispositiva do Acórdão 25/1999-TCU-Plenário, proferido em 5/5/1999 (*DOU* de 19.5.1999).

EXAME DE CASOS | 179

Pode-se concluir que a colaboração da CPI do Judiciário na elucidação do caso do TRT de São Paulo, bem como na imposição de sanções e de medidas reparadoras, apresentou as seguintes notas características:

- ampla visibilidade pela mídia, estimulando o controle social das apurações;
- acesso a informações protegidas por sigilo e poder inquisitório, possibilitando efetuar acareações e colher depoimentos verbais dos envolvidos e demais interessados, resultando em investigações mais ágeis e efetivas;
- possibilidade de requisitar a colaboração de especialistas de outros órgãos públicos, a exemplo de Analistas do Banco Central e do TCU, de Auditores da Receita Federal etc.;
- forte intercâmbio com outros órgãos de fiscalização, por exemplo, o Ministério Público Federal e o Tribunal de Contas da União.

Acerca das medidas adotadas no âmbito do Tribunal de Contas da União, pode-se afirmar que a primeira notícia de irregularidades envolvendo as obras do TRT/SP decorreu de auditoria realizada pelo TCU, logo no início do empreendimento, em 1992 (TC-700.731/92-0). Na ocasião, apontou-se a precariedade do projeto básico, irregularidades no edital de licitação e no contrato e a existência de pagamentos antecipados, entre outras anomalias. Não obstante a unidade técnica do Tribunal, composta por servidores concursados, sugerisse a adoção de medidas para a paralisação do empreendimento, o Plenário do TCU, composto por ministros indicados majoritariamente pelo Congresso Nacional – por meio de critérios políticos, portanto –, não seguiu a orientação da equipe técnica e apenas determinou a adoção de medidas corretivas das falhas apontadas, conforme acórdão proferido nos autos do mencionado processo TC-700.731/92-0.

Em 1998, provocado pelo Ministério Público Federal no Estado de São Paulo, o TCU voltou a realizar novas inspeções, materializadas no processo TC 001.025/1998-8, que culminaram no Acórdão 25/1999-TCU-Plenário, proferido em 5.5.1999, cuja parte dispositiva determina a instauração de processo de tomada de contas especial, entre outras medidas. A leitura dos *consideranda* do acórdão do TCU vale como indicativo do nível de irregularidade que seria apurado:

VISTOS, relatados e discutidos estes autos que tratam de Relatório de Auditoria realizada no Tribunal Regional do Trabalho da 2ª Região (SP), objetivando verificar a compatibilização entre os cronogramas físico e financeiro das obras de construção do Fórum Trabalhista da Cidade de São Paulo.

Considerando que restou demonstrada a existência de vícios de origem, relacionados à forma de contratação do objeto pactuado, sendo indevidamente caracterizado o contrato como de entrega de coisa pronta e acabada, em detrimento do contrato de obra pública que se fazia apropriado à espécie;

Considerando que desde o erro inicial, a execução da obra deixou de obedecer aos princípios basilares da Administração Pública, máxime no que concerne à etapa de liquidação da despesa, sendo efetuados diversos pagamentos sem que houvesse, concomitantemente, a efetiva contraprestação de serviços;

Considerando que a liberação de recursos financeiros não guardou compatibilidade com o cronograma de execução física das obras;

Considerando que a ausência de compatibilização entre os cronogramas físico e financeiro resultou em enorme descompasso, restando executada apenas 62,15% da obra, conforme levantamento da SECEX-SP, tendo sido pagos recursos superiores a 93% do valor total do contrato;

Considerando que não procedem as alegações da empresa Incal Incorporações S. A., no sentido de que a incompatibilidade entre o cronograma físico e o financeiro seria apenas aparente, provocada pelo desequilíbrio econômico-financeiro do contrato;

Considerando que na apuração do percentual de 93% de execução financeira do contrato já foram computadas as possíveis parcelas devidas em função das alterações introduzidas no sistema de reajustamento do contrato com o advento do Plano Real – para o reequilíbrio econômico-financeiro,

Considerando que não existem motivos ensejadores de revisão contratual em decorrência da criação de impostos ou tributos, contrariamente ao que alegava a Incal Incorporações S. A.;

Considerando que a redução no ritmo das obras não pode ser tido, *in casu*, como fator que dê ensejo ao reequilíbrio econômico-financeiro do contrato, posto que não restaram demonstrados os prejuízos que o justificassem;

Considerando que os Srs. Délvio Buffulin (ex-Presidente do TRT/SP) e Nicolau dos Santos Neto (ex-Presidente do TRT/SP e da Comissão de Construção do Fórum Trabalhista da Cidade de São Paulo) eram conhecedores do descompasso existente entre a execução física e financeira das obras, consoante demonstram, à saciedade, os elementos constantes dos autos;

Considerando que, mesmo detendo esse conhecimento, os Srs. Délvio Buffulin e Nicolau dos Santos Neto continuaram autorizando a realização de novos pagamentos, bem assim solicitando e assinando novos aditivos contratuais com a firma Incal Incorporações S. A, dando, por conseguinte, causa e continuidade ao prejuízo sofrido pelo Erário;

EXAME DE CASOS | 181

Considerando que ambos os ex-Presidentes deixaram de adotar as providências de sua alçada, consistentes na aplicação de multas contratuais e suspensão dos pagamentos em favor da firma Incal Incorporações S. A., até que houvesse a necessária compatibilização entre os cronogramas físico e financeiro das obras;

Considerando a responsabilidade solidária do engenheiro Antônio Carlos da Gama e Silva, contratado pelo TRT com a atribuição específica de acompanhar a obra mediante a emissão de relatórios gerenciais, demonstrando sua evolução física, e de pareceres técnicos, visando ao exame da correspondência entre os recursos financeiros alocados e o avanço da implantação do empreendimento, que não alertou a Administração acerca das irregularidades que vinham sendo praticadas;

Considerando que os atos do mencionado engenheiro Antônio Carlos da Gama e Silva devem ser analisados também pelo competente órgão de fiscalização do exercício de sua atividade profissional, uma vez que as inconsistências constantes de seus relatórios, devidamente demonstradas pela equipe de auditoria, não podem ser tidas como meros equívocos, constituindo, na melhor das hipóteses, negligência, e quiçá, má-fé;

Considerando que o prejuízo causado aos cofres públicos pelo descompasso entre a execução física e a financeira, é da ordem de 58.722.682,1288 de UFIRs, que convertidas ao padrão monetário vigente equivalem a R\$57.372.209,82;

Considerando que fatos supervenientes, decorrentes da investigação da CPI do Judiciário, antes desconhecidos deste Tribunal por envolverem os institutos dos sigilos bancário e fiscal, apontam para novos valores desviados, que poderão trazer uma nova dimensão ao prejuízo sofrido pelos cofres públicos que até aqui quantificamos;

Considerando que se tais fatos novos requerem a continuidade dos trabalhos de campo desta Corte, devendo ser realizada nova inspeção, independentemente da imputação imediata dos prejuízos até aqui já conhecidos.

Considerando que não obstante a adoção das providências internas no âmbito do TRT-SP, consistentes na rescisão unilateral do contrato, faz-se necessário determinar-se à autoridade administrativa competente que decrete a nulidade do referido contrato;

Considerando que os responsáveis foram devidamente ouvidos em audiência prévia, podendo ser-lhes imputada multa desde logo;

Considerando que o valor máximo da multa equivale, hoje, a R\$17.560,20;

Considerando que a recomposição do débito somente poderá ser efetuada após a observância do devido processo legal e do princípio da ampla defesa, devendo os autos ser convertidos em Tomada de Contas Especial para a citação dos responsáveis;

Considerando que o Tribunal Regional do Trabalho da 2ª Região já promoveu a rescisão unilateral do contrato, nos termos do art. 79, inciso I, da Lei nº 8.666/93, e no inciso I, do art. 69, do D.L. 2.360/87;

Considerando, que os fatos apontados abrangem diversos exercícios, alguns cujas contas já foram julgadas pelo Tribunal, Considerando que as irregularidades tratadas nestes autos estão sendo apuradas também no âmbito do Poder Legislativo, por intermédio da CPI do Judiciário.

Houvesse o TCU, no ano de 1993, seguido a orientação da equipe técnica do próprio Tribunal, certamente a corrupção no TRT de São Paulo teria sido evitada. Ou seja, tivesse o Tribunal de Contas da União sido capaz de adotar, no ano de 1993, a decisão somente proferida em 1998, não teria ocorrido um dos mais rumorosos escândalos de corrupção da história do Brasil.

Posteriormente à decisão de 1998, seguiram-se mais dez outras decisões e acórdãos preferidos no âmbito do TCU, em decorrência de sucessivos recursos, interpostos pelo representante do Ministério Público junto ao TCU – MP/TCU[184] e pelos responsáveis no processo.

Em virtude de fatos novos supervenientes ao acórdão original, o MP/TCU interpôs recursos que implicaram a responsabilização de novas pessoas, a exemplo do Grupo OK e da Incal Incorporações S.A., além da obtenção de novo valor histórico do débito, que resultou em R$169 milhões.

O Acórdão 163/2001-TCU-Plenário, proferido em 11.7.2001,[185] definiu os responsáveis, fixou em definitivo o débito apurado "no valor histórico de R$169.491.951,15 (cento e sessenta e nove milhões, quatrocentos e noventa e um mil, novecentos e cinquenta e um reais e quinze centavos)" e aplicou multas aos responsáveis, que, em alguns casos, chegou ao valor de R$10.000.000,00 (dez milhões de reais). Reiteramos que o valor do débito, devidamente atualizado e convertido em moeda norte-americana corresponde, atualmente, a aproximadamente US$250 milhões.

As principais contribuições do TCU à fiscalização e à elucidação do esquema de corrupção, bem como à punição dos responsáveis e à reparação do dano, podem ser assim resumidas:

– sua equipe técnica foi responsável pela primeira apuração de anomalias no empreendimento, logo no seu início;

---

[184] Somente ingressei no Ministério Público junto ao TCU, por meio de concurso público, no ano de 1992. Somente passei a atuar no processo relativo à construção do edifício-sede do TRT de São Paulo no ano de 1998.

[185] *DOU* de 9.8.2001.

EXAME DE CASOS | 183

- apresentou avaliações técnicas e detalhadas sobre as condições da obra e respectivos documentos;
- responsável pela quantificação final dos valores desviados;
- expediu medidas cautelares, de bloqueio de bens dos responsáveis, aumentando as possibilidades de recuperação dos valores desviados;
- primeiro órgão a imputar, efetivamente, débitos e sanções aos responsáveis, em virtude da relativa celeridade de seus processos, comparativamente aos processos judiciais.

Enquanto órgão fiscalizador, a atuação do Ministério Público Federal foi de capital importância à descoberta do esquema de corrupção das obras do Fórum Trabalhista de São Paulo.

Não obstante o TCU ter sido o primeiro órgão a apontar irregularidades no empreendimento, no citado relatório de auditoria realizada em 1992, foi a Procuradoria da República no estado de São Paulo que registrou, em 1998, o descompasso entre os pagamentos efetuados e o estágio real da obra. Essa iniciativa provocou novas fiscalizações no âmbito do TCU e motivou ação específica no âmbito da CPI do Judiciário.

A provocação do TCU pelo Ministério Público Federal está assim descrita no Relatório que integra o Acórdão 25/1999-TCU-Plenário:

15. No dia 18.2.98 ingressou neste Tribunal expediente de autoria da Dra. Elizabeth Kablukow Bonora Peinado, Procuradora-Chefe da Procuradoria da República no Estado de São Paulo, informando que "decorridos dois anos [da Decisão nº 231/96-Plenário], tendo sido ultrapassados os prazos contratuais avençados entre o TRT/SP e a empresa Incal Incorporações S.A., vencedora da licitação, e já tendo sido pago pelo Tesouro Nacional praticamente o preço total do empreendimento (...), muito ainda falta para a entrega da obra, de relevantíssima importância para esta Capital. 16.Tal expediente foi autuado, no âmbito da Presidência desta Corte, como um processo autônomo (este TC-001.025/98-8 que agora se examina) e encaminhado à SECEX-SP "para as providências cabíveis.

As primeiras iniciativas do Ministério Público,[186] na investigação do caso, começaram ainda em 1997, em face da representação feita pelo deputado Giovanni Queiroz. O senador Paulo Souto teceu os seguintes comentários sobre essa atuação preliminar da Procuradoria da República no estado de São Paulo:

---

[186] FOLHA ONLINE, 30.2.2006. Disponível em: <http://www1.folha.uol.com.br/folha/brasil/ult96u78021.shtml>. Acesso em: 15 nov. 2006.

Bem, um ponto importante em todo esse processo é a atuação do Ministério Público do Estado de São Paulo. Ele atuou principalmente a partir de uma representação que foi feita pelo deputado Giovanni Queiroz, da Comissão de Orçamento, o Ministério instaurou o Inquérito Civil Público nº 7, no dia 16 de maio de 1997, tendo como objetivo investigar o superfaturamento e desvio de verba pública. (...)
Durante o trabalho que realizou – e vamos voltar a este ponto adiante –, o Ministério Público pediu à Receita Federal que fizesse uma diligência na contabilidade das empresas construtoras. E foi aí que surgiu, pela primeira vez, a ideia de que estava havendo um desvio forte de recursos da obra. Isso porque estavam contabilizados apenas R$60 milhões. Isso foi no final de 1997. A partir daí, pouquíssimos recursos entraram na obra. Assim, diria que isso ainda hoje é algo muito atual. O Ministério Público pediu à Receita Federal que, consultando toda a contabilidade das empresas, viu que estavam lançados, definitivamente, como recursos aplicados na obra, alguma coisa em torno de R$60 milhões. Também foi nessa época que foram lançadas as primeiras ideias sobre desvio de recursos. (...).

Verifica-se, nesse registro, que a detecção da irregularidade ensejou, por si só, a paralisação dos desvios, em face da suspensão de repasses de recursos à obra.

Segundo matéria publicada no jornal *Folha Online*,[187] o Ministério Público Federal, no estado de São Paulo, adotou as seguintes providências no caso em estudo:

O Ministério Público Federal pediu a condenação de Nicolau dos Santos Neto, dos empresários Fábio Monteiro de Barros Filho e José Eduardo Teixeira Ferraz, e do ex-senador Luiz Estêvão de Oliveira Neto. O juiz Casem Mazloum, da 1ª Vara Federal Criminal de São Paulo, considerou a denúncia "parcialmente procedente" em relação a Nicolau e "improcedente" em relação aos demais acusados.
O MPF pediu pena máxima para todos, pelos crimes de estelionato, formação de quadrilha, peculato, corrupção passiva, falsidade ideológica e uso de documentos falsos. O juiz entendeu que houve "excessiva atribuição de tipos penais". Corrigiu a denúncia, condenou Nicolau por tráfico de influência (não pedido pelo MPF) e por lavagem de dinheiro e absolveu os demais. (...)
MPF pediu a inquirição de uma ex-contadora do grupo OK que denunciou ao MPF, em Brasília, falsificação de livros contábeis. O juiz indeferiu o edido, por entender que o fato não diz respeito ao caso e que apenas tumultuaria e prolongaria o julgamento.

---

[187] FOLHA ONLINE, 30.2.2006. Disponível em: <http://www1.folha.uol.com.br/folha/brasil/ult96u78021.shtml>. Acesso em: 15 nov. 2006.

EXAME DE CASOS | 185

O senador Paulo Souto, em seu relatório apresentado à CPI do Judiciário, apresentou as seguintes informações adicionais sobre a atuação do MP no caso:

(...) o Ministério Público ajuizou uma ação cautelar inominada e, posteriormente, uma ação civil pública, obtendo do juiz federal, em São Paulo, uma decisão que colocou em disponibilidade os bens de Fábio Monteiro de Barros, José Eduardo Corrêa Teixeira Ferraz, Nicolau dos Santos Neto e Délvio Buffulin. E obrigou a Inkal a promover o depósito judicial das quantias já adiantadas por força de um aditivo, que foi objeto de constatação do Ministério Público, porque àquela altura, enfim, do contrato já se sabia que os recursos todos haviam sido liberados, que a obra, absolutamente, não estava concluída, faltava muito da obra e, apesar disso, se tentava um novo aditivo no valor de R$36 milhões. Foi contra isso que se insurgiu o Ministério Público e conseguiu sustar parcialmente, porque apenas uma parte desse aditivo – aproximadamente 11 ou 12 milhões – foi liberada.

Ainda segundo apurado pelo TCU acerca da atuação do Ministério Público Federal,[188] foi ajuizada:

(...) ação civil pública contra as empresas do Grupo OK e de seu representante legal, Sr. Luiz Estêvão de Oliveira Neto, tendo como objeto os danos causados ao patrimônio público em face dos desvios de recursos destinados à construção do Fórum Trabalhista de São Paulo para as suas empresas, em conluio com o Grupo Monteiro de Barros, tendo obtido êxito na decretação da indisponibilidade dos seus bens, inclusive na segunda instância.

Não obstante as primeiras sentenças judiciais terem sido relativamente contrárias às pretensões do Ministério Público, a lide desdobrou-se em outras ações e em vários recursos, sobrevindo, ao fim, diversas condenações mais rigorosas, conforme anotado adiante, no subitem que cuida das medidas adotadas pelo Poder Público após a divulgação da fraude.

Depreende-se que a contribuição do Ministério Público Federal na fiscalização do caso denota os seguintes aspectos importantes:

– iniciativa da reabertura das investigações, que redundou na efetiva descoberta do esquema de corrupção;

---

[188] Considerando do Acórdão 163/2002-TCU-Plenário.

– provocação de investigações parlamentares e de novas fiscalizações pelo TCU;
– adoção de medidas cautelares, para evitar maiores prejuízos;
– ajuizamento das ações judiciais cabíveis, culminando com diversas condenações dos responsáveis.

2.10.4 Sanções aplicadas e recuperação dos valores desviados

O primeiro órgão a aplicar sanções aos responsáveis foi o Tribunal de Contas da União, que imputou débito solidário, no valor de aproximadamente R$169 milhões (valor que equivalia, na época, a aproximadamente a US$200 milhões) às seguintes pessoas: Nicolau dos Santos Neto (ex-Presidente do TRT/SP); Empresa Incal Incorporações S.A., na pessoa de seus representantes legais, Srs. Fábio Monteiro de Barros Filho (Diretor-Presidente) e José Eduardo Corrêa Teixeira Ferraz (Diretor Vice-Presidente); Grupo OK Construções e Incorporações S.A., na pessoa do seu Diretor Superintendente e representante legal, Sr. Luiz Estêvão de Oliveira Neto, Antônio Carlos da Gama e Silva (engenheiro).

O TCU também determinou cautelarmente o bloqueio dos bens dos responsáveis. Posteriormente, a Advocacia-Geral da União, ao ajuizar as respectivas cobranças executivas das dívidas decorrentes do acórdão do TCU, requereu e obteve o sequestro dos bens, na esfera judicial, em substituição à cautelar determinada pelo Tribunal de Contas da União.

Ao ser processado, o juiz Nicolau dos Santos Neto fugiu do Brasil. As buscas foram amplamente divulgadas na mídia e contaram com o apoio da Interpol.[189] Após quase oito meses foragido, o juiz entregou-se à Polícia em 8.12.2000.[190]

Na esfera judicial, diversos responsáveis foram condenados.[191]

---

[189] INTERPOL promete empenho máximo. *Folha de S. Paulo*. Disponível em: < http://www1.folha.uol.com.br/fsp/brasil/fc0208200019.htm>. Acesso em: 16 nov. 2006.

[190] EX-JUIZ está 28 kg mais magro e com o cabelo comprido. *Folha de S. Paulo*, 9 dez. 2000. Disponível em: < http://www1.folha.uol.com.br/fsp/brasil/fc0912200009.htm>. Acesso em: 4 mar. 2018.

[191] "Em 2000, além da ordem de prisão expedida contra Nicolau, foram presos Fábio Monteiro e José Eduardo Teixeira Ferraz, da Incal. O senador Luiz Estevão teve cassado seu mandato e o ex-secretário-geral da Presidência da República Eduardo Jorge Caldas Pereira admitiu que teve contatos com Nicolau, mas negou qualquer envolvimento comercial com ele. Ainda assim, o episódio serviu para prejudicar a imagem do presidente Fernando Henrique Cardoso. (...) Segundo o portal G1, Lalau foi beneficiado pelo indulto pleno, que concede liberdade a presos com mais de 70 anos que já cumpriram mais de um terço da pena e possuem problemas de saúde". Disponível em: <https://pt.wikipedia.org/wiki/Nicolau_dos_Santos_Neto>. Acesso em: 4 março 2018.

EXAME DE CASOS | 187

Ao longo desta pesquisa, não foi possível apurar todas as condenações judiciais imputadas a todos os responsáveis. No entanto, apresentam-se, a seguir, as principais apenações:

a) O Sr. Luiz Estêvão de Oliveira Neto, além de ter seu mandato de senador cassado,[192] recebeu as seguintes condenações:
   - 35 anos de reclusão por uso de documento falso, em virtude da alteração de livros contábeis do Grupo OK para justificar as contas das obras do TRT/SP (órgão julgador: TRF da 1ª Região), em outubro/2006;
   - 31 anos de reclusão pelos crimes de formação de quadrilha, peculato, estelionato, uso de documentos falsos e corrupção ativa, além de multa no valor de R$3,15 milhões (TRF da 3ª Região), em maio/2006; obteve direito de recorrer ao STJ em liberdade;

b) Nicolau dos Santos Neto (Juiz presidente do TRT/SP):
   - 265 anos de reclusão, inicialmente em regime fechado,[193] pelos crimes de peculato, estelionato e corrupção passiva, além de multa no valor de R$1,2 milhão (TRF da 3ª Região), em maio/2006;
   - 12 anos por lavagem de dinheiro e evasão de divisas;
   - 75 anos de reclusão, em regime fechado, pelo crime de sonegação fiscal, além das penas de multa e de cassação de aposentadoria como juiz, em dezembro/2005;

c) Fábio Monteiro de Barros (representante da contratada):
   - 27,8 anos de reclusão, inicialmente em regime fechado, pelos crimes de formação de quadrilha, peculato, estelionato, uso de documentos falsos e corrupção ativa, e multa de R$2,7 milhões (TRF da 3ª Região), em maio/2006; obteve direito de recorrer ao STJ em liberdade;

d) José Eduardo Ferraz (representante da contratada):
   - 27,8 Anos de reclusão pelos crimes de formação de quadrilha, peculato, estelionato, uso de documentos falsos e corrupção ativa, e multa de R$1,2 milhões (TRF da 3ª Região), em maio/2006; obteve direito de recorrer ao STJ em liberdade.

---

[192] O Acórdão 163/2001-TCU-Plenário apresenta o seguinte considerando: "Considerando que a causa da cassação do mandato do então Senador Luiz Estêvão de Oliveira Neto tem relação direta com os acontecimentos apontados pela CPI do Judiciário, envolvendo o relacionamento entre os Grupos OK e Monteiro de Barros no concernente às irregularidades apuradas na obra de construção do Fórum Trabalhista de São Paulo" (...);

[193] À época dessa condenação, o Sr. Nicolau Neto já cumpria pena por outras condenações.

Todos foram condenados ao cumprimento de prisão em regime fechado. No caso do ex-juiz Nicolau, que já cumpria pena em regime de prisão domiciliar, em razão de ter-se evadido, nada foi alterado. Os demais obtiveram, por força de decisão do STJ, a garantia de liberdade enquanto couber recurso. Nesse sentido, em 5.11.2006, noticiou-se que o ex-senador Luiz Estêvão obteve alvará de soltura, mediante *habeas corpus* concedido pelo Superior Tribunal de Justiça, para que possa aguardar em liberdade o trânsito em julgado de sua condenação.[194]

As obras, após terem sido paralisadas por alguns anos, a partir de 1998, foram retomadas em 2002 e concluídas em março de 2002, quando se inaugurou, enfim, a nova sede do Fórum Trabalhista de 1ª Instância da Cidade de São Paulo, vinculado ao TRT/SP.[195]

Em maio e outubro de 2006, foram divulgadas novas condenações do ex-juiz Nicolau dos Santos Neto, do ex-senador Luiz Estêvão e dos representantes da Incal, Fábio Monteiro de Barros e José Eduardo Ferraz. A exceção do ex-juiz, os demais condenados aguardaram em liberdade o trânsito em julgado de suas condenações. Em 12.11.2006, diversos veículos jornalísticos divulgaram perícia médica no ex-juiz Nicolau dos Santos Neto, em sua residência, onde cumpriu pena de prisão domiciliar, para avaliar se ele deveria cumprir o restante de sua pena nesse regime ou se tinha condições de ser transferido para o regime fechado.

Não se tem, até o presente momento, notícia de que os recursos públicos desviados pelos responsáveis, objeto da condenação pelo TCU, tenham sido ressarcidos. Não obstante as decisões deste Tribunal terem natureza de título executivo, a sua execução se faz pela via judicial, o que importa em longo percurso processual.[196]

---

[194] PF prende Luiz Estêvão por desvio de recursos nas obras do TRT-SP. *Folha Online.* Disponível em: <http://www1.folha.uol.com.br/folha/brasil/ult96u82705.shtml>. Acesso em: 20 nov. 2006. STJ concede liberdade provisória a Luiz Estêvão. *Gazeta do Povo Online.* Disponível em: <http://canais.ondarpc.com.br/noticias/brasil/conteudo.phtml?id=603951>. Acesso em: 20 nov. 2006. Posteriormente, foi preso e levado à Papuda, prisão no Distrito Federal: "Para evitar a prisão, o ex-senador cassado Luiz Estevão interpôs 36 recursos em 17 anos. Sem sucesso e atrás das grades há cerca de 15 meses, o empresário tenta, agora, diminuir os dias de reclusão. Apenas neste ano, a defesa do empresário entregou dezenas de resenhas literárias e evocou o direito ao trabalho interno – essa manobra garantiu ao senador cassado menos três dias no Complexo Penitenciário da Papuda. Na penitenciária, há suspeitas de que ele receba visitas dos advogados quando convém, principalmente pelas diversas ações que ele responde à Justiça". Disponível em: <http://www.correiobraziliense.com.br/app/noticia/cidades/2017/05/30/interna_cidadesdf,598666/privilegios-e-recursos-a-rotina-de-luiz-estevao-na-papuda.shtml. Acesso em: 4 mar. 2018.

[195] UOL Licitações. Disponível em: <http://licitacao.uol.com.br/notdescricao.asp?cod=555>. Acesso em: 20 nov. 2006.

[196] "O presidente do Superior Tribunal de Justiça, ministro Ari Pargendler, excluiu do programa de parcelamento de dívidas com o governo federal o Grupo OK, do ex-senador Luiz Estevão.

2.10.5 Modificações na legislação e nas estruturas da Administração Pública

Igualmente relevante notar que a divulgação do escândalo não resultou na adoção de quaisquer medidas nos âmbitos administrativos que poderiam evitar a repetição do desvio apurado. É inegável que a principal causa deste desvio de recursos públicos se encontra nas estruturas administrativas do próprio órgão executor, o TRT/SP, que não dispunha de estrutura de pessoal minimamente adequada para acompanhar e fiscalizar a execução da obra. Como resultado, o Tribunal indicou, para exercer essa tarefa, pessoa estranha ao quadro de pessoal efetivo do órgão que acabou por envolver-se no desvio dos recursos. Relevante foi, talvez, a postura adotada pelo Tribunal de Contas da União (TCU), que desde o ano de 1999 passou a valorizar a realização de auditorias, que valorizam os mecanismos de controle preventivo e concomitante, em detrimento do controle *a posteriori* das obras públicas.

Em relação a medidas legislativas, é de se destacar que, desde o ano de 2000, as diversas Leis de Diretrizes Orçamentárias têm obrigado o TCU a realizar auditorias em obras públicas e a apontar aquelas que contenham irregularidades graves com vista à suspensão da liberação dos recursos.

2.10.6 O impacto do escândalo na mídia

O escândalo do TRT de São Paulo foi um dos casos de corrupção mais rumorosos da história brasileira. Mediante pesquisa nos bancos de dados de alguns veículos jornalísticos, por meio da internet, foi possível obter os seguintes números relativos às matérias publicadas sobre o assunto:

O pedido foi feito pelo Ministério da Fazenda e atendido na última segunda-feira (16). As empresas do ex-senador têm uma dívida de R$ 300 milhões com a União que, de acordo com as regras do programa, estava sendo paga em parcelas de R$ 200 por mês, segundo dados da Procuradoria-Geral da Fazenda Nacional.

Em seis anos de parcelamento especial, foram pagos apenas R$ 14.290,15 do montante devido. O ex-senador teve o mandato cassado, em junho de 2000, por quebra de decoro parlamentar. Ele foi acusado de desvios de dinheiro público da construção do Fórum Trabalhista de São Paulo (TRT-SP).

A inclusão do Grupo OK no programa de parcelamento foi determinada por decisão liminar (provisória) do Tribunal Regional Federal da 1ª Região (TRF-1), em Brasília. Ao todo, segundo a Procuradoria da Fazenda, o Grupo OK tem uma dívida tributária de R$ 700 milhões.

Segundo a Procuradoria, a decisão do STJ 'permite que todas as execuções existentes em face da empresa, que se encontravam suspensas em razão da decisão do TRF-1, retomem o seu normal andamento'". Disponível em: <http://g1.globo.com/distrito-federal/noticia/2012/01/stj-suspende-parcelamento-de-divida-das-empresas-de-luiz-estevao.html>. Acesso em: 4 mar. 2018.

a) Jornal *Folha de S. Paulo* (*Folha Online*):
   - 561 matérias citando o ex-juiz Nicolau dos Santos Neto, incluindo matérias publicadas em novembro/2006;
   - 366 matérias específicas sobre o escândalo do TRT/SP;
b) Jornal *Folha de S. Paulo* (impresso):
   - 876 matérias sobre o caso TRT/SP, citando o juiz Nicolau dos Santos Neto;
c) *Revista Veja* (*Veja Online*):
   - 101 matérias citando o ex-juiz Nicolau dos Santos Neto, incluindo matérias publicadas em novembro/2006.

A extensa cobertura da mídia sobre o caso em tela contribuiu para que as autoridades, sob a pressão social decorrente da ampla divulgação do escândalo, envidassem maior empenho nas apurações e na busca de punições eficazes.

Depreende-se que a atuação do Parlamento – no caso, por meio da CPI do Judiciário – foi sensível ao clamor gerado pela ampla cobertura jornalística do escândalo. É plausível que a eficácia dessa CPI tenha, como um dos principais fatores de estímulo, a pressão jornalística, tendo em vista que o contexto viabilizou aos parlamentares integrantes da CPI a divulgação aos eleitores de sua atuação no Congresso Nacional, como agentes de moralidade pública. A busca de espaços na mídia por parlamentares é fenômeno natural.

Em menor grau, mas também de forma significativa, foi a influência dos veículos jornalísticos sobre a eficácia da atuação do Ministério Público e do Tribunal de Contas da União, que também são órgãos cuja legitimidade depende, em grande medida, da aprovação social.

2.11 Escândalo do Mensalão

2.11.1 Apresentação do caso

2.11.1.1 Área em que se verificou a corrupção

O Mensalão[197] certamente constitui um dos maiores esquemas de corrupção da história do Brasil. Envolveu membros do Congresso

---

[197] "O mensalão é o nome do principal escândalo que atingiu o governo do presidente Luiz Inácio Lula da Silva em 2005 – durante o primeiro mandato – e que consistia em um esquema de pagamento de propina a parlamentares para que votassem a favor de projetos do governo. Entre os 39 acusados, estão parlamentares, ex-ministros, dirigentes do Banco

EXAME DE CASOS | 191

Nacional, partidos políticos, dirigentes de órgãos da Administração Pública federal direta e indireta, instituições financeiras e empresas privadas. O esquema foi batizado de "mensalão" por envolver repasses periódicos – em alguns casos, os repasses eram mensais – de recursos obtidos ilicitamente a parlamentares e a partidos políticos em troca de apoio a proposições e postulações do Governo no Congresso Nacional. Constatou-se que, da indicação político-partidária para ocupação de cargos de mando em diversos órgãos e entidades da Administração Pública federal, resultava a angariação indevida de recursos públicos mediante superfaturamento de preços nas contratações, recebimento de propina e outros meios espúrios. Os recursos angariados tinham por finalidade o financiamento de campanhas eleitorais, o aliciamento de parlamentares e partidos para a base de apoio do Governo no Congresso Nacional e o enriquecimento ilícito de agentes públicos, políticos, empresários e demais participantes do esquema.

As informações a seguir expostas foram obtidas, principalmente, da denúncia oferecida em 30.03.2006 ao Supremo Tribunal Federal pelo procurador-geral da República, Antônio Fernando Barros e Silva de Souza,[198] de decisão proferida pelo Supremo Tribunal Federal – STF e do relatório final da Comissão Parlamentar Mista de Inquérito (CMPI) – instaurada no Congresso com vistas a investigar denúncias de corrupção nas Empresas Brasileira de Correios e Telégrafos (ECT) – CPMI dos Correios. Outras informações foram, ainda, extraídas da mídia nacional em geral, a exemplo da *Revista Veja* e do jornal *Folha de S. Paulo*.[199] Deve-se observar que não foi instaurada CPI para investigar o Mensalão. A denominada CPMI dos Correios, todavia, investigou fatos relacionados ao escândalo do Mensalão.

2.11.1.2 Os grupos envolvidos e o modo de atuação

Os recursos que alimentavam o esquema do "mensalão" provinham, em grande parte, dos contratos administrativos celebrados por diversos órgãos e entidades da Administração Federal com as

---

Rural e o empresário e publicitário Marcos Valério. O ex-chefe da Casa Civil José Dirceu era apontado como chefe do esquema". Disponível em: <http://noticias.r7.com/brasil/noticias/entenda-o-escandalo-do-mensalao-20101007.html>. Acesso em: 4 mar. 2018.

[198] A denúncia foi oferecida pela PGR com o Inquérito nº 2225, que serviu à sua instrução. O Relator do processo foi o Ministro Joaquim Barbosa.

[199] REVISTA VEJA. Disponível em: <www.vejaonline.abril.com.br>. Acesso em: 13 set. 2007. *Folha Online*. Disponível em: <www.folhaonline.com.br>. Acesso em: 13 set. 2007.

empresas de publicidade DNA Propaganda Ltda. e SMP&B Comunicação Ltda., vinculadas ao empresário Marcos Valério Fernandes de Souza. Há fortes suspeitas, ainda em fase de investigação, de que o mesmo esquema de corrupção foi idealizado e primeiramente levado a efeito no estado de Minas Gerais, sede das referidas DNA e SMP&B. O esquema teria sido operado de forma a favorecer o então governador daquele estado, Eduardo Azeredo,[200] do Partido da Social Democracia Brasileira (PSDB), em sua tentativa de se reeleger no pleito de 1998. De acordo com a denúncia oferecida pela PGR,[201] Marcos Valério ingressou na empresa SMP&B Comunicação Ltda. em 1996, por indicação política de seu "padrinho" Clésio Andrade, então vice-governador do estado de Minas Gerais. Assim que Marcos Valério ingressou na SMP&B, foi criada outra empresa de publicidade com o fim de se absorver todo o passivo da SMP&B. Em passo seguinte, constituiu-se terceira empresa de publicidade: a DNA Propaganda Ltda. A partir daí, foi visível a ampliação da quantidade de contratos firmados na área de publicidade com o estado de Minas Gerais, conforme destacou-se na denúncia oferecida pela PGR.

Assim, no estado de Minas Gerais, as empresas da qual participava [SMP&B e DNA] ganhavam as principais contas do Governo Estadual e, devido à influência de políticos mineiros, a partir do ano de 1998, conseguiram algumas contas na esfera federal.

Saindo-se vencedor nas eleições presidenciais de 2002, o Partido dos Trabalhadores (PT), visando a, entre outros objetivos, negociar apoio político com parlamentares e outros partidos e pagar gastos de campanha eleitoral, aproximou-se de Marcos Valério, a fim de que o publicitário pudesse implantar, na esfera federal, o mesmo esquema que havia operado no estado de Minas Gerais. Fechado o acordo, organizou-se o esquema de corrupção. Em sua denúncia, o procurador-geral da

---

[200] "Os desembargadores da 5ª Câmara Criminal do Tribunal de Justiça de Minas Gerais (TJMG) julgaram nesta terça-feira (21) um recurso do caso envolvendo o ex-governador Eduardo Azeredo (PSDB). Nos chamados embargos de declaração, a defesa do acusado afirmava, entre várias questões, que a decisão proferida pelo TJMG em agosto deste ano continha obscuridades e omissões que precisavam ser esclarecidas. Por unanimidade, a turma julgadora – formada pelos desembargadores Pedro Vergara (relator), Adilson Lamounier e Alexandre Victor de Carvalho – rejeitou os embargos declaratórios, mantendo a decisão proferida em agosto, que condenou o ex-governador a uma pena de 20 anos e um mês de reclusão em regime fechado". Disponível em: <http://www.jb.com.br/pais/noticias/2017/11/21/justica-mantem-condenacao-de-ex-governador-eduardo-azeredo-do-psdb/>. Acesso em: 4 mar. 2018. Observação: O então Governador se encontra em liberdade, não tendo sido julgado recurso no STF.

[201] Denúncia oferecida pela PGR ao STF em 30.3.2006.

EXAME DE CASOS | 193

República decompôs esse esquema em três vertentes de participação: o núcleo central, formado por José Dirceu[202] (então ministro-chefe da Casa Civil) e por Delúbio Soares,[203] José Genuíno[204] e Sílvio Pereira[205] (à época tesoureiro, presidente e secretário-geral do Partido dos Trabalhadores, respectivamente); o primeiro núcleo operacional e financeiro, a cargo do publicitário Marcos Valério e de suas empresas DNA e SMP&B; e o segundo núcleo operacional e financeiro, formado pela alta direção do Banco Rural.

---

[202] "José Dirceu de Oliveira e Silva (Passa Quatro, 16 de março de 1946) é um ex-político e ex-advogado brasileiro. Foi deputado estadual e federal por São Paulo, e ministro-chefe da Casa Civil do Brasil. É acusado de tráfico de influência, enriquecimento ilícito e diversos crimes praticados nos Governos Lula e Dilma no período de 2003 a 2016, tendo sido condenado pelos crimes relativos ao chamado escândalo do mensalão. (...). Em 3 de agosto de 2015, Dirceu voltou a ser preso, desta vez pela participação no esquema conhecido como Petrolão. Em 11 de abril de 2016, teve seu registro de advogado cancelado pela Primeira Câmara do Conselho Federal da Ordem dos Advogados do Brasil (OAB). Em 18 de maio de 2016, Dirceu foi condenado a 23 anos e três meses de prisão por crimes de corrupção passiva, recebimento de vantagem indevida e lavagem de dinheiro no esquema de corrupção descoberto na Petrobras pela Operação Lava Jato. Em março de 2017, voltou a ser condenado na Operação Lava Jato a 11 anos e três meses pelos crimes de corrupção passiva e lavagem de dinheiro. As penas somadas, no âmbito do Lava Jato, chegam a 31 anos". Disponível em: <https://pt.wikipedia.org/wiki/Jos%C3%A9_Dirceu>. Acesso 4 mar. 2018.

[203] "Delúbio Soares de Castro (Buriti Alegre, 6 de novembro de 1955) é um sindicalista e político brasileiro filiado Partido dos Trabalhadores (PT), sendo expulso em 2005 após o escândalo do mensalão, do qual foi preso e condenado por corrupção ativa, tendo sua filiação de volta em 2011, após ser aprovada pelo diretório nacional do PT. Antes disto, foi tesoureiro do partido e da Central Única dos Trabalhadores (CUT). Em 2016, Delúbio foi condenado no Petrolão por lavagem de dinheiro". Disponível em: https://pt.wikipedia.org/wiki/Del%C3%BAbio_Soares. Acesso em: 4 mar. 2018.

[204] "José Genoino Guimarães Neto (Quixeramobim, Ceará, 3 de maio de 1946) é ex-guerrilheiro e político brasileiro, ex-presidente do Partido dos Trabalhadores e ex-deputado federal pelo estado de São Paulo. Foi titular da Comissão de Constituição e Justiça e de Cidadania da Câmara dos Deputados entre 7 de março de 2013 e 3 de dezembro de 2013, quando renunciou ao mandato parlamentar. Em 2005, foi denunciado no escândalo do mensalão pelos crimes de corrupção ativa e formação de quadrilha. A ação penal, julgada pelo Supremo Tribunal Federal, o condenou a cumprir prisão em regime semiaberto em 12 de novembro de 2012. Em fevereiro de 2014, foi absolvido, após recurso, do crime de formação de quadrilha, sendo mantida a condenação por corrupção ativa. Em 4 de dezembro de 2014, o Supremo Tribunal Federal (STF) extinguiu a pena de José Genoino, com base no indulto natalino decretado pela presidente Dilma Rousseff, o qual previa o perdão a todos os condenados do país que estivessem cumprindo pena em regime aberto ou em prisão domiciliar e aos quais faltassem menos de 8 anos para o cumprimento da pena". Disponível em: https://pt.wikipedia.org/wiki/Jos%C3%A9_Genoino. Acesso em: 4 mar. 2017.

[205] "No dia 30 de março de 2006, o Procurador Geral da República, Antonio Fernando de Souza, denunciou ao Supremo Tribunal Federal (STF), quarenta integrantes do mensalão. O Procurador descreveu o grupo como organização criminosa e atribuiu sua liderança a José Dirceu, José Genoino, Delúbio Soares e Sílvio Pereira. O STF recebeu a denúncia em relação a Silvio Pereira apenas quanto ao crime de quadrilha ou bando, rejeitando-a nos casos dos demais crimes. Posteriormente, houve a extinção da punibilidade em razão do cumprimento de suspensão condicional do processo". Disponível em: <https://pt.wikipedia.org/wiki/Silvio_Pereira>. Acesso em: 4 mar. 2018.

Para dar execução ao esquema de corrupção, as agências de publicidade DNA Propaganda e SMP&B Comunicação celebraram diversos contratos com órgãos, entidades e empresas estatais federais (Ministério do Trabalho e Emprego, Ministério dos Esportes, Banco do Brasil, Eletronorte e Correios). Em 2003, Marcos Valério também logrou obter a importante conta de publicidade da Câmara dos Deputados, à época presidida pelo deputado João Paulo Cunha,[206] do PT. O procurador-geral da República, na denúncia que ofereceu ao STF, procurou evidenciar a relação de proximidade entre o Governo Federal e as empresas de Marcos Valério: "Assim como no Governo de Minas Gerais, quando atuava em conluio com o atual vice-governador Clésio Andrade, Marcos Valério confirmou que uma empresa de publicidade apenas consegue êxito na celebração de contratos públicos quando integra o grupo político que está no poder na ocasião."[207]

Contribuiu para a criação de ambiente propício ao funcionamento do esquema de corrupção o fato de a Secretaria de Comunicação da Presidência da República (Secom) ter, a partir de 2003, sua competência ampliada para não apenas coordenar e auxiliar os órgãos federais nas contratações na área de publicidade em geral, mas para, também, centralizar, naquele órgão, a contratação dos serviços de publicidade institucional, que representam o maior volume de gastos com publicidade da área federal. Tal medida de concentração impediu que os demais ministérios e entidades contratassem serviços de publicidade institucional, pois reservou essa competência exclusivamente à Secom. Restava àqueles ministérios e entidades competência para contratar serviços de publicidade apenas de caráter de utilidade pública, os quais são muito pouco representativos, em termos de gastos, se comparados aos serviços de publicidade institucional.

Questão controvertida diz respeito à participação do ex-presidente da República, Luiz Inácio Lula da Silva, no escândalo. Não há dúvida de que o esquema de fraude do Mensalão envolveu ministros do seu Governo, parlamentares e líderes políticos do Partido dos Trabalhadores (PT), ao qual o ex-presidente Lula é filiado. Desde a divulgação do escândalo, no entanto, o ex-presidente não apenas negou

---

[206] "João Paulo Cunha (Caraguatatuba, 6 de junho de 1958) é um político brasileiro. Em agosto de 2012 foi condenado pelo Supremo Tribunal Federal (STF) pelos crimes de peculato, corrupção passiva e lavagem de dinheiro. Exerce atualmente o cargo de deputado federal pelo Partido dos Trabalhadores (PT) de São Paulo e foi Presidente da Câmara dos Deputados entre 2003 e 2005". Disponível em: https://pt.wikipedia.org/wiki/Jo%C3%A3o_Paulo_Cunha. Acesso em: 4 mar. 2018.

[207] Denúncia oferecida pela PGR ao STF em 30.3.2006.

EXAME DE CASOS | 195

sua participação, como igualmente negou ter tido ciência da existência do amplo esquema voltado para aliciar parlamentares e para financiar campanhas do PT e dos demais partidos políticos que compunham a base de sustentação política do seu Governo. Acerca da postura adotada pelo ex-presidente Lula, vale transcrever parte do artigo publicado pelo historiador Boris Fausto no jornal *Folha de S. Paulo*:[208]

> No que se refere ao Poder Executivo, o comportamento do presidente Lula diante dos escândalos foi e continua sendo lastimável. Ele tratou de negar as evidências quando elas se acumularam, disse depois que puniria os culpados, fossem eles quem fossem, considerou-se traído não se sabe por quem, e quando a crise entrou em banho-maria, pintou o quadro de um presidente que desejava trabalhar e é perturbado por acusações sem fundamento.

Fato é que, decorrido algum tempo da divulgação do escândalo, o ex-presidente Luiz Inácio Lula da Silva – que chegou a temer a instauração de processo de *impeachment*[209] – reelegeu-se, em 2006, para o segundo mandato de presidente da República.

2.11.1.2.1 Origem dos recursos do Mensalão

Nos contratos firmados entre as empresas de publicidade de Marcos Valério e o Governo Federal foram constatadas diversas irregularidades: sonegação fiscal, manutenção de contabilidade paralela, emissão de notas fiscais falsas para justificar custos na prestação dos serviços, entre outras. Todas essas irregularidades estavam relacionadas ao mecanismo de arrecadação ilícita de recursos para financiamento do esquema de corrupção.[210]

As investigações revelaram que, para justificar o recebimento de vultosas quantias, posteriormente repassadas a parlamentares e partidos políticos, as empresas de Marcos Valério, entre outras ações ilícitas, simulavam contratos de mútuo com terceiros, não contabilizavam serviços e operações financeiras e emitiam notas fiscais falsas. Na denúncia oferecida pela PGR[211] faz-se menção expressa à simulação de empréstimos:

---

[208] ABALO das Instituições e dos Valores. *Folha de S. Paulo*, p. A12, 2 jun. 2006.
[209] LULA temeu impeachment no auge da crise. Jornal *Folha de S. Paulo*, p. A9, 2 jun. 2007.
[210] *Idem.*
[211] Denúncia oferecida pela PGR ao STF em 30.3.2006.

Em conjunto com os dirigentes do Banco Rural, notadamente o falecido José Augusto Dumont, Marcos Valério desenvolveu um esquema de utilização de suas empresas para transferência de recursos financeiros para campanhas políticas, cuja origem, simulada como empréstimo do Banco Rural, não é efetivamente declarada, mas as apurações demonstraram tratar-se de uma forma de pulverização de dinheiro público desviado através dos contratos de publicidade.

A função de Marcos Valério era, em suma, a de angariar recursos nos setores público e privado e de os repassar, por meio de suas agências de publicidade, às pessoas indicadas pelo então tesoureiro do Partido dos Trabalhadores, Delúbio Soares. A operação foi batizada de "valerioduto".

As fontes dos recursos que alimentavam o "valerioduto" não foram plenamente detectadas devido à engenhosidade do esquema de corrupção montado, tal como expõe o procurador-geral da República em sua denúncia apresentada ao Supremo Tribunal Federal:

> A origem desses recursos, em sua integralidade, ainda não foi identificada, sobretudo em razão de expedientes adotados pelos próprios investigados, que se utilizaram de uma elaborada engenharia financeira, facilitada pelos bancos envolvidos, notadamente o Banco Rural, onde o dinheiro público mistura-se com o privado, perpassa por inúmeras contas para fins de pulverização até o seu destino final, incluindo muitas vezes saques em favor do próprio emitente e outras intrincadas operações com *off shores* e empresas titulares de contas no exterior, tendo como destino final paraísos fiscais.

No entanto, no relatório da CPMI dos Correios, identificaram-se várias das fontes do "valerioduto", permitindo-se, com isso, descaracterizar a alegação, sustentada por Marcos Valério e por Delúbio Soares, de que os recursos tinham origem em empréstimos bancários contraídos pelo publicitário. A CPMI chegou à conclusão de que o esquema foi viabilizado com recursos públicos e privados originados: (i) nas contas operadas por Marcos Valério no Banco Rural; (ii) nos recursos obtidos por operação bancária no valor de R$12 milhões, realizada junto ao Banco BMG; (iii) nos recursos oriundos de operação bancária realizada por meio do Banco do Brasil no valor de R$9,7 milhões por um período de 2 dias; (iv) nos recursos obtidos de operação bancária de R$19 milhões realizada por meio do Banco Rural e SMP&B; (v) nos recursos provenientes da Brasil Telecom; (vi) nos recursos oriundos de operação bancária efetuada por meio do Banco Rural no valor de R$10 milhões; (vii) nos recursos da Visanet (do Fundo de Incentivo Visanet,

EXAME DE CASOS | 197

"destinado à promoção, no Brasil, da marca Visa e do uso dos cartões com a bandeira Visa"[212]); (viii) recursos ingressados na empresa Rogério Lanza Tolentino por meio de operação bancária junto ao Banco BMG no valor de R$10 milhões; (ix) aquisição de CDB pela empresa DNA utilizando recursos vindos da Visanet; (x) recursos provenientes da Visanet, Usiminas e Cosipa.[213]

2.11.1.2.2 Repasse dos recursos do Mensalão

Obtidos os recursos, era necessário repassá-los aos seus destinatários. Assim, utilizou-se, no esquema, o Banco Rural, que, com o apoio dos idealizadores do esquema e das empresas de Marcos Valério, promovia a transferência do dinheiro às mãos de pessoas de interesse do esquema fraudulento, em sua maioria deputados federais da base aliada do Governo Federal. O funcionamento do "valerioduto" teve basicamente dois modelos de operação:[214] o considerado "padrão",[215] mediante o qual o dinheiro era repassado aos beneficiários diretamente das contas correntes das agências de publicidade de Marcos Valério; e o outro, que se valia de intermediários (a empresa Guaranhuns e a Corretora Bônus Banval) para repassar os recursos aos destinatários finais.

Foram identificados como sacadores do "valerioduto": Professor Luizinho, ex-deputado do PT; José Borba, ex-deputado do PMDB; Romeu Queiroz, ex-deputado do PTB; Bispo Rodrigues, José Janene, ex-deputado do PP; João Magno, ex-deputado do PT; Valdemar Costa Neto, deputado do PR; João Paulo Cunha, deputado do PT; Emerson Palmieri, ex-tesoureiro do PTB; Jacinto Lamas, ex-tesoureiro do PL; Antônio Lamas, irmão de Jacinto Lamas; Anita Leocádia, ex-assessora do deputado Paulo Rocha; Paulo Rocha, deputado do PT; João Cláudio Genu, ex-assessor do PP; Pedro Correa, ex-presidente do PP; Pedro Henry, ex-líder do PP; Roberto Jefferson, ex-deputado do PTB.[216]

Segundo lista de beneficiários apresentada por Marcos Valério à CPMI dos Correios, o total dos recursos repassados, direta ou

---

[212] RELATÓRIO Final dos Trabalhos da CPMI dos Correios, p. 582.
[213] Todos os valores indicados são históricos. Em dólares americanos correspondem a, aproximadamente, US$50 milhões.
[214] RELATÓRIO Final dos Trabalhos da CPMI dos Correios, p. 703-702.
[215] O modelo padrão foi detalhado no Relatório Final dos Trabalhos da "CPMI dos Correios", p. 702, em seis fases diferentes, dispostas em ordem cronológica, que se distinguem de acordo com a fonte dos recursos utilizados.
[216] *Idem*, p. 62-63.

indiretamente, a parlamentares e a partidos políticos alcançou R$55.691.227,80, sendo que, deste total, R$29.735.126,00 foram distribuídos a pessoas e parlamentares ligados ao Partido dos Trabalhadores.[217]

Além disso, os valores repassados aos beneficiários eram, antes, "lavados" pelos bancos BMG e Rural, que, em contrapartida, obtinham favorecimentos do Governo Federal. A exemplo disso, tem-se que o Banco BMG, por meio da Medida Provisória nº 130, de 17.12.2003, foi autorizado a operar empréstimos consignados em folha de pagamento a empregados, pensionistas e aposentados junto ao Instituto Nacional do Seguro Social (INSS), o que proporcionou lucros extraordinários àquela instituição financeira.

Ficou comprovado que o Banco BMG foi flagrantemente beneficiado por ações do núcleo político-partidário, que lhe garantiram lucros bilionários na operacionalização de empréstimos consignados de servidores públicos, pensionistas e aposentados do INSS, a partir do ano de 2003, quando foi editada a Medida Provisória nº 130, de 17.12.2003, dispondo sobre o desconto de prestações em folha de pagamento dos servidores públicos e também autorizando o INSS a regulamentar o desconto de empréstimos bancários a seus segurados.

A benesse favorecendo o Banco BMG foi além do razoável, tendo em vista que nem mesmo se tratava de um banco pagador de benefícios do INSS. De acordo com as normas do INSS, somente instituições financeiras participantes do sistema de pagamentos de benefícios previdenciários têm direito a conceder empréstimos em regime de consignação aos servidores daquela autarquia federal.

2.11.1.3 Como o escândalo se tornou conhecido

Os fatos relativos ao esquema do Mensalão tornaram-se públicos a partir da divulgação, pela imprensa, da existência de uma gravação de vídeo na qual o ex-diretor do Departamento de Contratação e Administração de Material dos Correios, Maurício Marinho, foi flagrado recebendo vantagem indevida para beneficiar empresários interessados em entrar para o rol de fornecedores da estatal. A denúncia foi primeiramente apresentada pela *Revista Veja*.[218]

Os diálogos constantes do vídeo também revelaram informações a respeito de supostos procedimentos de troca de apoio político, no

---

[217] Todos os valores indicados são históricos. Em dólares americanos correspondem a, aproximadamente, US$70 milhões.

[218] Edição de 18.5.2005.

EXAME DE CASOS | 199

Congresso Nacional, por cargos e posições de mando em empresas estatais e diversos órgãos públicos da Administração direta e indireta. Em trecho da conversa gravada, Maurício Marinho afirma: "Nós somos três e trabalhamos fechado. Os três são designados pelo PTB, pelo Roberto Jefferson. É uma composição com o governo. Nomeamos o diretor, um assessor e um departamento-chave. Tudo que nós fechamos o partido fica sabendo".[219] No decorrer do diálogo, o dirigente dos Correios dá detalhes sobre o direcionamento de licitações em favor de empresas indicadas e os percentuais de "comissões" cobrados em razão da natureza do objeto a ser contratado, dando a entender que parte das propinas arrecadadas iria para o PTB e, ainda mais, que aquele partido adotava o mesmo esquema em outros órgãos e entidades da Administração Pública: "Tudo o que é feito aqui tem a parte do presidente, do partido (...) Nós temos de ver quantos vão ser os candidatos, o que é que vamos dar para cada um, o que é que compete aos Correios, à Infraero, à Eletronorte, à Petrobras".[220]

Tal situação deflagrou investigação parlamentar por meio de Comissão Parlamentar Mista de Inquérito, instalada em 25.5.2005, que, num primeiro momento, esteve focada no esquema de corrupção, de desvio de dinheiro público e de influência na administração dos Correios, engendrada pelo Sr. Roberto Jefferson, então deputado federal pelo estado do Rio de Janeiro e presidente do PTB.

Em depoimento à CPMI, o Sr. Roberto Jefferson afirmou que as indicações para cargos de confiança, resultantes de composição político-partidária, sempre objetivaram a arrecadação de recursos para as campanhas eleitorais. Ao admitir que não prestara contas à Justiça Eleitoral dos valores recebidos, confessou, assim, o cometimento de crime eleitoral e de crime contra a ordem tributária.[221]

Posteriormente, o então deputado Roberto Jefferson acabou revelando que o esquema de corrupção do qual participava não estava limitado à ECT, mas, sim, envolvia um complexo sistema de financiamento ilegal da base de sustentação política do Governo no Congresso Nacional. Esclareceu, ainda, que a atuação de integrantes do Governo Federal e do Partido dos Trabalhadores para garantir o apoio de parlamentares aos projetos de interesse do Governo ocorria pelo loteamento político dos cargos públicos, o que denominou "fábricas de dinheiro",

---

[219] O HOMEM chave do PTB. *Revista Veja*, p. 57, 18 maio 2005.

[220] *Idem*, p. 56-61.

[221] RELATÓRIO Final da "CPMI dos Correios", v. I, p. 227.

e pela distribuição de uma "mesada" aos parlamentares, que chamou de Mensalão.[222]

Roberto Jefferson alegou que os repasses do Mensalão teriam sido realizados em 2003 e 2002 pelo então secretário de Finanças e Planejamento do Partido dos Trabalhadores, Delúbio Soares, e que ele próprio, como presidente do PTB, bem como o ex-tesoureiro de seu partido, Emerson Palmieri, haviam recebido do PT a quantia de R$2 milhões de reais, não declarada à Receita Federal e à Justiça Eleitoral. Outros parlamentares beneficiários do esquema também foram indicados, entre eles o ex-deputado Bispo Rodrigues – PL; o deputado José Janene – PP; o deputado Pedro Corrêa – PP; o deputado Pedro Henry – PP e o deputado Sandro Mabel – PL.

Em depoimento à Comissão de Ética da Câmara dos Deputados e também à "CPMI dos Correios", Roberto Jefferson acusou de dirigir e operacionalizar o esquema o ex-ministro-chefe da Casa Civil, José Dirceu, o ex-tesoureiro do Partido dos Trabalhadores, Delúbio Soares, e o publicitário Marcos Valério Fernandes de Souza, ao qual incumbia efetuar os repasses financeiros. Dois dias após sofrer as acusações por parte de Roberto Jefferson, José Dirceu se afastou do cargo de ministro-chefe da Casa Civil.

2.11.2 Razões que propiciaram a ocorrência da fraude

2.11.2.1 Falhas na legislação

Os acontecimentos relacionados ao escândalo do Mensalão evidenciaram que, a despeito da vasta legislação e da razoável estrutura de controle administrativo existentes no Brasil, ainda há falhas na Administração Pública que podem ser corrigidas pelo Poder Legislativo.

Nota-se, por exemplo, que o Congresso Nacional não tem nenhuma participação na indicação de pessoas para a direção de empresas estatais e de outras entidades da Administração indireta, a despeito de sua grande importância estratégica e dos seus extraordinários orçamentos. Essa falha contribui, por óbvio, para o uso político-partidário dessas instituições, como ficou evidente, por exemplo, na ocupação de cargos nos Correios.

---

[222] JEFFERSON diz para Folha de S. Paulo que PT pagava mesada de R$ 30 mil a parlamentares em troca de apoio. *Folha de S. Paulo*, 6 jun. 2005.

A quantidade excessiva de cargos em comissão e de confiança no Poder Executivo revelou-se, também, meio de aparelhamento político-partidário do Estado e, por conseguinte, porta aberta à corrupção. A participação de ministros de Estado no Mensalão tornou patente, ainda, a necessidade de se definir – acabando-se, assim, com uma controvérsia jurídica – a aplicabilidade da lei de improbidade administrativa a todos os agentes públicos, inclusive os agentes políticos.

Outra falha que saltou aos olhos, depois que o esquema de corrupção do Mensalão veio à tona, diz respeito à grande subjetividade que impera nos processos de licitação destinados à escolha de empresas para a prestação de serviços de publicidade. As empresas DNA Propaganda Ltda. e SMP&B Comunicação Ltda. celebraram diversos contratos de publicidade com a Administração Pública federal depois de lograrem vencer processos de licitação. Mas, como visto, tratava-se, em verdade, de um jogo de cartas marcadas, em que o resultado das licitações já havia sido decidido no momento em que integrantes do Governo Federal há muito já haviam composto, com o Sr. Marcos Valério, esquema voltado a desviar dinheiro público.

2.11.2.2 Falhas no modelo político

Deve-se observar que, no caso do Mensalão, provavelmente por ter sido o esquema coordenado por autoridades integrantes da cúpula do Governo Federal, a premeditação e a vontade de praticar os ilícitos vingaram sobre a legislação e as estruturas de controle existentes na Administração Pública. Tal observação se vê roborada no seguinte excerto da denúncia oferecida pela PGR: "Em outra linha, a análise das movimentações financeiras dos investigados e das operações realizadas pelas instituições financeiras envolvidas no esquema demonstra que estes, fazendo tábula rasa da legislação vigente, mantinham um intenso mecanismo de lavagem de dinheiro com a omissão dos órgãos de controle".

Evidenciou-se, pois, no caso do Mensalão, que sobressaíram aspectos de ordem subjetiva, levados a efeito na persecução de objetivos de natureza política, relacionados a projetos de poder, sem quaisquer escrúpulos quanto aos meios empregados à consecução daqueles objetivos: "Os denunciados operacionalizaram desvio de recursos públicos, concessões de benefícios indevidos a particulares, em troca de dinheiro e compra de apoio político (...)."

Observa-se, ademais, que o esquema do Mensalão decorreu nem tanto de falhas na legislação, tal como se verificou em diversos outros escândalos apurados pela Polícia Federal, mas de vícios arraigados na organização política brasileira. Esse aspecto foi abordado em reportagem da *Revista Veja* de 22.7.2006.[223] Na matéria, o ex-presidente da República, Luiz Inácio Lula da Silva, ao fazer uma análise das razões que culminaram com a crise do Mensalão, chegou à conclusão de que a maior parte da culpa deve ser atribuída à estrutura política brasileira. Segundo ele, "os casos de corrupção são os resultados de 'deformações' do sistema, e não erros de pessoas e dos partidos" e que os escândalos continuarão ocorrendo caso não se promova uma reforma política profunda. Ainda segundo o ex-presidente Lula, hoje se verificam "acúmulos de deformações que vêm da estrutura política do nosso país" e, se a sociedade brasileira não tiver coragem de corrigir isso com a profundidade que se faz necessária, essa mesma sociedade, daqui a 20 anos estará amargando os mesmos prejuízos das quais hoje se lamenta. Disse isso em reforço a uma reforma política no País, que, segundo ele, deve passar necessariamente pelas organizações das estruturas partidárias, incluindo "desde a mudança no regimento interno do Congresso até a discussão dos mandatos das pessoas".

2.11.3 Medidas adotadas pelo poder público após a divulgação das fraudes

2.11.3.1 Ações propostas no âmbito da CPMI dos Correios

Ao final dos seus trabalhos, a CPMI dos Correios concluiu pelo indiciamento de várias pessoas envolvidas no esquema do "mensalão", apontando a participação de parlamentares, servidores públicos e empresários. A situação de cada indiciado pela CPMI, por participação no Mensalão, com as respectivas acusações penais, será mais bem examinada no item seguinte.

Em relação à investigação realizada no âmbito dos Correios, os trabalhos da CPMI revelaram que o então deputado federal Roberto Jefferson montou naquela estatal um esquema de loteamento de cargos públicos, baseado na indicação política para a ocupação daqueles cargos com vistas à arrecadação de recursos para, entre outros fins, o financiamento de campanhas eleitorais.

Há indícios – e, em alguns casos, provas robustas – de que o esquema, possivelmente engendrado pelo próprio Sr. Roberto Jefferson,

---

[223] Disponível em: <www.vejaonline.abril.com.br>.

EXAME DE CASOS | 203

comprometeu a boa gestão da coisa pública, resultando no cometimento de atos de improbidade administrativa, tráfico de influência, advocacia administrativa, corrupção ativa e passiva, fraude à licitação, burla ao instituto do concurso público, entre outros.[224]

Diante das provas reunidas no relatório da CPMI dos Correios, procedeu-se aos seguintes indiciamentos:

a) Roberto Jefferson Monteiro Francisco – crime eleitoral, art. 350 do Código Eleitoral19; crime contra a ordem tributária, art. 1º, I, da Lei nº 8.137, de 1990; corrupção passiva, art. 317 do CP21.

b) Maurício Marinho – corrupção passiva, art. 317 do CP.[225]

No plano político, a crise acarretou a cassação do mandato, por falta de decoro parlamentar, de dois dos principais protagonistas do escândalo do mensalão: os deputados José Dirceu e Roberto Jefferson. Acerca das consequências políticas, vale transcrever parte do artigo publicado pelo historiador Boris Fausto, anteriormente já referido:

> Tudo começou bem, com a cassação inevitável do próprio deputado Roberto Jefferson, que prestou um serviço à nação, mas estava evidentemente envolvido nas tramas. A ela se seguiu à do ex-deputado José Dirceu – o grande cérebro da rede corruptora, ao que tudo indica. Mas depois, o que se viu foi um triste recuo da grande maioria dos parlamentares.

2.11.3.2 Prisões decretadas e denúncias apresentadas pelo Ministério Público

Na denúncia oferecida pelo procurador-geral da República, o ex-ministro-chefe da Casa Civil, José Dirceu, foi considerado o principal "articulador" da engrenagem, por ter o "domínio funcional" de todas as ações[226] do grupo. "A organização, que envolvia 40 pessoas, foi classificada pelo procurador-geral como uma 'quadrilha', que se especializou em 'desviar dinheiro público e comprar apoio político'".[227]

---

[224] RELATÓRIO Final dos Trabalhos da CPMI dos Correios, v. III, p. 1.598.

[225] *Idem.*

[226] STF aceita denúncia de formação de quadrilha contra José Dirceu. *Agência Brasil*, 25 ago. 2007. Disponível em: <www.agenciabrasil.gov.br>.

[227] Entenda passo a passo o julgamento do esquema do "mensalão" no STF. *Agência Brasil*, 23 ago. 2007. Disponível em: <www.agenciabrasil.gov.br>.

Em julgamento histórico realizado em agosto de 2007, o Supremo Tribunal Federal decidiu receber a denúncia contra as quarenta pessoas acusadas pela Procuradoria-Geral da República de participação no esquema de compra de votos. As poucas divergências entre os ministros do STF restringiram-se à discussão sobre o cabimento de alguns ilícitos constantes da peça acusatória. Fato é que, das 113 denúncias oferecidas, os magistrados aceitaram 102.[228]

Com o recebimento da denúncia pelo STF, todos os quarenta acusados responderam, na condição de réus, a processos penais. São eles:

a) Núcleo político-partidário:
- José Dirceu (ex-ministro da Casa Civil) – corrupção ativa e formação de quadrilha;
- Silvio Pereira (ex-secretário-geral do PT) – formação de quadrilha;
- Delúbio Soares (ex-tesoureiro do PT) – corrupção ativa e formação de quadrilha;
- José Genoino (ex-presidente do PT) – corrupção ativa e formação de quadrilha.

b) Núcleo Financeiro:
- Ayanna Tenório (ex-vice-presidente do Banco Rural) – gestão fraudulenta de instituição financeira, lavagem de dinheiro, formação de quadrilha;
- Vinicius Samarane (diretor do Banco Rural) – gestão fraudulenta de instituição financeira, lavagem de dinheiro, formação de quadrilha, evasão de divisas;
- José Roberto Salgado (vice-presidente do Banco Rural) – gestão fraudulenta de instituição financeira, lavagem de dinheiro, formação de quadrilha, evasão de divisas;
- Kátia Rabello (presidente do Banco Rural) – gestão fraudulenta de instituição financeira, lavagem de dinheiro, formação de quadrilha, evasão de divisas.

c) Núcleo do Governo:
- José Luiz Alves (ex-chefe de gabinete de Anderson Adauto no Ministério dos Transportes) – lavagem de dinheiro;
- Anderson Adauto (ex-ministro dos Transportes) – lavagem de dinheiro e corrupção ativa;
- Luiz Gushiken (ex-ministro da Secretaria de Comunicação da Presidência da República) – peculato;

---

[228] A JUSTIÇA Suprema. *Revista Veja*, p. 62, 5 set. 2007.

EXAME DE CASOS | 205

- Henrique Pizzolato (ex-diretor de *marketing* do Banco do Brasil) – peculato, corrupção passiva e lavagem de dinheiro;
d) Núcleo Publicitário
- Marcos Valério (publicitário e operador do esquema) – corrupção ativa, peculato, lavagem de dinheiro, formação de quadrilha e evasão de divisas;
- Cristiano Paz (sócio de Marcos Valério) – corrupção ativa, peculato, lavagem de dinheiro, formação de quadrilha e evasão de divisas;
- Ramon Hollerbach (sócio de Marcos Valério) – corrupção ativa, peculato, lavagem de dinheiro, formação de quadrilha e evasão de divisas;
- Rogério Tolentino (sócio de Marcos Valério) – lavagem de dinheiro, corrupção ativa e formação de quadrilha;
- Simone Vasconcelos (ex-diretora da SMPB e acusada de ser a principal operadora do esquema dirigido por Marcos Valério) – lavagem de dinheiro, corrupção ativa, formação de quadrilha e evasão de divisas;
- Geiza Dias (funcionária SMP&B) – lavagem de dinheiro, corrupção ativa, formação de quadrilha e evasão de divisas;
- Duda Mendonça (publicitário) – lavagem de dinheiro e evasão de divisas;
- Zilmar Fernandes (sócia de Duda Mendonça) – lavagem de dinheiro e evasão de divisas.
e) Sacadores do Valerioduto:
- Anita Leocádia (ex-assessora do deputado federal Paulo Rocha) – lavagem de dinheiro;
- Antônio Lamas (irmão de Jacinto Lamas) – formação de quadrilha e lavagem de dinheiro;
- Bispo Rodrigues (ex-deputado federal do PL) – corrupção passiva e lavagem de dinheiro;
- Emerson Palmieri (ex-tesoureiro informal do PTB) – corrupção passiva e lavagem de dinheiro;
- Jacinto Lamas (ex-tesoureiro do PL – hoje PR) – formação de quadrilha, corrupção passiva e lavagem de dinheiro;
- João Cláudio Genu (ex-assessor da liderança do PP) – formação de quadrilha, corrupção passiva e lavagem de dinheiro;
- João Magno (ex-deputado federal petista) – lavagem de dinheiro;
- João Paulo Cunha (deputado federal do PT-SP) – corrupção passiva, lavagem de dinheiro e peculato;

- José Borba (ex-deputado federal, foi líder do PMDB) – corrupção passiva e lavagem de dinheiro;
- José Janene (ex-deputado do PP) – formação de quadrilha, corrupção passiva e lavagem de dinheiro;
- Paulo Rocha (deputado federal do PT-PA) – lavagem de dinheiro;
- Pedro Corrêa (ex-presidente do PP) – formação de quadrilha, corrupção passiva e lavagem de dinheiro;
- Pedro Henry (deputado federal do PP-MT) – formação de quadrilha, corrupção passiva e lavagem de dinheiro;
- Professor Luizinho (ex-líder do governo na Câmara) – lavagem de dinheiro;
- Roberto Jefferson (ex-deputado federal pelo PTB, denunciou o esquema) – corrupção passiva e lavagem de dinheiro;
- Romeu Queiroz (ex-deputado federal pelo PTB) – corrupção passiva e lavagem de dinheiro;
- Valdemar Costa Neto (deputado federal pelo PR-SP) – formação de quadrilha, corrupção passiva e lavagem de dinheiro.

f) Lavanderia de dinheiro:
- Enivaldo Quadrado (dono da corretora Bonus-Banval) – formação de quadrilha e lavagem de dinheiro;
- Breno Fischerg (sócio da corretora Bonus-Banval) – formação de quadrilha e lavagem de dinheiro;
- Carlos Alberto Quaglia (dono da empresa Natimar) – formação de quadrilha e lavagem de dinheiro.[229]

Em outubro de 2012, o STF encerrou o julgamento e condenou 25 dos 37 réus. Após as defesas apresentarem recursos, o STF manteve a condenação de 24 dos réus – o ex-assessor do PP (Partido Progressista) e, inclusive, o ex-ministro José Dirceu.[230]

2.11.3.3 Recursos recuperados

Até o momento não se tem notícia de qualquer ressarcimento ao erário de recursos públicos desviados para o pagamento do Mensalão. Espera-se que, nos processos instaurados contra os envolvidos nesse esquema de corrupção, a Justiça apure o montante de dinheiro público

---

[229] A JUSTIÇA Suprema. *Revista Veja*, p. 60-65, 5 set. 2007.

[230] Disponível em: <https://noticias.uol.com.br/politica/ultimas-noticias/2015/06/05/dez-anos-depois-relembre-o-caso-mensalao.htm?cmpid=copiaecola>. Acesso em: 5 mar. 2018.

EXAME DE CASOS | 207

que foi utilizado e os responsáveis pela sua malversação, a fim de se buscar, o quanto antes, a reparação dos danos causados aos cofres públicos.

2.11.3.4 Melhoria na legislação

No Brasil, a investigação sobre os fatores que contribuem para a corrupção passa necessariamente pela análise dos elementos normativos vigentes, na medida em que se verificam lacunas legais excessivamente permissivas. Em atenção a essa realidade, a CPMI dos Correios fez várias recomendações de alteração legislativa, a seguir resumidas:

a) Emendas Constitucionais

a.1) Inclusão dos dirigentes de entidades da Administração Indireta entre os sujeitos passíveis de convocação, pelo Senado Federal, pela Câmara dos Deputados ou por qualquer de suas comissões, para prestar informações.

Atualmente, a Constituição Federal prevê a mencionada convocação apenas para Ministros de Estado e titulares de órgãos subordinados à Presidência da República. A sugestão de modificação da CF busca formalizar a convocação pelo Legislativo de representantes de estatais, por exemplo, facilitando o acesso às informações relativas à administração indireta.

a.2) divulgação, via internet, do currículo e da agenda dos agentes políticos e ocupantes de cargos em comissão de livre nomeação e exoneração, para conferir mais transparência à Administração Pública.

Conforme consignado no relatório da CPMI, os ocupantes de cargos em comissão "(...) devem ter, além de suas agendas, também os currículos divulgados na internet, para permitir um controle público tanto de seus atos quanto da adequada nomeação, que deve considerar as atribuições do cargo em relação ao nível de formação acadêmica e qualificação profissional do ocupante".[231]

a.3) Definição, em sede constitucional, da aplicabilidade da lei que regula os atos de improbidade administrativa.

Segundo a conclusão a que se chegou no âmbito da CPMI, a presente alteração constitucional mostrar-se-ia necessária para resolver em definitivo as controvérsias quanto à aplicabilidade da lei de improbidade administrativa a todos os agentes públicos, inclusive os agentes políticos.

---

[231] RELATÓRIO Final dos Trabalhos da CPMI dos Correios, v. III, p. 1.685.

b) Projeto de Lei Complementar: Limitação das Despesas com Publicidade
Os trabalhos de investigação da CPMI dos Correios revelaram que o aperfeiçoamento dos mecanismos de controle das licitações de obras públicas e a maior subjetividade relacionada à gestão dos recursos em publicidade fizeram com que o foco da corrupção migrasse das licitações de obras públicas para as licitações de serviços, com destaque para as campanhas publicitárias, em que o controle é, sem dúvida, mais difícil. Nesse sentido, registrou-se no relatório elaborado por aquela CPMI:

> Observado isto, resta-nos impor limites legais que impeçam ou, no mínimo, dificultem, da mesma forma como ocorreu com relação às obras públicas, os abusos que hoje ocorrem nas licitações de serviços de publicidade, parte deles referentes a gastos excessivos em campanhas publicitárias caras e, muitas vezes, até desnecessárias. Para tanto, apresentamos um projeto de lei complementar que visa regular disposições já contidas no art. 37 da Constituição Federal, utilizando-se, porém, da mesma premissa utilizada para a criação da Lei de Responsabilidade Fiscal, qual seja o art. 163, inciso I, da Carta Magna.[232]

c) Projetos de Lei Ordinária
c.1) Revisão e atualização da Lei de Lavagem de Dinheiro
Refere-se às propostas de alteração da Lei nº 9.613, de 03.03.1998, que pretendem incluir mais crimes como antecedentes para a configuração do crime de "lavagem" ou ocultação de bens, direitos e valores, notadamente os crimes contra a ordem tributária. Sobre a questão, relatou a CPMI:
Outra mudança implementada é a reestruturação do tratamento dado aos bens, direitos ou valores do investigado ou acusado, ou existentes em nome de interpostas pessoas, que sejam instrumento, produto ou proveito de infração penal objeto de medidas assecuratórias decretadas pelo judiciário. Com a alteração proposta passará a ser possível a utilização dos bens pelo Estado, no combate ao crime ou em ações voltadas à sua prevenção.[233]
Outra inovação do PL é a comunicação prévia das transferências internacionais e dos saques em espécie realizados em instituições financeiras. Ficará a cargo do Banco Central do Brasil o estabelecimento dos termos, limites, prazos e condições para a comunicação. Será, ainda,

---

[232] RELATÓRIO Final dos Trabalhos da CPMI dos Correios, v. III, p. 1.687.
[233] RELATÓRIO Final dos Trabalhos da CPMI dos Correios, v. III, p. 1.689.

EXAME DE CASOS | 209

possível dispensá-la nos casos em que o perfil do cliente ou a justificativa apresentada assim o permitam.[234]

c.2) Alteração da Lei de Improbidade Administrativa

Em relação às propostas de alteração de dispositivos da Lei nº 8.229, de 2.6.1992, destacam-se:

- "a inserção das condutas de celebrar ou autorizar a celebração de contrato de publicidade em desacordo com o disposto no art. 37, §1º, da Magna Carta, para fim autorizado por lei ou com desvio de finalidade como ato de improbidade administrativa previsto expressamente na Lei 8.229, de 1992";[235]
- agravamento das sanções para os atos de improbidade administrativa para cada uma das modalidades previstas nos arts. 9, 10 e 11 da Lei.
- dilação do prazo para a propositura da ação principal após a efetivação de medida cautelar;
- dilação dos prazos prescricionais (hoje de cinco anos), a fim de garantir a apuração dos atos de improbidade e a efetiva punição dos culpados.

c.3) Redução da Discricionariedade nas Licitações

Diante das recorrentes irregularidades verificadas na área de licitações e contratos, as quais, segundo o Tribunal de Contas da União (TCU), podem ser atribuídas em grande medida a inconsistências na elaboração do projeto básico, a CPMI propõe, de modo mais rigoroso do que a atual disciplina da Lei nº 8.666/1993, que seja exigida, para a licitação de obras de grande vulto, a aprovação anterior do projeto executivo, em lugar do projeto básico.

A CPMI chama a atenção para o fato de a Lei nº 8.666/93 não limitar a atuação, na execução dos contratos, de agentes públicos que já participaram do respectivo processo licitatório em fases anteriores, o que abre espaço para a improbidade.

Tem-se que o "excesso de discricionariedade é flagrante, haja vista que o mesmo servidor pode atuar em todo o processo, desde a elaboração do edital até a fiscalização da execução do contrato e recebimento do objeto".[236]

---

[234] RELATÓRIO Final dos Trabalhos da CPMI dos Correios, v. III, p. 1.689.
[235] RELATÓRIO Final dos Trabalhos da CPMI dos Correios, v. III, p. 1.691.
[236] RELATÓRIO Final dos Trabalhos da CPMI dos Correios, v. III, p. 1.696.

Como forma de assegurar maior eficácia nas ações de controle, sugere-se a modificação do parágrafo terceiro do art. 87 da Lei de Licitações e Contratos Administrativos, de modo que conste da sua redação "(...) a possibilidade de as cortes de contas, que efetuam a fiscalização e controle dos processos licitatórios, declararem a inidoneidade, para licitar ou contratar com a Administração Pública, daqueles que não executam, total ou parcialmente, os contratos firmados".[237]

Das proposições apresentadas pela CPMI também sobressaem as que se destinam a coibir os abusos verificados nas contrações diretas. Com o propósito de diminuir drasticamente a dispensa de licitação por urgência, "fruto de inúmeros relatos de favorecimento ilegal de empresas ligadas a governantes", destaca-se a proposta de criação de "um pregão de urgência, com prazos ainda mais reduzidos e com envio de convite eletrônico aos licitantes cadastrados, dispensando a publicação em Diário Oficial dos atos e reduzir o tempo necessário para contratação em casos prementes para a Administração".[238]

c.4) Instituição do Programa de Incentivo a Revelações de Interesse Público

Nos termos do relatório da CPMI, "O objetivo desta proposição é introduzir, no ordenamento jurídico brasileiro, instrumentos jurídicos capazes de fomentar a revelação de informações em prol do interesse público, a fim de permitir ou facilitar a apuração de atos de improbidade administrativa e de certos ilícitos penais".

Essa iniciativa vai ao encontro de medidas semelhantes adotadas por outros países como Canadá, Reino Unido, Austrália, Nova Zelândia, África do Sul, Estados Unidos, Coreia do Sul e Israel, entre outros, que "(...) possuem em sua legislação mecanismos para a proteção de pessoas que revelem informações dessa sorte, como atos ou omissões lesivas ao Poder Público e atos de corrupção em geral".[239]

2.11.3.5 Melhoria nas estruturas

Com base no diagnóstico apresentado pela CPMI a respeito das causas da montagem e da implementação do esquema de desvio de

---

[237] *Idem.*

[238] RELATÓRIO Final dos Trabalhos da CPMI dos Correios, v. III, p. 1.699. Neste caso, "A dispensa de licitação por urgência passa a ser admissível apenas quando a autoridade afirmar, em despacho fundamentado, que a contratação necessariamente deverá dar-se em menos de 28h, hipótese em que o controle judicial seria muito mais eficiente e objetivo do que apreciar o que é, abstratamente, 'urgente'".

[239] RELATÓRIO Final dos Trabalhos da CPMI dos Correios, v. III, p. 1.711.

EXAME DE CASOS | 211

recursos aqui mencionado, a CMPI do Correios propôs diversas medidas relacionadas à estrutura da Administração Pública que estariam vocacionadas para evitar fraudes futuras, tornando o país menos suscetível à ocorrência da corrupção. Veja-se, a seguir, as principais providências sugeridas no relatório da referida comissão:

a) Redução do Número de Cargos em Comissão e de Confiança no Âmbito do Poder Executivo das Três Esferas

É fato que a maneira como ocorre a ocupação de cargos em comissão na Administração Pública tem propiciado consequências nefastas para a gestão da coisa pública, visto que os indicados politicamente estão mais comprometidos com os interesses particulares do grupo que representam do que propriamente com o interesse público.

Não há como negar que a proposta constante do relatório da CPMI de redução do número de cargos em comissão significa um grande avanço porque diminui a captura do Estado pelo grupo político que exerce o poder. Nesse sentido, relatou a CPMI dos Correios:

> A redução do número de cargos em comissão e funções de confiança no âmbito do Poder Executivo Federal, Estadual e Municipal mostra-se necessária, em parte, por seu impacto moralizador, tendo em vista que o número excessivo de cargos e funções desta natureza hoje existentes na Administração Pública brasileira é fator de verdadeira apropriação da administração como se patrimônio do governo fosse.[240]

b) Criação de Câmaras e Varas Judiciárias Específicas para julgar Crimes contra a Administração Pública

Busca-se com essa medida promover a especialização do Poder Judiciário nas causas que envolvam o julgamento dos crimes contra a Administração Pública, contra o sistema financeiro nacional, de lavagem de dinheiro e ocultação de bens, direitos ou valores, bem como das ações de improbidade administrativa.

Acredita-se que, com a criação desses juízos especializados, haverá maior repressão à corrupção, tornando a Justiça mais eficiente e eficaz.

c) Criação do, Sistema Nacional de Combate à Corrupção (SNCC)

Ponto de consenso entre políticos e autoridades convocados para contribuir com os trabalhos da CPMI refere-se à grave deficiência (ou mesmo ausência) de comunicação e troca de informações entre os órgãos de controle estatais. Não há no âmbito da estrutura administrativa um

---

[240] RELATÓRIO Final dos Trabalhos da CPMI dos Correios, v. III, p. 1.681.

órgão responsável pela centralização e unificação das ações de combate à corrupção. Apesar dos avanços experimentados no combate à lavagem de dinheiro[241] nas últimas décadas, pouco se fez em relação à corrupção, não se verificando, no mesmo período, transformações estruturais no sentido de enfrentar essa grande mazela social. Daí decorre a necessidade de se aperfeiçoar o Estado para que se faça frente à avalanche de casos de corrupção que assolam o país. Nesse sentido, a proposição da CPMI de criar um Sistema Nacional de Combate à Corrupção, com atuação voltada especificamente para a prevenção e o combate à corrupção.

Destacam-se, a seguir, trechos do relatório da CPMI que tratam da instituição e do funcionamento desse novo sistema:

O Sistema Nacional de Combate à Corrupção (SNCC) deverá ser estruturado sobre pilares de transparência, informação e controle, e deverá reconhecer, incentivar e conferir a devida importância a valores como integridade, liderança e responsabilidade. O acesso à informação deverá ser facilitado e normatizado gradativamente, para que sua utilização seja feita de forma responsável e transparente.

Como ferramenta básica deste Sistema, será necessário criar uma Base de Dados de Atenção Qualificada (BDAQ), sistema informatizado com bancos de dados que abriguem informações provenientes das mais diversas fontes, as quais terão a obrigação legal de alimentá-los. Assim, a Receita Federal, por exemplo, fornecerá as informações fiscais em formatação previamente determinada; o Banco Central, de forma semelhante, com relação às informações bancárias, alimentadas por todo o Sistema Financeiro Nacional. De maneira idêntica proceder-se-á com todos os demais órgãos e entidades que detenham informações pertinentes, os quais serão paulatinamente instados, por via de lei, a fornecer e manter atualizadas as informações solicitadas.

(...)

Primeiramente, entendemos que o Tribunal de Contas da União (TCU), por sua independência e vocação, constitucionalmente definida como de fiscalização e controle das contas públicas, seja o órgão central do Sistema Nacional de Combate à Corrupção, responsável por seu planejamento, coordenação e monitoramento, propondo objetivos e metas e deflagrando ou orientando as ações necessárias para aperfeiçoamento e correções

---

[241] Em termos de alteração legislativa, cita-se a edição da Lei nº 9.613/1998, que tipificou os crimes de ocultação e "lavagem" de bens, direitos e valores. Também merece destaque a criação do Conselho de Controle de Atividades Financeiras (COAF). Órgão vinculado ao Ministério da Fazenda, o COAF acompanha diariamente as operações do mercado financeiro, procurando identificar aquelas em que haja suspeitas de movimentação ilícita de valores.

EXAME DE CASOS | 213

do sistema, visando à sua modernização e ao seu desenvolvimento sustentável. Neste sentido, também o TCU será o órgão administrador da Base de Dados de Atenção Qualificada (BDAQ).

(...)

Quanto aos demais órgãos que podem atuar direta ou indiretamente no combate à corrupção, como a Polícia Federal e a Interpol, o Banco Central do Brasil, a Secretaria da Receita Federal (SRF), o Departamento de Recuperação de Ativos e Cooperação Jurídica Internacional (DRCI), a Comissão de Valores Mobiliários (CVM), a Superintendência de Seguros Privados (SUSEP), a Secretaria de Previdência Complementar (SPC), a Controladoria-Geral da União (CGU), a Advocacia-Geral da União (AGU) e a Comissão de Ética Pública, entre outros, deverão ter sua participação no Sistema e acesso às informações da BDAQ paulatinamente definidos.[242]

d) Transformação do Conselho de Controle de Atividades Financeiras (COAF) em Agência Nacional de Inteligência Financeira (ANIF)

Essa iniciativa, além de conferir maior autonomia ao atual Conselho de Controle de Atividades Financeiras (COAF), tem por finalidade dotá-lo de uma estrutura administrativa adequada, com servidores técnicos qualificados, que lhe permita exercer as funções de Unidade de Inteligência Financeira do governo.

e) Criação de Comissão Permanente Mista de Combate à Corrupção (CMCC)

A sugestão da CPMI, no presente caso, é a criação[243] de uma Comissão Permanente Mista de Combate à Corrupção (CMCC), "(...) a ser composta por um senador e um deputado de cada Partido representado nas Casas Legislativas do Congresso Nacional, com igual número de suplentes, todos indicados pelas lideranças partidárias. Essa Comissão deverá ter, em sua estrutura administrativa, servidores com a formação acadêmica adequada e a qualificação profissional necessária para atuar em estudos, pesquisas e elaboração de proposições, todos relacionados à luta contra a corrupção no Brasil e no mundo".[244]

Nos termos do relatório da CPMI, "(...) Caberá à nova Comissão, especialmente, apresentar e acompanhar as proposições legislativas necessárias e pertinentes ao aperfeiçoamento do Sistema Nacional de Combate à Corrupção, tanto surgidas no Congresso Nacional quanto

---

[242] RELATÓRIO Final dos Trabalhos da CPMI dos Correios, v. III, p. 1.675.

[243] Até dezembro de 2017, não tinha sido criado referido órgão e, provavelmente, nunca será criado.

[244] RELATÓRIO Final dos Trabalhos da CPMI dos Correios, v. III, p. 1.680.

apontadas pelo TCU, que a ela se reportará nas questões relativas ao SNCC, à BDAQ e, de forma geral, no que diz respeito ao combate à corrupção. Também o COAF, (...), reportar-se-á à CMCC, de forma semelhante ao que hoje se verifica entre a Comissão Mista de Controle das Atividades de Inteligência (CCAI) e a Agência Brasileira de Inteligência (ABIN)".[245]

f) Reformulação do Atual Sistema Brasileiro de Proteção das Informações Sigilosas

Um dos grandes entraves apontados pelo relatório da CPMI para a eficácia das ações de controle refere-se ao rigor excessivo que vem sendo emprestado à proteção das informações sigilosas, que, tratada de modo absoluto, cria óbices para a interação entre os órgãos estatais, impedindo um maior compartilhamento de dados e informações na atuação preventiva de combate à corrupção.

Por isso, a necessidade de se flexibilizar a proteção ao sigilo, no sentido de que essa garantia seja compatibilizada com o princípio da transparência, uma vez que não se admite, de um modo geral, que a proteção ao sigilo prevaleça sobre o interesse público. Sobre o assunto, dispôs-se no relatório elaborado pela CPMI:

> A temática da relativização da proteção às informações sigilosas foi pauta constante de todos os depoimentos, tendo sido a excessiva proteção apontada como causa primária para a morosidade e ineficácia do sistema de controle. Com efeito, a proteção constitucional do sigilo não deve ser utilizada indevidamente para o acobertamento de negócios e operações ilícitas. Ao contrário, deve ser lida e interpretada como instrumento que favoreça a transparência no trato da coisa pública, segundo a qual todo aquele que negocia com o Estado deve estar atrelado.[246]

Nesse aspecto, é preciso esclarecer que a implementação do Sistema Nacional de Combate à corrupção não implicará a quebra de sigilo, conforme advertência feita no âmbito da CPMI "(...) mas tão somente uma centralização de informações em um único sistema, que permitirá sua utilização de forma segura, nos moldes do que se tem em outros sistemas como o Sistema de Informações do Banco Central do Brasil (SISBACEN), o Sistema Integrado de Administração Financeira do Governo Federal (SIAFI) e o Sistema Integrado de Administração de Recursos Humanos (SIAPE)".[247]

---

[245] RELATÓRIO Final dos Trabalhos da CPMI dos Correios, v. III, p. 1.680.
[246] RELATÓRIO Final dos Trabalhos da CPMI dos Correios, v. III, p. 1.687.
[247] *Idem.*

2.12 Quadro geral

Escândalo	Como se tornou conhecido	Razões que propiciaram a ocorrência da fraude	Instauração de CPI	Ações propostas	Condenações	Recuperação dos recursos desviados	Cumprimento da sentença penal	Mudança na legislação
Caso Jorgina Maria de Freitas Fernandes	Imprensa	Falhas nas estruturas administrativas e nos sistemas de informática	Sim	Civis e criminais	Sim	Insignificante*	Sim	Sim
Escândalo dos Anões do Orçamento	Imprensa	Falhas nas estruturas administrativas e na legislação	Sim	Civis e criminais	Sim	Não	Não	Sim
Escândalo das Ambulâncias	Imprensa/ Polícia Federal	Falhas nas estruturas administrativas e na legislação	Sim	Civis e criminais	Não	Não	Sim****	Não
Corrupção na SUDAM	Imprensa	Falhas nas estruturas administrativas e na legislação	Sim	Civis e criminais	Não	Não	Não	Sim
Caso Collor	Imprensa	Falhas nas estruturas administrativas e na legislação	Sim	Civis e criminais	Sim	Não	Sim	Sim
Operação Curupira	Imprensa	Falhas nas estruturas administrativas e na legislação	Sim	Civis e criminais	Sim	Não	Não	Sim
Escândalo dos bancos Marka e FonteCindam	Imprensa	Falhas nas estruturas administrativas e na legislação	Sim	Civis e criminais	Sim	Não	Não	Sim
Escândalo dos Precatórios	Imprensa	Falhas nas estruturas administrativas e na legislação	Sim	Civis e criminais	Sim	Não	Não	Sim
Escândalo da construção do fórum trabalhista de São Paulo	Imprensa/Tribunal de Contas da União	Falhas nas estruturas administrativas e na legislação	Sim	Civis e criminais	Sim	Insignificante	Sim	Sim
Escândalo do mensalão	Imprensa	Falhas nas estruturas administrativas e na legislação	Sim	Civis e criminais	Não**	Não	Sim	Não***

* O ressarcimento, no caso Jorgina de Freitas, foi de aproximadamente US$30 milhões, tendo o desvio sido estimado em US$600 milhões. No caso do TRT/SP, tendo sido desviados aproximadamente US$77 milhões, houve ressarcimento de aproximadamente US$3,8 milhões.[248]

** Em razão de se tratar de escândalos recentes, conforme examinado ao longo deste Capítulo, o pouco tempo decorrido pode ser apontado como razão para a inexistência de qualquer decisão condenatória, civil ou criminal.

*** A CPMI dos correios, que examinou diversos aspectos relacionados ao escândalo do Mensalão apresentou longa lista de propostas de medidas de combate à corrupção, dentre elas a apresentação de vários projetos de lei e de propostas de emenda à Constituição Federal. Nenhuma das propostas foi, até o momento, aprovada.

**** Alguns prefeitos chegaram a ser presos, mas recorreram e respondem aos processos em liberdade.

---

[248] País repatria menos de 10% do dinheiro da corrupção. *Folha de S. Paulo*, edição de 5.7. 2006.

2.13 Impressões resultantes da divulgação dos diversos escândalos e análise das medidas adotadas

O exame do quadro *infra* nos permite extrair algumas conclusões:

1. Papel da imprensa: a imprensa – com destaque especial para a *Revista Veja*, que tomou a iniciativa na descoberta de sete dos dez escândalos examinados – teve papel decisivo no combate à corrupção por meio da divulgação dos escândalos ocorridos nos últimos anos no Brasil e no acompanhamento das medidas adotadas pelos órgãos públicos. Destaque especial no acompanhamento de matérias relacionadas à corrupção deve ser dada à atuação dos jornais *O Globo, Folha de S. Paulo, Estado de São Paulo* e *Correio Braziliense*. Em casos em que não houve condenação judicial, de que são exemplos os escândalos dos anões do orçamento, dos precatórios e da SUDAM, houve consequências políticas, como a cassação de mandato de parlamentares ou a renúncia ao mandato para fugir à cassação. É inegável que essas consequências de natureza políticas se devem ao acompanhamento que a imprensa exerce sobre as Casas Legislativas, fenômeno que não se repete com a mesma intensidade quando se examina a atuação do Poder Judiciário.

2. Falhas que propiciaram a ocorrência do escândalo: em praticamente todos os casos examinados, falhas graves nas estruturas administrativas, relacionadas, sobretudo, à falta de pessoal qualificado, podem ser apontadas como causa determinante da ocorrência das fraudes. Na maioria dos casos, a existência de pequenas deficiências na legislação pode igualmente ter contribuído para a ocorrência do escândalo.

3. Atuação das Comissões Parlamentares de Inquérito (CPI): à exceção do escândalo das ambulâncias, em que o fator determinante para a ocorrência do desvio dos recursos pode ser atribuída aos mecanismos para a elaboração do orçamento, bem como à própria legislação orçamentária, em todas as situações em que houve a instauração de CPI, houve melhoria na legislação. O caso do escândalo das ambulâncias talvez não tenha provocado mudança na legislação em razão de que os maiores beneficiários dos mecanismos deficitários identificados são os próprios parlamentares responsáveis pela aprovação do orçamento. Ou seja, não obstante ter sido

EXAME DE CASOS | 217

instaurada CPI, ela não foi capaz de promover melhorias na legislação apontada como causa do escândalo por motivos corporativistas, dado que a melhoria na sistemática de elaboração e execução orçamentária não interessa à maioria dos membros do Congresso Nacional.

4. Ações propostas: em todos os casos examinados, foram propostas ações civis e/ou criminais. Esta constatação leva à conclusão de que o Ministério Público, responsável pela propositura das ações, é atuante. Em diversos casos, o Ministério Público se valeu de informações levantadas pela Polícia Federal, pelo Tribunal de Contas da União ou pelas CPIs, o que demonstra a importância desses mecanismos para a apuração de elementos que irão permitir a propositura das ações.

5. Condenações: o exame de casos empreendido neste Capítulo requer algum cuidado no que diz respeito à existência de decisões judiciais condenatórias. Em primeiro lugar, cumpre observar a dificuldade de obter condenação em caso em que houvesse réu com foro privilegiado. No caso Collor, o Sr. PC Farias foi condenado e cumpriu pena, porém não em razão de motivos relacionados ao escândalo que resultou no processo de *impeachment* e na renúncia do presidente Collor. No caso específico do escândalo do Mensalão, em que diversos envolvidos têm foro privilegiado, foi proposta ação pelo Ministério Público e a denúncia foi recebida pelo Supremo Tribunal Federal (STF) em julgamento que se encerrou no dia 27.6.2007,[249] fato que gerou grande repercussão na imprensa[250] e nos meios políticos brasileiros em razão de envolver Ministros de Estado e Parlamentares ligados ao Governo. A Decisão do STF de receber a denúncia do escândalo do Mensalão é relevante porque abre a perspectiva de, decorridos mais de 20 (vinte) anos, ocorrer condenação de pessoas com foro privilegiado. Em todos os demais casos, em que não havia agentes públicos com foro privilegiado (escândalos Jorgina de Freitas, Curupira, Tribunal Regional do Trabalho, Precatórios e Bancos Marka e FonteCindam),

---

[249] STF decide abrir ações contra os 20 acusados em escândalo. *Folha de S. Paulo*, 29 ago. 2007.

[250] Uma organização criminosa de 20 réus. *O Globo*, p. 3, 29 ago. 2007. "Em decisão histórica, STF abre processo contra todos os denunciados e considera Dirceu o chefe da 'quadrilha' do mensalão."

houve decisão de primeiro grau condenatória. Foi possível constatar o cumprimento de algumas penas privativas de liberdade; não foi possível, todavia, confirmar o trânsito em julgado dos processos criminais relacionados a esses casos em que não havia agentes com foro privilegiado em razão de dificuldades de acesso aos dados do processo no Poder Judiciário.

6. Cumprimento das sentenças: em todos os casos examinados em que agentes públicos com foro privilegiado não estavam envolvidos, houve decisão judicial que condenou os envolvidos a ressarcir os cofres públicos e a cumprir penas privativas de liberdade, exceto mensalão. O cumprimento das penas privativas de liberdade, vale dizer, das sentenças criminais condenatórias, somente se verificou em quatro casos (Caso Jorgina de Freitas, Caso Collor, escândalo da construção do TRT/SP e Mensalão). Nessas quatro hipóteses houve a decretação de prisão, não obstante ainda pudesse haver recursos pendentes de julgamento por parte de Tribunais superiores, exceto o Mensalão, que foi julgado pela última instância. Nas três situações mencionadas, a prisão foi decretada em razão de os réus terem-se evadido do País. Vale dizer, somente os denunciados que, temendo a decretação de prisão, evadiram-se do Brasil, tiveram que cumprir pena restritiva de liberdade. Vê-se que, nesta idêntica situação, encontrava-se o Sr. Salvatore Cacciola, principal envolvido no escândalo dos Bancos Marka e FonteCindam, que se encontrava detido no Principado de Mônaco aguardando pedido de extradição a ser formulado pelo Governo do Brasil.[251] Não obstante tenha havido condenação de diversos outros envolvidos neste mesmo escândalo dos referidos bancos, todos os condenados respondem aos processos criminais em liberdade.

7. Ressarcimento dos recursos públicos desviados: é certo que a dificuldade para reaver recursos públicos desviados é problema de interesse de toda a comunidade internacional.[252]

---

[251] JUSTIÇA de Mônaco decide manter Cacciola preso. *Folha de S. Paulo*, 19 set. 2007.

[252] Em matéria publicada no Jornal *Correio Braziliense* (edição de 19.9.2007), sob o título "R$ 3 trilhões: o custo da corrupção", dá-se notícia do lançamento do programa STAR pelas Nações Unidas para a recuperação de quantias desviadas de programas destinados ao combate à pobreza. Segundo a matéria (p. 7), "o desvio de recursos públicos destinados à pobreza, provocado por atos de corrupção, é estimado em até US$ 1,6 trilhão ao ano

EXAME DE CASOS | 219

Somente em dois dos casos examinados – escândalo Jorgina de Freitas e TRT/SP – houve recuperação parcial dos recursos desviados. Em todos os demais, os órgãos de controle não lograram obter o ressarcimento, até o momento em que encerramos a redação deste trabalho, de quantias minimamente significativas. O exame dos escândalos com recursos públicos ocorridos leva à seguinte conclusão: o desvio de recursos públicos no Brasil é negócio que envolve muito pouco risco. Essa constatação decorre da inexpressiva recuperação das quantias desviadas, apesar de terem sido propostas ações civis tendentes ao ressarcimento aos cofres públicos em todos os casos examinados, o que não ocorre no caso examinado no capítulo seguinte que, como se verá, obtém ressarcimento significativo.

8. Efetividade dos mecanismos repressivos: as constatações apontadas nos três parágrafos anteriores devem constituir motivo para forte inquietação: são raros os casos de condenação criminal;[253] são mais raros ainda os casos de cumprimento de sentenças criminais; e é inexpressiva a recuperação dos recursos públicos desviados. Ou seja, se a efetividade do sistema de combate à corrupção, no Brasil, for medido pelo exame dos mecanismos repressivos, deve-se concluir pela falência total do sistema.

9. Correção das falhas: houvesse, no Brasil, a intenção de combater a corrupção de modo efetivo, o enfoque deveria ser dado à correção das falhas que propiciaram a ocorrência das fraudes.[254] Ou seja, a correção de falhas na legislação e a melhoria nas estruturas administrativas – especialmente

---

em todo o mundo (...) Só o pagamento de propina a servidores públicos em países em desenvolvimento consome entre US$20 bilhões e US$40 bilhões anualmente".

[253] No jornal *Correio Braziliense* (edição de 12.8.2007), sob o título "Muito barulho por quase nada", é apresentado o quadro geral de impunidade no Brasil. De acordo com a matéria (p. 2), "Um levantamento feito pelo Correio sobre 20 fatos que vêm desde o período do presidente João Figueiredo mostra que de 62 pessoas de envolvimento comprovado em escândalos, apenas 38 sofreram algum tipo de penalidade". Ainda segundo a matéria, "o maior problema continua sendo a própria legislação, que permite ao acusado recorrer em liberdade até que o processo chegue a instâncias superiores, último grau de recurso. Isso faz com que os crimes sejam prescritos ou que não haja condenações".

[254] Pesquisa realizada pelo instituto IBOPE dá notícia de que "69% dos eleitores brasileiros já transgrediram alguma lei ou descumpriram alguma regra contratual para obter benefícios materiais, de forma intencional, 'e 75% acreditam que cometeriam pelo menos um dos 13 atos de corrupção avaliados pelo estudo, caso tivessem oportunidade'". (Destacamos). Disponível em: <http://reinehr.org/index2.php?option=com_content&do_pdf=1&id=229>.

aquelas relacionadas à qualificação dos agentes públicos responsáveis pela gestão pública – deveriam constituir as principais medidas para o efetivo combate à corrupção no Brasil.

10. Prevenção: em razão do que se demonstrou ao longo deste trabalho, pode-se concluir que a única forma de se combater, de forma efetiva, a corrupção é por meio de medidas de caráter preventivo e de modificações na legislação processual penal brasileira, a serem mais bem examinadas em seguida.

CAPÍTULO 3

OPERAÇÃO LAVA JATO

3.1 Aspectos gerais

Antes mesmo de descrever a metodologia para o presente caso, deve ser dito que não se examinará a operação como processo judicial. Serão examinados seus impactos na sociedade brasileira: como ela é vista pela população. Não serão feitos elogios ou críticas ao processo da Lava Jato conduzido pela Polícia Federal brasileira, que conta com o apoio do Ministério Público Federal brasileiro.

Igualmente não se criticará o fato de que muitas estatais, ou seja, de que muitas empresas públicas e sociedades de economia mista brasileiras são utilizadas como meros cabides de empregos, em que prevalece critério político sobre o técnico, e cujas nomeações, em muitos casos, objetivam dar dinheiro para os partidos políticos responsáveis pelas indicações, dinheiro que pode ser utilizado, inclusive, para financiar campanhas eleitorais e perpetuar, desse modo, o ciclo de corrupção em que vivem as referidas estatais.

A Lava Jato decorre de contratos superfaturados ocorridos em uma entidade da Administração Pública brasileira: a Petrobras.[1]

Os valores desviados alcançam somas altíssimas, da ordem de bilhões de dólares americanos, e fazem os casos examinados no capítulo anterior – ou qualquer outro verificado em toda a história do Brasil ou do mundo – parecerem brincadeira de criança.

A metodologia a ser adotada segue o padrão dos casos examinados no capitulo precedente:

---

[1] O melhor negócio no mundo é uma empresa de petróleo bem administrada; o segundo, uma empresa de petróleo mal administrada.

3.1 Aspectos gerais;
3.2 Apresentação do caso;
3.3 Área em que se verificou a fraude;
3.4 Como o escândalo se tornou conhecido;
3.5 Indicação das razões que propiciaram a ocorrência da fraude; e
3.6 Medidas adotadas pelo Poder Público após a divulgação das fraudes.

A pergunta a ser feita em relação ao presente caso, que mantém relação com esta operação, é a seguinte: porque comparar a Lava Jato, ainda em curso, com os casos precedentes?

A resposta pode ser encontrada na eficácia dessa operação.[2]

> O Ministério Público Federal realizou nesta quinta-feira (7) uma cerimônia de devolução de R$ 653,9 milhões para a Petrobras.
> Segundo a Procuradoria, esta é a maior quantia já recuperada em uma investigação criminal.
> A devolução foi possível por meio de acordos de colaboração e leniência da Lava Jato, como os firmados com a Odebrecht e a Andrade Gutierrez.
> A Procuradoria utiliza a recuperação dos valores como um argumento a favor dos acordos, criticados por parte dos profissionais do Direito e da sociedade civil.
> Essa é a décima devolução de recursos desde maio de 2015, quando houve a primeira. Com o repasse, o total de recursos transferidos desde o início da operação chega a cerca de R$ 1,475 bilhão.
> De acordo com o MPF, esse valor representa apenas 13% dos R$ 10,8 bilhões previstos nos 163 acordos de colaboração e nos dez de leniência firmados. (grifo no original)

Em matéria de responsabilidade penal, pode-se dizer o mesmo acerca dessa maior eficácia.[3]

> Desde o início das investigações, houve 198 prisões, entre temporárias e preventivas, de acordo com números da Justiça Federal do Paraná e do Ministério Público Federal. Em alguns casos, uma pessoa foi presa e, depois de ter sido liberada, foi presa novamente em outra fase da Lava Jato.

---

[2] Disponível em: <http://m.folha.uol.com.br/poder/2017/12/1941381-lava-jato-devolve-r-654-milhoes-de-uma-vez-a-petrobras.shtml>. Acesso em: 5 mar. 2018.

[3] Disponível em: <https://g1.globo.com/politica/operacao-lava-jato/noticia/lava-jato-completa-3-anos-e-soma-198-prisoes-5-politicos-se-tornaram-reus-no-stf.ghtml>. Acesso em: 5 mar. 2018.

Em matéria de responsabilidade administrativa, e igualmente civil, podem ser mencionadas algumas importantes decisões do Tribunal de Contas da União:

– ACÓRDÃO 2824/2015 – PLENÁRIO, Relator JOSÉ MÚCIO MONTEIRO, Processo 004.920/2015-5:

9.1 determinar à SeinfraPetróleo que constitua fiscalização, em autos específicos, para a avaliação da responsabilidade do Conselho de Administração da Petrobras, nos termos de suas obrigações corporativas relacionadas à Lei 6.404/1976 (Lei das S.A.), tendo em vista a constatação de possível omissão desse órgão em relação a seu dever estatutário e legal de fiscalizar a gestão da Diretoria Executiva, observada no período das decisões relacionadas ao prejuízo verificado nas Refinarias Premium I e II, empreendimentos que, em conjunto com as Refinarias do Comperj e Abreu e Lima, eram considerados estratégicos para o atingimento de metas corporativas relacionadas à ampliação da capacidade de refino no País, devendo a unidade técnica, levando também em consideração a resposta da Petrobras em relação à oitiva autorizada no subitem (...);

– ACÓRDÃO 3089/2015 – PLENÁRIO, Relator BENJAMIN ZYMLER, Processo 005.081/2015-7:

(...) 9.1.4. o overcharge em 17 pontos percentuais então estudado, considerando a massa de contratos no valor total da amostra de R$ 52,1 bilhões (valor corrigido pelo IPCA), apontam uma redução do desconto nas contratações de, pelo menos, R$ 8,8 bilhões, em valor reajustado pelo IPCA até a data da conclusão do estudo que ora se apresenta;

9.1.5. se ampliado o escopo dos estudos para além da diretoria de abastecimento (em exata sincronia de critérios utilizados pela Petrobras em seu balanço contábil RMF-3T-4T14, peça 13), o prejuízo total pode chegar a R$ 29 bilhões; (...);

– ACÓRDÃO 3052/2016 – PLENÁRIO, Relator BENJAMIN ZYMLER, Processo 026.363/2015-1:

Sumário

RELATÓRIO DE AUDITORIA. IMPLANTAÇÃO DA REFINARIA ABREU E LIMA (RNEST). FALHAS GRAVES DE GESTÃO. NECESSIDADE DE APROFUNDAMENTO DOS ESTUDOS PARA QUANTIFICAÇÃO E QUALIFICAÇÃO DO DANO CAUSADO AOS COFRES PÚBLICOS. DETERMINAÇÕES. AUDIÊNCIA DOS RESPONSÁVEIS. (...);

– ACÓRDÃO Nº 632/2017 – TCU – Plenário, Processo nº TC 009.834/2010-9, Relator Vital do Rêgo:

(...) 9.1. decretar cautelarmente, com fundamento no art. 44, § 2º, da Lei 8.443/1992, c/c arts. 273 e 274 do RI/TCU, pelo prazo de um ano, a indisponibilidade de bens das empresas e dos consórcios que deram causa aos superfaturamentos aqui identificados, à exceção da Construtora Andrade Gutierrrez, haja vista a celebração de acordo de leniência com o Ministério Público Federal, devendo esta medida alcançar os bens considerados necessários para garantir o integral ressarcimento do débito, no

valor total de R$ 544 milhões, observados os débitos imputados a cada responsável, ressalvados os bens financeiros necessários ao sustento das pessoas físicas e à continuidade das operações das pessoas jurídicas; (...) ;
– ACÓRDÃO 2005/2017 – PLENÁRIO, Relator BENJAMIN ZYMLER, Processo 014.254/2016-6:
(...) 9.2. realizar, com fundamento nos arts. 10, § 1º, e 12, incisos I e II, da Lei 8.443/1992 c/c o art. 202, incisos I e II, do RI/TCU, no âmbito do processo de tomada de contas especial a ser instaurado em atendimento ao subitem 9.1 supra, a citação solidária dos seguintes responsáveis, para que, no prazo de 15 (quinze) dias, apresentem alegações de defesa para a irregularidade referente ao superfaturamento decorrente de preços excessivos ante os de mercado verificado no Demonstrativo de Formação de Preços – DFP do Contrato 0800.0037911.07.2, e/ou recolham aos cofres da Petrobras S.A. a quantia de R$ 219.716.201,80 (valor atualizado com juros até 21/7/2016, conforme demonstrativo à peça 58 dos autos, referente aos pagamentos efetuados com o sobrepreço detectado de R$ 108.417.300,31 – data base: 1/9/2007), a ser atualizada até a data do efetivo recolhimento, abatendo-se na oportunidade a quantia eventualmente ressarcida, na forma da legislação em vigor; (...) (grifos no original);
– ACÓRDÃO 2355/2017 – PLENÁRIO, Relatora ANA ARRAES, Processo 007.648/2012-0:
(...) 9.1. determinar a instauração de processo apartado de tomada de contas especial para identificação dos responsáveis e obtenção do ressarcimento relativo aos seguintes prejuízos causados à Petrobras:
9.1.1. superfaturamento de R$ 12.513.919,39 (doze milhões, quinhentos e treze mil, novecentos e dezenove reais e trinta e nove centavos), na data-base do contrato, decorrente da diferença entre os preços praticados no contrato 0858.0066650.11.2 e os referenciais de mercado registrados nas tabelas oficiais de custos;
9.1.2. dano de R$ 7.914.923,67 (sete milhões, novecentos e catorze mil, novecentos e vinte e três reais e sessenta e sete centavos), na data-base do contrato, decorrente de transação extrajudicial para ressarcimento indevido de compensações adicionais pleiteadas pela empresa Encalso Construções Ltda., signatária do contrato 0858.0066650.11.2.
9.2. determinar à SeinfraPetróleo que, após vinculação dos responsáveis por cada parcela do débito, com a adequada associação das respectivas condutas e dos nexos causais com as irregularidades, submeta o processo ao exame desta relatora previamente às citações;
9.3. juntar ao TC 006.981/2014-3 cópia desta deliberação, acompanhada do relatório, do voto e da instrução à peça 167, para identificação dos responsáveis e obtenção do ressarcimento associado ao prejuízo de R$ 25.895.584,41 (vinte e cinco milhões, oitocentos e noventa e cinco mil, quinhentos e oitenta e quatro reais e quarenta e um centavos) causado à Petrobras, decorrente de gestão temerária de membros da alta administração e demais gestores responsáveis pela condução das obras da Estrada Convento; (...);

– ACÓRDÃO 2736/2017 – PLENÁRIO, Relator BENJAMIN ZYMLER, Processo 014.254/2016-6:
Sumário
RELATÓRIO DE AUDITORIA. FISCOBRAS/2016. OBRAS DE MODERNIZAÇÃO E ADEQUAÇÃO DO SISTEMA DE PRODUÇÃO DA REFINARIA DO VALE DO PARAÍBA – REVAP, EM SÃO JOSÉ DOS CAMPOS/SP. SOBREPREÇO DECORRENTE DE PREÇOS EXCESSIVOS ANTE O MERCADO. APURAÇÃO DO DANO ESTIMADO MEDIANTE TÉCNICAS DE ECONOMETRIA E DE ANÁLISE DE REGRESSÃO CONSAGRADAS INTERNACIONALMENTE. DESCONSIDERAÇÃO DE PERSONALIDADE JURÍDICA. ADOÇÃO DE MEDIDAS DE ORGANIZAÇÃO PROCESSUAL. CONSTITUIÇÃO DE PROCESSO APARTADO DE TOMADA DE CONTAS ESPECIAL. CITAÇÃO DOS RESPONSÁVEIS. EMBARGOS DE DECLARAÇÃO. CONHECIMENTO. REJEIÇÃO. (...).

Feitas essas considerações iniciais sobre caso, os valores envolvidos nessa operação se justificam.

3.2 Apresentação do caso

A Operação Lava Jato "cumpriu mais de mil mandados de busca e apreensão, de prisão temporária, de prisão preventiva e de condução coercitiva, visando apurar um esquema de lavagem de dinheiro que movimentou bilhões de reais em propina. A operação teve início em 17 de março de 2014 e conta com 47 fases operacionais, autorizadas pelo juiz Sérgio Moro, durante as quais mais de cem pessoas foram presas e condenadas. Investiga crimes de corrupção ativa e passiva, gestão fraudulenta, lavagem de dinheiro, organização criminosa, obstrução da justiça, operação fraudulenta de câmbio e recebimento de vantagem indevida. De acordo com investigações e delações premiadas recebidas pela força-tarefa da Operação Lava Jato, estão envolvidos membros administrativos da empresa estatal petrolífera Petrobras, políticos dos maiores partidos do Brasil, incluindo presidentes da República, presidentes da Câmara dos Deputados e do Senado Federal e governadores de estados, além de empresários de grandes empresas brasileiras. A Polícia Federal considera-a a maior investigação de corrupção da história do país".[4]

---

[4] Disponível em: <https://pt.wikipedia.org/wiki/Opera%C3%A7%C3%A3o_Lava_Jato>. Acesso em: 5 mar. 2018.

A operação tem esse nome porque, há em Brasília, "um posto de combustíveis para movimentar valores de origem ilícita, investigada na primeira fase da operação, na qual o doleiro Alberto Youssef foi preso. Através de Youssef, constatou-se sua ligação com Paulo Roberto Costa, ex-diretor da Petrobras, preso preventivamente na segunda fase. Seguindo essa linha de investigação, prendeu-se Nestor Cerveró em 2015, que depois delatou outros. Em junho, a operação atingiu grandes empreiteiras brasileiras, como a Andrade Gutierrez e a Odebrecht, cujos respectivos presidentes, Otávio Azevedo e Marcelo Odebrecht, foram presos; posteriormente, muitas outras empresas de ramos diversos seriam investigadas. Ao longo de seus desdobramentos, entre outras pessoas relevantes que acabaram sendo presas graças à operação, incluem-se o ex-governador do Rio de Janeiro, Sérgio Cabral, o ex-senador Delcídio do Amaral, o ex-presidente da Câmara dos Deputados, Eduardo Cunha, os ex-ministros da Fazenda, Antonio Palocci e Guido Mantega, o publicitário João Santana, o ex-ministro-chefe da Casa Civil, José Dirceu, e o empresário Eike Batista".[5]

Acordo de leniência celebrado com a empreiteira Odebrecht, no âmbito da Operação Lava Jato, proporcionou o maior ressarcimento da história mundial. "O acordo previu o depoimento de 78 executivos da empreiteira, gerando 83 inquéritos no STF, e de que o ministro do tribunal Edson Fachin retirou o sigilo em abril de 2017. Novas investigações surgiram no exterior a partir desses depoimentos em dezenas de países, entre eles, Cuba, El Salvador, Equador e Panamá. Em 2017, peritos da Polícia Federal levantaram que as operações financeiras investigadas na Operação Lava Jato somaram oito trilhões de reais".[6]

A operação revelou um quadro de corrupção sistêmica no Brasil e atingiu pessoas que se consideravam acima da lei. A fase batizada de Catilinárias, por exemplo, alcançou o então Presidente da Câmara dos Deputados, Eduardo Cunha, e outros políticos brasileiros.

3.3 Área em que se verificou a fraude

Em um cenário normal, as empreiteiras concorreriam entre si, em licitações, para conseguir os contratos da Petrobras. A estatal contrataria a empresa vencedora da licitação, pelo menor preço. Todavia, as empresas licitantes "se cartelizaram em um clube para substituir uma

---

[5] *Idem.*

[6] *Idem.*

concorrência real por uma concorrência aparente. Os preços oferecidos à Petrobras eram calculados e ajustados em reuniões secretas nas quais se definia quem ganharia o contrato e qual seria o preço, inflado em benefício privado e em prejuízo dos cofres da estatal. O cartel tinha até regulamento, que simulava regras de um campeonato de futebol, para definir como as obras seriam distribuídas. Para disfarçar o crime, o registro escrito da distribuição de obras era feito, por vezes, como se fosse a distribuição de prêmios de um bingo".[7]

As empresas precisavam garantir que apenas aquelas do cartel fossem convidadas para as licitações. Por isso, era conveniente cooptar agentes públicos. Os funcionários não só se omitiam em relação ao cartel, do qual tinham conhecimento, mas o favoreciam, restringindo convidados e fazendo com que a vencedora da licitação fosse previamente definida.

3.4 Como o escândalo se tornou conhecido

O escândalo se tornou conhecido a partir de investigações conduzidas pela Polícia Federal brasileira e de fiscalizações conduzidas pelo Tribunal de Contas da União. Passaram a ser utilizados novos métodos de investigação pela Polícia Federal em matéria de corrupção, como escutas ambientais e telefônicas. As empresas licitantes estavam acostumadas e sabiam burlar os métodos tradicionais utilizados pela Controladoria Geral da União e pelo Tribunal de Contas da União.[8] Observe-se que esses dois órgãos alertaram a Polícia Federal sobre a possibilidade de fraude.

3.5 Indicação das razões que propiciaram a ocorrência da fraude

Contribuíram para a ocorrência da fraude falhas na legislação, haja vista a Petrobras utilizar em suas licitações o Decreto nº 2.745, de

---

[7] Disponível em: <http://www.mpf.mp.br/para-o-cidadao/caso-lava-jato/entenda-o-caso>. Acesso em: 4 mar. 2018.

[8] Do que foi decidido pelo Tribunal de Contas, são dignos de destaque os seguintes acórdãos, todos do Plenário do Tribunal:
  – Acórdão 2824/2015 (Gestão Temerária na Refinaria Premium – Responsabilização Administradores, incluída a Diretoria Executiva e o Conselho de Administração);
  – Acórdão 3052/2016 (Gestão Temerária Refinaria Abreu e Lima – Responsabilização Diretoria Executiva);
  – Acórdão 3089/2015 (Estudo Econométrico sobre o valor estimado do dano ao erário decorrente da atuação do cartel em licitações da Petrobras).

1995, e não a Lei nº 8.666/93, e falhas nas estruturas de fiscalização da empresa. O decreto mencionado favorecia o cartel dos licitantes uma vez que ele, ao contrário da lei de licitações, somente admitia a participação na licitação das empresas efetivamente convidadas.[9]

3.6 Medidas adotadas pelo Poder Público após a divulgação das fraudes

Desde 2014, foram condenadas 158 pessoas na operação Lava Jato, "incluindo um ex-presidente da República, ex-diretores da Petrobras, políticos, ex-políticos, doleiros, lobistas, operadores e empresários".[10]

Em 5 de setembro de 2017, a Polícia Federal, por decisão da Justiça, apreendeu oito malas e quatro caixas de dinheiro vivo. Durante as investigações, surgiu a suspeita de que o ex-deputado federal e ex-ministro de Estado, Geddel Vieira Lima, "estaria escondendo provas de atos ilícitos no apartamento no bairro da Graça, área nobre de Salvador. Devido à grande quantidade de dinheiro apreendido, a PF precisou de 14 horas para contá-lo. A contagem totalizou mais de 51 milhões de reais. Foi a maior apreensão de dinheiro vivo da história do país".[11]

Até fevereiro de 2017, "os acordos na esfera administrativa e criminal com as empreiteiras no âmbito da Lava Jato determinaram a recuperação de 11,5 bilhões de reais. O dinheiro vem de acordos contra formação de cartel, firmados com o Conselho Administrativo de Defesa Econômica, e de acordos judiciais contra práticas de corrupção e lavagem de dinheiro, fechados com o Ministério Público Federal".[12]

Em abril de 2017, o jornal *O Estado de S. Paulo* mostrou que as ações cíveis propostas pela Procuradoria da República no Paraná e pela Advocacia-Geral da União (AGU) cobram de empreiteiras, pessoas físicas e até de partido político indenizações que somam valores de quase R$70 bilhões. O valor inclui o ressarcimento de US$19,6 bilhões em prejuízos causados à Petrobras (pelo esquema de corrupção) e o restante a multas por danos morais e cíveis.

Em 19 de abril de 2017, foram definidos os valores das multas que a Odebrecht terá de pagar pela corrupção em vários países da América

---

[9]   Mencionado Decreto n° 2.745, de 1995, somente admite a participação de empresas convidadas (itens 5.5 e 5.6).

[10] Disponível em: <https://pt.wikipedia.org/wiki/Opera%C3%A7%C3%A3o_Lava_Jato>. Acesso em 5 mar. 2018.

[11] *Idem*. O valor correspondia, na época da apreensão, a mais de US$10 milhões.

[12] Disponível em: <http://g1.globo.com/politica/operacao-lava-jato/>. Acesso em: 5 mar. 2018.

OPERAÇÃO LAVA JATO | 229

Latina ao longo de 15 anos, em acordo de devolução firmado com a justiça norte-americana. Definiu-se que a empresa pagará US$ 2,6 bilhões ao Brasil, à Suíça e aos Estados Unidos, baseados em pagamentos irregulares de US$ 3,34 bilhões. O maior percentual da multa da Odebrecht, US$ 2,4 bilhões (80% da multa), irá para o Brasil. A Suíça receberá US$ 116 milhões, e os EUA ficarão com US$ 93 milhões, segundo a sentença proferida por tribunal federal no Brooklyn, Estados Unidos.

Em 24 de novembro de 2016, a jornalista Miriam Leitão,[13] em sua coluna no jornal *O Globo*, enfatizou o momento atual do combate à corrupção no Brasil.

> O quadro é muito claro. O tema da atualidade no país é o combate à corrupção em suas várias vertentes, com os políticos tentando escapar das investigações e punições. Falta a muitos deles entender exatamente qual o momento histórico que o Brasil está vivendo. O Brasil trava uma luta dolorosa, difícil e muito corajosa contra a corrupção. Esse é o momento atual do país. Certas propostas dos parlamentares, no entanto, parecem surpreendentes para o cidadão, que está participando de todo esse esforço.

---

[13] Disponível em: <https://pt.wikipedia.org/wiki/Miriam_Leit%C3%A3o>. Acesso em: 5 mar. 2018.

CONCLUSÕES

A luta contra a corrupção, que sempre fez parte da história do Brasil, ganhou maior ênfase nos últimos anos em razão, sobretudo, dos efeitos produzidos por ela na economia do País. O avanço da corrupção provocou deterioração na qualidade de vida da população, especialmente da mais pobre, daquela que mais necessita da prestação de serviços públicos. O maior apoio da população revelou-se essencial ao tema, e seus efeitos podem ser constados com a maior eficácia desde o caso denominado Mensalão, sendo ainda mais visíveis na operação Lava Jato.

O avanço da democracia foi fundamental ao combate à corrupção, sendo que, em regimes de exceção democrática, esse combate mostrou-se mitigado porque a falta de democracia não permitia a denúncia e o acompanhamento pela imprensa.

A imprensa foi responsável pela divulgação de inúmeros casos relacionados ao tema, e o apoio da população mostrou-se fundamental. Constata-se essa valorização pelo incremento do controle social. Essa afirmação pode ser confirmada pelo exame de inúmeros casos:

1. concessão de benefícios previdenciários (Jorgina de Freitas);
2. fraudes na elaboração e na execução do orçamento (o escândalo dos Anões do Orçamento);
3. escândalo das ambulâncias (ou Máfia das Sanguessugas);
4. fraudes na utilização de mecanismos de fomento ao desenvolvimento da Região Amazônica brasileira, concedidos pela Superintendência para o Desenvolvimento da Amazônia (caso conhecido como Fraude na SUDAM);
5. processo de *impeachment* do ex-presidente brasileiro Fernando Collor de Mello (denominado Caso Collor);
6. corrupção na atividade de polícia administrativa do Estado brasileiro, em área especialmente sensível, a preservação do meio ambiente, na operação denominada Curupira;
7. irregularidades no escândalo dos Bancos Marka e FonteCindan;
8. escândalo da construção do Fórum trabalhista de São Paulo, certamente um dos casos de corrupção que mais divulgação mereceu por parte da imprensa; e
9. divulgação e acompanhamento da operação Lava Jato.

Igualmente, deve-se ter em conta que investigações conduzidas pela Polícia Federal brasileira constituem novidade na luta contra a corrupção no Brasil. Os métodos utilizados pelo Tribunal de Contas da União e pela Controladoria-Geral da União se somam aos novos métodos investigativos (como escutas) da Polícia Federal, e permitem a relação de esquemas de corrupção, que, de outro modo, não seria possível.

Além da questão democrática e da maior ênfase dada pela imprensa, a maior eficácia da Operação Lava Jato está diretamente relacionada aos novos instrumentos processuais, como a delação ou colaboração premiada, criada pela Lei nº 12.850, de 2013, não obstante, quando escrevemos essas conclusões, ela não se tenha concluído.

A corrupção é crime sem rastro ou, em linguagem processual, sem provas. É necessário que alguém que integre o grupo corrupto denuncie o esquema de corrupção para que ela possa ser investigada e punida.

Democracia, imprensa e novos instrumentos processuais, como a delação premiada, são essenciais à luta contra a corrupção.

REFERÊNCIAS

ADRI, Renata Porto; ZOCKUN, Mauricio (Coord.). *Corrupção, ética e moralidade administrativa*. Belo Horizonte: Fórum, 2008.

AGUIAR, Ubiratan. *Controle externo*: anotações à jurisprudência do Tribunal de Contas da União. Belo Horizonte: Fórum, 2006.

AMARAL, Cintra do. Qualificação técnica da empresa na nova lei de licitações e contratos administrativos: Lei 8.666/93. *Revista Trimestral de Direito Público*, São Paulo, 2000.

ANECHIARICO, Frank; JACOBS, James B. *The Pursuit of Absolute Integrity*. Chicago: University of Chicago, 1996.

ARANHA, Márcio Nunes. Segurança jurídica *stricto sensu* e legalidade dos atos administrativos: convalidação do ato nulo pela imputação do valor de segurança jurídica em concreto à junção da boa-fé e do lapso temporal. *Revista de Informação Legislativa*, Brasília, v. 34, n. 134, abr./jun. 1997.

BANDEIRA DE MELLO, Celso Antônio. *Curso de direito administrativo*. 8. ed. São Paulo: Malheiros, 1996.

BANDEIRA DE MELLO, Celso Antônio. *Elementos de direito administrativo*. São Paulo: Revista dos Tribunais, 1986.

BARRETO, Vicente; PAIM, Antônio. *Evolução do pensamento político brasileiro*. São Paulo: Editora da Universidade de São Paulo, 1989.

BEM-DOR, Gabriel. Corruption, Institutionalization and Political Development: the Revisionist Thesis Revisited. *Comparative Political Studies*, v. 7, nº 1, abr. 1974.

BONAVIDES, Paulo. *Curso de direito constitucional*. 14. ed. São Paulo: Malheiros, 2004.

BOTELHO, Eduardo Lobo. *Regime jurídico dos Tribunais de Contas*. São Paulo: Revista dos Tribunais, 1992.

BRASIL. *Constituição Federal de 1988*. Disponível em: <www.planalto.gov.br>. Acesso em: 20 nov. 2006.

BRASIL. *Lei 8.443/92* (Lei Orgânica do Tribunal de Contas da União). 1992. Disponível em: <www.planalto.gov.br>. Acesso em: 20 nov. 2006.

BRASIL. *Lei 8.666/93* (Lei de Licitações). 1993. Disponível em: <www.planalto.gov.br>. Acesso em: 20 nov. 2006.

BUGARIN, Paulo. *O princípio constitucional da economicidade na jurisprudência do Tribunal de Contas da União*. 2. ed. Belo Horizonte: Fórum, 2011.

BUSTOS GISBERT, R.. La Recuperación de la Responsabilidad Política en la Lucha contra la Corrupción de los Gobernantes: Una Tarea Pendiente. *In*: RODRIGUÉS GARCÍA,

Nicolás; FABIÁN CAPARRÓS, Eduardo A. (Coord.). *La Corrupción en un Mundo Globalizado*: Análisis Interdisciplinar. Salamanca: Ratio Legis, 2004.

CALDEIRA, Jorge. *História da Riqueza no Brasil*: cinco séculos de pessoas, costumes e governos. Rio de Janeiro: Estação Brasil, 2017.

CANOTILHO, José Joaquim Gomes. *Direito constitucional*. 6. ed. Coimbra: Almedina, 1993.

CANOTILHO, José Joaquim Gomes. *Direito constitucional e teoria da Constituição*. 7. ed. Coimbra: Almedina, 2003.

CARBAJO CASCÓN, Fernando. Corrupción pública, corrupción privada y Derecho Privado Patrimonial: Una Relación Instrumental. Uso perverso, represión y prevención. *In*: RODRIGUÉS GARCÍA, Nicolás; FABIÁN CAPARRÓS, Eduardo A. (Coord.). *La Corrupción en un Mundo Globalizado*: Análisis Interdisciplinar. Salamanca: Ratio Legis, 2004.

CARNEIRO, Athos Gusmão. *Jurisdição e competência*. 6. ed. São Paulo: Saraiva, 1995.

CARVALHO FILHO, José dos Santos. *Manual de direito administrativo*. 14. ed. Rio de Janeiro: Lumem Juris, 2005.

CASTRESANA FERNÁNDEZ, F. Corrupción, Globalización y Delincuencia Organizada. *In*: RODRIGUÉS GARCÍA, Nicolás; FABIÁN CAPARRÓS, Eduardo A. (Coord.). *La Corrupción en un Mundo Globalizado*: Análisis Interdisciplinar. Salamanca: Ratio Legis, 2004.

COUTO E SILVA, Almiro. Princípios da legalidade da administração pública e da segurança jurídica no Estado de Direito contemporâneo. *RDA*, Rio de Janeiro, n. 84, out./dez. 1987.

CRETELLA JÚNIOR, José. *Dicionário de direito administrativo*. Rio de Janeiro: Forense, 1980.

CRETELLA JÚNIOR, José. *Licitações e contratos do Estado*. Rio de Janeiro: Forense, 1996.

DI PIETRO, Maria Sylvia Zanella. *Direito administrativo*. 16. ed. São Paulo: Atlas, 2003.

DI PIETRO, Maria Sylvia Zanella. *Parcerias na Administração Pública*: concessão, permissão, franquia, terceirização e outras formas. 3. ed. São Paulo: Atlas, 1999.

DI PIETRO, Maria Sylvia Zanella. *Temas polêmicos sobre licitações e contratos*. São Paulo: Malheiros, 1994.

DINAMARCO, Cândido Rangel. *Fundamentos do processo civil moderno*. 4. ed. São Paulo: Malheiros, 2001, v. I.

DINIZ, Maria Helena. *Código Civil anotado*. 9. ed. São Paulo: Saraiva, 2003.

EIGEN, Peter. La corrupción en los paises desarrollados y en desarrollo. Un desafio de los 90. Medidas prácticas para combatirla. *Contribuciones*, nº 4, nota 9, p. 12, 1995.

ELLIOTT, Kimberley Ann. Corruption as an International Policy Problem: Overview and Recommendations. *In*: ELLIOTT, Kimberley Ann. *Corruption and the Global Economy*. Washington: Institut for International Economics, 1997.

ELLIOTT, Kimberley Ann (Org.). *A corrupção e a economia global*. Trad. Marsel Nascimento. Brasília: Editora da UnB, 2002.

ENTENDA o caso da obra do TRT de São Paulo. *Folha Online*, 30 abr. 2006. Disponível em: <http://www1.folha.uol.com.br/folha/brasil/ult96u78041.shtml>. Acesso em: 15 nov. 2006.

REFERÊNCIAS | 235

EX-JUIZ está 28 kg mais magro e com o cabelo comprido. *Folha de S.Paulo*, 9 dez. 2000. Disponível em: <http://www1.folha.uol.com.br/fsp/brasil/fc0912200009.htm>. Acesso em: 16 nov. 2006.

FABIÁN CAPARRÓS, E. A.. La corrupción de los Servidores Públicos Extranjeros e Internacionales (Anotaciones para um Derecho Penal Globalizado). *In*: RODRIGUÉS GARCÍA, Nicolás; FABIÁN CAPARRÓS, Eduardo A. (Coord.). *La Corrupción en un Mundo Globalizado*: Análisis Interdisciplinar. Salamanca: Ratio Legis, 2004.

FERNANDES, Jorge Ulisses Jacoby. *Contratação direta sem licitação*. Brasília: Brasília Jurídica, 1999.

FERNANDES, Jorge Ulisses Jacoby. *Vade-mécum das licitações e contratos*. Belo Horizonte: Fórum, 2004.

FERREIRA, A. B. de H. *Novo dicionario da lingua portuguesa*. 2. ed. Rio de Janeiro: Nova Fronteira, 1987.

FREYRE, Gilberto. *Casa grande e senzala*. Rio de Janeiro: Schimidt, 1936.

FURTADO, Lucas Rocha. *As raízes da corrupção no Brasil*. 1. ed. 1. reimpr. Belo Horizonte. Fórum. 2015.

FURTADO, Lucas Rocha. *Princípios gerais de Direito Administrativo*. Belo Horizonte. Fórum. 2016.

FURTADO, Lucas Rocha. *Curso de Direito Administrativo*. 5. ed. rev. e atual. Belo Horizonte. Fórum. 2016.

GARCÍA DE ENTERRÍA, Eduardo. *Democracia, jueces y control de la Administración Pública*. 5. ed. Madrid: 2000.

GARCÍA DE ENTERRÍA, Eduardo; FERNANDEZ, Tomás-Ramón. *Curso de direito administrativo*. Trad. Arnaldo Setti. São Paulo: Revista dos Tribunais, 1991.

GARCIA, Emerson Garcia; ALVES, Rogério Pacheco. *Improbidade administrativa*. 4. ed. rev. e ampl., Rio de Janeiro: Lumen Juris, 2008.

GARRETT, Brandon L. *Too Big to Jail*. Cambridge, Massachusetts; London: The Belknap Press of Harvard University Press, 2014.

GASPARINI, Diógenes. *Direito administrativo*. 4. ed. São Paulo: Saraiva, 1995.

HABIB, Sérgio. *Brasil*: Quinhentos anos de corrupção. Enfoque sócio-histórico-jurídico-penal. Porto Alegre: Sérgio Antônio Fabris, 1994.

HARADA, Kiyoshi. Parceria público-privada: vinculação de receitas: instituição de fundos especiais. *BDA*, São Paulo, n. 3, mar. 2005.

HOLANDA, Sergio Buarque de. *Raízes do Brasil*. 15. ed. Rio de Janeiro: Jose Olympio, 1982.

HOLMES, Stephen; SUNSTEIN, Cass R. *The Cost of Rights*. New York: Norton, 1999.

INTERPOL promete empenho máximo. *Folha de S.Paulo*, 4 ago. 2000. Disponível em: <http://www1.folha.uol.com.br/fsp/brasil/fc0408200019.htm>. Acesso em: 16 nov. 2006.

JUÍZA determina que perícia de ex-juiz Nicolau seja realizada em casa. *Folha Online*, 14 nov. 2006. Disponível em: <http://www1.folha.uol.com.br/folha/brasil/ult96u86684. shtml>. Acesso em: 20 nov. 2006.

JUSTEN FILHO, Marçal. Conceito de interesse público e a 'personalização' do direito administrativo. *Revista Trimestral de Direito Público*, São Paulo, n. 26, 1999.

JUSTEN FILHO, Marçal. *Curso de direito administrativo*. São Paulo: Saraiva, 2005.

JUSTEN FILHO, Marçal, WALD, Arnoldo, GUIMARÃES PEREIRA, Cesar Augusto. *O Direito Administrativo na atualidade*. Estudos em homenagem ao centenário de Hely Lopes Meireles (1917-2017). São Paulo. Malheiros, 2017.

KIELING. *O Golpe de 1992*: uma retrospectiva histórica de 1964 até 1997. Caxias do Sul-RS: Maneco, 1998.

KLITGAARD, Robert. *Controlling Corruption*. Berkeley: University of California, 1998.

MALEM SEÑA, J. F. *La Corrupción*: Aspectos Éticos, Económicos, Políticos y Jurídicos. Barcelona: Gedisa, 2002.

MARTINS, Wilson. *A história da inteligência brasileira*. 2. ed. Rio de Janeiro: Cultrix, 1985.

Mendes, Gilmar Ferreira; Branco, Gustavo Gonet; Coelho, Inocêncio Martires. *Curso de direito constitucional*. São Paulo: Instituto Brasiliense de Direito Público: Saraiva, 2007.

MERCKL, Adolfo. *Teoría General del Derecho Administrativo*. Granada: Comares, 2004.

MEIRELLES, Hely Lopes. *Direito administrativo brasileiro*. 16. ed. São Paulo: Malheiros, 1991.

MEIRELLES, Hely Lopes. *Direito administrativo brasileiro*. 18. ed. São Paulo: Malheiros, 1993.

MICHOLLS, Colin *et al. Corruption and misuse of public Office*. Oxford: Oxford University, 2006.

MOREIRA NETO, Diogo Figueiredo. Arbitragem nos contratos administrativos. *Revista de Direito Administrativo*, Rio de Janeiro, v. 209, jul./set. 1997.

MOTTA, Carlos Pinto Coelho. *Eficácia nas licitações e contratos*: doutrina, jurisprudência e legislação. 10. ed. Belo Horizonte: Del Rey, 2005.

MOTTA, Carlos Pinto Coelho. Perspectivas na implantação do sistema de parcerias público-privadas – PPP. *Fórum de Contratação e Gestão Pública – FCGP*, Belo Horizonte, v. 2, n. 24, p. 3.007-3.014, dez. 2003.

MUKAI, Toshio. *Contratos públicos*. Rio de Janeiro: Forense Universitária, 1995.

MOOG, Vianna. *Bandeirantes e pioneiros*. 17. ed. Rio de Janeiro: Civilização Brasileira, 1989.

NASCIMENTO, Silvana Batini do. *Sonegação fiscal e "lavagem" de dinheiro*: Uma visão crítica da Lei n. 9.613/98. Disponível em: <www.cjf.gov.br/revista/numero5>.

NEVADO-BATALLA MORENO, P.T. Cumplimiento de la Legalidad en la Nueva Cultura de Gestión Pública: Propuesta y Realidades en la Lucha contra la Corrupción. *In*: RODRIGUÉS GARCÍA, Nicolás; FABIÁN CAPARRÓS, Eduardo A. (Coord.). *La Corrupción en un Mundo Globalizado*: Análisis Interdisciplinar. Salamanca: Ratio Legis, 2004.

NIETO MARTIN, Alejandro. *Corrupción en la España Democrática*. Barcelona: Ariel, 1997.

NÚÑEZ GARCÍA-SAUCO, A. La conventión de Naciones Unidas contra la Corrupción. *In*: RODRIGUÉS GARCÍA, Nicolás; FABIÁN CAPARRÓS, Eduardo A. (Coord.). *La Corrupción en un Mundo Globalizado*: Análisis Interdisciplinar. Salamanca: Ratio Legis, 2004.

REFERÊNCIAS | 237

OBRA do TRT de SP tem novas irregularidades. *O Globo*, 19 mar. 2004. Disponível em: <http://licitacao.uol.com.br/notdescricao.asp?cod=555>. Acesso em: 20 nov. 2006.

PALU, Oswaldo Luiz. *Controle dos atos de governo pela jurisdição*. São Paulo: Revista dos Tribunais, 2004.

PF prende Luiz Estêvão por desvio de recursos nas obras do TRT-SP. *Folha Online*, 4 out. 2006. Disponível em: <http://www1.folha.uol.com.br/folha/brasil/ult96u84705.shtml>. Acesso em: 20 nov. 2006.

PIMENTEL FILHO, André. *(Uma) Teoria da Corrupção: Corrupção, Estado de Direito e Direitos Humanos*. Rio de Janeiro: Editora Lumen Juris, 2015.

PRESIDENTE do TCU reclama de falta de verba e informações. *Agência Câmara*, 9 fev. 2006. Disponível em: <http://www.camara.gov.br/internet/agencia/materias.asp?pk=83294&pesq =adylson%20motta>Acesso em: 14 nov. 2006.

QUIÑÓNEZ, Enry (Dir.). *A Organização para a Cooperação e Desenvolvimento Econômicos – OCDE*. La lucha contra la corrupción: um valor compartido. México: OCDE, 2000.

REISMAN, Michal. *Remedios contra la corrupción?* Cohechos, cruzadas y reformas. México: Fondo de Cultura Económica, 1981.

RODRÍGUEZ GARCÍA, N. La necesaria flexibilización del concepto de soberanía en pro del control judicial de la corruptión. *In*: RODRIGUÉS GARCÍA, Nicolás; FABIÁN CAPARRÓS, Eduardo A. (Coord.). *La Corrupción en un Mundo Globalizado*: Análisis Interdisciplinar. Salamanca: Ratio Legis, 2004.

ROMEIRO, Adriana. *Corrupção e Poder no Brasil:* uma história, séculos XVI a XVIII. Belo Horizonte: Autêntica, 2017.

ROSE-ACKERMAN, Susan. *Corruption and Government*. Cambrigde: Cambridge University, 1999.

SANTOS, José Maria dos. *A política geral do Brasil*. São Paulo: Editora da Universidade de São Paulo, 1989.

SANTOS NETO, João Antunes dos. *Da anulação ex officio do ato administrativo* 2. ed. Belo Horizonte: Fórum, 2006.

SANTAMARÍA PASTOR, Juan Alfonso. *Principios de Derecho Administrativo General*. Madrid: Iustel, 2004.

SCHWARTZ, B. *Administrative Law*. 3. ed. Boston: Little, Brown and Co., 1991.

SCHMIDT-ASSMANN, Eberhard. *La Teoría General del Derecho Administrativo como Sistema*. Madrid: Marcial Pons, 2003.

SENADO FEDERAL. *Notas da Comissão Parlamentar de Inquérito Referente à 60ª Reunião Ordinária de 17/11/1999 da CPI: Justiça* (Relatório do Senador Paulo Souto, sobre o caso do TRT/SP). Brasília: Senado Federal. 1999. Disponível em: <http://www.senado.gov.br/ sf/atividade/Comissoes/comCPI.asp>. Acesso em: 20 nov. 2006.

SENADO FEDERAL. *Relatório da Comissão Parlamentar de Inquérito referente ao Relatório Final da CPI: Justiça*. Brasília: Senado Federal. 1999. Disponível em: <http://www.senado. gov.br/sf/atividade/Comissoes/comCPI.asp>. Acesso em: 20 nov. 2006.

SHLEIFER, Andrei; VISHNY, Robert. Corruption. *The Quarterly Journal of Economics*, v. CVIII, nº 3, ago. 1993.

SILVA, José Afonso da. *Curso de direito constitucional*. São Paulo: Saraiva, 1998.

SOLÉ, Juli Ponce. *Deber de Buena Administración y Derecho al Procedimiento Administrativo Debido*. Valladolid: Lex Nova, 2001.

STJ concede liberdade provisória a Luiz Estêvão. *Gazeta do Povo Online*, 5 out. 2006. Disponível em: <http://canais.ondarpc.com.br/noticias/brasil/conteudo.phtml?id=603951>. Acesso em: 20 nov. 2006.

STOCO, Rui. *Tratado de responsabilidade civil*. 6. ed. São Paulo: Revista dos Tribunais, 2000.

SUNDFELD, Carlos Ari. Contratos administrativos: acréscimos de obras e serviços: alteração. *Revista Trimestral de Direito Público*, São Paulo, n. 2.

SUNDFELD, Carlos Ari. *Licitação e contrato administrativo*. São Paulo: Malheiros, 1994.

TOURAINE, Alain. *Qu'est-ce la Democratie?* Paris: Fayard, 1994.

TRIBUNAL DE CONTAS DA UNIÃO. Acórdão 45/1999 – Plenário. Brasília: *DOU*, 19 maio 1999 (*In*: Ata 16/99 – Plenário, Sessão de 5 maio 1999).

TRIBUNAL DE CONTAS DA UNIÃO. Acórdão 130/2001 – Plenário. Brasília: *DOU*, 12 jun. 2001 (*In*: Ata 21/01 – Plenário, Sessão de 30 maio 2001).

TRIBUNAL DE CONTAS DA UNIÃO. Acórdão 163/2001 – Plenário. Brasília: *DOU*, 9 ago. 2001 (*In*: Ata 28/01 – Plenário, Sessão de 11 jul. 2001).

TRIBUNAL DE CONTAS DA UNIÃO. Acórdão 301/2001 – Plenário. Brasília: *DOU*, 23 jan. 2002 (*In*: Ata 54/01 – Plenário, Sessão de 5 dez. 2001).

TRIBUNAL DE CONTAS DA UNIÃO. Decisão 231/1996 – Plenário. Brasília: *DOU*, 27 maio 1996 (*In*: Ata 17/96 – Plenário, Sessão de 8 maio 1996).

VALDÉS, Ernesto Garzón. Acerca del Concepto de Corrupción. In: S. ÁLVAREZ, F. Laporta y (Comp.). *La Corrupción Política*. Madrid: Alianza, 1997.

VALLE, Vanice Lírio do. Responsabilidade fiscal e parcerias público-privadas: o significado das diretrizes contidas no artigo 4º da Lei nº 11.079/04. *A & C*: Revista de Direito Administrativo e Constitucional, Belo Horizonte, ano 5, n. 19, p. 201-220, jan./mar. 2005.

WALD, Arnoldo. Contrato de obra pública: equilíbrio financeiro. *Cadernos de Direito Econômico e Empresarial*, São Paulo, n. 92, out./dez. 1989.

ZANCANER, Weida. *Da convalidação e da invalidação dos atos administrativos*. 2. ed. São Paulo: Malheiros, 1993.

ZYMLER, Benjamin. *Direito administrativo e controle*. Belo Horizonte: Fórum, 2005.

ZYMLER, Benjamin; ALMEIDA, Guilherme Henrique de la Roque. *O controle externo das concessões de serviços públicos e das parcerias público-privadas*. Belo Horizonte: Fórum, 2005.

Esta obra foi composta em fonte Palatino Linotype, corpo 10
e impressa em papel Offset 75g (miolo) e Supremo 250g (capa)
pela Gráfica O Lutador, em Belo Horizonte/MG.